W.-D. Jägel

GRUNDLAGEN DEUTSCH

Herausgegeben von Johannes Diekhans
Erarbeitet von Annette Kirchhoff, Isabel Kirchhoff,
Kirsten Levermann und Beatrix Schlupp

Grammatik der deutschen Sprache

© 2003 Schöningh Verlag im Westermann Schulbuchverlag GmbH

© ab 2004 Bildungshaus Schulbuchverlage
Westermann Schroedel Diesterweg Schöningh Winklers GmbH
Braunschweig, Paderborn, Darmstadt

www.schoeningh.de
Schöningh Verlag, Jühenplatz 1–3, 33098 Paderborn

Das Werk und seine Teile sind urheberrechtlich geschützt.
Jede Nutzung in anderen als den gesetzlich zugelassenen Fällen bedarf der
vorherigen schriftlichen Einwilligung des Verlages.
Hinweis zu § 52a UrhG: Weder das Werk noch seine Teile dürfen ohne eine
solche Einwilligung gescannt und in ein Netzwerk gestellt werden.
Das gilt auch für Intranets von Schulen und sonstigen Bildungseinrichtungen.

Auf verschiedenen Seiten dieses Buches befinden sich Verweise (Links) auf Internet-Adressen.
Haftungshinweis: Trotz sorgfältiger inhaltlicher Kontrolle wird die Haftung für die Inhalte der externen Seiten ausgeschlossen. Für den Inhalt dieser externen Seiten sind ausschließlich deren Betrei-
ber verantwortlich. Sollten Sie dabei auf kostenpflichtige, illegale oder anstößige Inhalte treffen, so
bedauern wir dies ausdrücklich und bitten Sie, uns umgehend per E-Mail davon in Kenntnis zu setzen, damit beim Nachdruck der Verweis gelöscht wird.

Druck A 5 4 3 2 / Jahr 2009 08 07 06
Alle Drucke der Serie A sind im Unterricht parallel verwendbar.
Die letzte Zahl bezeichnet das Jahr dieses Druckes.

Umschlaggestaltung: INNOVA, Borchen
Druck und Bindung: westermann druck GmbH, Braunschweig

ISBN 13: 978-3-14-025202-7
ISBN 10: 3-14-025202-1

Inhaltsverzeichnis

Lautlehre 11

Die Bausteine des Wortes 12
Buchstaben (Grapheme) und Laute (Phoneme) 12
Das Alphabet 13
Vokale 13
Vokale und ihre Artikulation 14
Konsonanten 14
Die Buchstabenkombination ch 15
Auslautverhärtung 15
Silben 16
Sprechsilben: phonologische Silbengrenzen 16
Sprachsilben (Morpheme): interne Morphemgrenzen 17
Der Wortstamm 18
Affixe: Präfix und Suffix 18
Präfix 18
Suffix 18

Wortlehre 20

Das Verb 21

Die Funktion des Verbs 21
Vollverben 21
Transitive und intransitive Verben 22
Reflexive (rückbezügliche) Verben 22
Echt reflexive und unecht reflexive Verben 24
Reziproke Verben 24
Die Hilfsverben sein, haben und werden 25
Hilfsverben als Vollverben 25
Die Konjugation der Hilfsverben sein, haben und werden 27
Modalverben (modale Hilfsverben/modal gebrauchte Verben) 30
Die Konjugation der Modalverben 31
Finite Verbformen 33
Person und Numerus oder die Personalform des Verbs 34
Die Konjugationsarten 35
Der Ablaut 36
Der Umlaut 37
Der Wechsel von e zu i/ie 37
Der Konsonantenwechsel 37
Die Stammformen der starken Verben 38
Die Tempora 41
Die einfachen Tempora 41

Die Bildung des Präsens (Gegenwart) 41
Die Verwendungsweisen des Präsens 42
Die Bildung des Präteritums (erste Vergangenheit,
Imperfekt) 43
Die Verwendungsweise des Präteritums 44
Die zusammengesetzten Tempora 45
Die Bildung der zusammengesetzten Vergangenheitstempora
(Perfekt und Plusquamperfekt) mit haben bzw. sein 45
Die Bildung des Perfekts (zweite Vergangenheit, Vorgegenwart,
vollendete Gegenwart) 46
Die Verwendungsweise des Perfekts 46
Die Bildung des Plusquamperfekts (dritte Vergangenheit,
vollendete Vergangenheit, Vorvergangenheit) 46
Die Verwendungsweise des Plusquamperfekts 47
Die Bildung des Futur I (erste Zukunft, unvollendete
Zukunft) 47
Die Verwendungsweise des Futur I 47
Die Bildung des Futur II (zweite Zukunft, vollendete
Zukunft) 47
Die Verwendungsweise des Futur II 48
Die Abfolge der Tempora (Consecutio temporum) 48
Zusammenfassung: Kennzeichen der regelmäßigen/schwachen
und der unregelmäßigen/starken Konjugation 49
Mischverben 49
Verben, die sowohl stark als auch schwach konjugiert werden ... 50
Infinite Verbformen 54
Die Partizipien 54
Die Bildung der Partizipien 55
Der Gebrauch der Partizipien 57
Der Infinitiv 59
Der Gebrauch des Infinitivs 59
Genus Verbi (Pl. Genera Verbi, Verbgenera): Aktiv und Passiv 62
Die Bildung des Passivs 62
Aktiv und Passiv in den sechs Zeitformen 63
Stilistische Anmerkungen zum Passiv 64
Der Modus der Verben 66
Indikativ, Konjunktiv, Imperativ und ihre allgemeine Funktion 66
Der Konjunktiv II 67
Die Funktion des Konjunktiv II 67
Der Konjunktiv II zum Ausdruck der Höflichkeit
und Vermutung 68
Der Konjunktiv II in Bedingungssätzen 68
Der Konjunktiv II in Wunschsätzen 69
Die Bildung des Konjunktiv II 70
Die Bildung des Konjunktiv II der Gegenwart der
regelmäßigen/schwachen Verben 70
Die Bildung des Konjunktiv II der Gegenwart der
unregelmäßigen/starken Verben 71

Die Bildung des Konjunktiv II der Vergangenheit
(Irrealis der Vergangenheit) 72
Die Bildung des Konjunktiv II der Zukunft 73
Der Konjunktiv I 74
Die Funktion des Konjunktiv I 74
Die indirekte Rede 75
Pronominalverschiebung in der indirekten Rede 77
Verschiebung der Raum- und Zeitangaben 77
Besonderheiten zum Gebrauch der indirekten Rede:
Konjunktiv I oder II 78
Die Zeitverhältnisse in der indirekten Rede 79
Die Bildung des Konjunktiv I 80
Die Bildung des Konjunktiv I (Gleichzeitigkeit) 80
Ersatzformen 81
Die Umschreibung der Konjunktivformen mit
„würde" 81
Die Bildung des Konjunktiv I (Vorzeitigkeit) 83
Die Bildung des Konjunktiv I (Nachzeitigkeit) 83
Die Konjugation der Hilfsverben sein, haben und
werden im Konjunktiv I und II 84
Der Imperativ (Befehlsform) 89
Verbzusammensetzung 91
Trennbar und nicht trennbar zusammengesetzte Verben 91
Trennbar zusammengesetzte Verben 92
Nicht trennbar zusammengesetzte Verben 92
Sowohl trennbar als auch nicht trennbar
gebrauchte Verbzusätze 93

Der Artikel (Geschlechtswort, Begleiter) 94

Verwendungsweise 94
Die Deklination des bestimmten und des unbestimmten Artikels 95

Das Nomen (Substantiv, Hauptwort, Namenwort) 96

Genus, Numerus und Kasus 97
Das Genus (grammatisches Geschlecht, Pl. Genera) 98
Der Numerus (grammatische Zahl des Nomens/Substantivs) 101
Der Kasus (grammatischer Fall) 101
Die verschiedenen Deklinationen der Nomen/Substantive 104
Starke, schwache und gemischte Deklination 104
Die Deklination von Fremdwörtern 106
Deklination einer Auswahl gebräuchlicher Fremdwörter 106
Besondere Deklinationsformen weiterer Fremdwörter 107
Die Bildung der Nomen/Substantive 107

Inhaltsverzeichnis

Das Pronomen (Fürwort) 109

Das Personalpronomen (persönliches Fürwort) 110
    Die Deklination der Personalpronomen 111
Das Possessivpronomen (besitzanzeigendes Fürwort) 111
    Die Deklination der Possessivpronomen 112
Das Demonstrativpronomen (hinweisendes Fürwort) 113
    Die Deklination des Demonstrativpronomens (mit einem
    Nomen/Substantiv) 114
Das Relativpronomen (bezügliches Fürwort) 115
    Die Deklination des Relativpronomens der, die, das 115
Das Reflexivpronomen (rückbezügliches Fürwort) 116
    Die Deklination des Reflexivpronomens 117
Das Interrogativpronomen (fragendes Fürwort) 117
    Die Deklination des Interrogativpronomens wer?, was? 118
    Die Deklination des Interrogativpronomens welcher?, welche?,
    welches? 119
Das Indefinitpronomen (unbestimmtes Fürwort) 119
    Die Deklination der Indefinitpronomen jemand, niemand, keiner ... 120

Das Adjektiv 122

Die Funktion des Adjektivs 122
Der Gebrauch des Adjektivs 123
    Der attributive Gebrauch beim Nomen/Substantiv 123
    Der attributive Gebrauch beim Adjektiv oder Adverb 123
    Der prädikative Gebrauch beim Nomen/Substantiv 124
    Der adverbiale Gebrauch beim Verb 124
    Schwebende Zugehörigkeit: prädikativ oder adverbial? 124
    Nominalisierte (substantivierte) Adjektive 124
Die Deklination des Adjektivs 126
    Die schwache (nominale / attribuierende) Deklination:
    Das Adjektiv nach einem Begleiter 127
    Die starke (pronominale /determinierende) Deklination:
    Das Adjektiv ohne Artikel 127
    Die gemischte Deklination: Das Adjektiv nach kein, keine, kein 128
Nichtflektierbare Adjektive 128
Die Steigerung des Adjektivs (Komparation) 129
    Der Positiv 130
    Der Komparativ 130
    Bildung und Flexion des Komparativs 130
    Der Superlativ 131
    Bildung und Flexion des Superlativs 131
    Der Elativ 132
    Weitere sprachliche Mittel zum Ausdruck eines sehr hohen Grades .. 132

Unregelmäßige Steigerungsformen 133
Steigerung von Verbindungen aus zwei Adjektiven 133
Nicht steigerungsfähige Adjektive 133
Die Bildung von Adjektiven 134
Determinativzusammensetzungen 134
Nomen/Substantiv + Adjektiv 134
Adjektiv + Adjektiv 135
Verb + Adjektiv 135
Adjektivbildung durch Präfixe 135
Adjektivbildung durch Suffixe 137
Numeralien 138
Bestimmte Zahladjektive 138
Die Bildung der Kardinalzahlen 138
Ordinalzahlen (Ordnungszahlen) 139
Die Bildung der Ordinalzahlen 140
Vervielfältigungszahlen 140
Bruchzahlen 141
Unbestimmte Zahladjektive 142

Das Adverb 144

Die Funktion des Adverbs 144
Der Gebrauch des Adverbs 145
Zum attributiven Gebrauch bei Nomen/Substantiven 146
Abgrenzung zum Adjektiv 146
Formen das Adverbs – Herkunft und Bildung 146
Die Bildung von Adverbien durch Zusammensetzung 147
Adverbableitung durch Suffixbildung 147
Erstarrte Kasusformen 147
Vergleichsformen 148
Sonderformen 148
Einteilung der Adverbien nach ihrer Bedeutung 148
Lokaladverbien 149
Temporaladverbien 150
Modaladverbien 152
Kausaladverbien 153
Besondere Gruppen von Adverbien 156
Kommentaradverbien 156
Präpositionaladverbien 156
Funktion und Gebrauch 156
Bildung 157
Interrogativ- bzw. Relativadverbien 158
Besonderheiten in der Rechtschreibung 158
Adverb und Verb 158
Nominalisierte Adverbien 159
Fehlerquellen beim Gebrauch lokaler Adverbien 159

Die Präposition ... 160

Die Funktion der Präposition ... 160
Form und Stellung ... 162
Einteilung der Präpositionen nach ihrer Bedeutung ... 163
   Lokale Präpositionen ... 163
   Temporale Präpositionen ... 164
   Modale Präpositionen ... 165
   Kausale Präpositionen ... 166
Präpositionalgefüge mit fester Präposition ... 168
Präposition und Kasus (Rektion der Präpositionen) ... 170
   Präpositionen mit Genitiv ... 170
   Präpositionen mit Dativ ... 171
   Präpositionen mit Akkusativ ... 172
   Präpositionen mit Dativ und Akkusativ ... 173
Stilistische Aspekte ... 174

Die Konjunktion ... 174

Die Funktion der Konjunktion ... 174
   Koordinierende (nebenordnende) Konjunktionen ... 175
      Kopulative (anreihende) Konjunktionen ... 175
      Disjunktive (ausschließende) Konjunktionen ... 175
      Restriktive (einschränkende) und adversative
      (entgegensetzende) Konjunktionen ... 176
      Kausale (begründende) Konjunktionen ... 176
      Satzteilkonjunktionen ... 177
      Infinitivkonjunktionen ... 177
   Subordinierende (unterordnende) Konjunktionen ... 177
      Konjunktionen mit syntaktischer Funktion ... 179

Die Interjektion ... 182

Der Satz und seine Glieder ... 183

Permutation (Verschiebeprobe) ... 184
Substitutionstest (Kommutation, Ersatzprobe) ... 185
Das Prädikat (Satzaussage) ... 186
Das Subjekt (Satzgegenstand) ... 188
Das Objekt (Satzergänzung) ... 190
   Das Akkusativobjekt (Ergänzung im 4. Fall) ... 191
   Das Dativobjekt (Ergänzung im 3. Fall) ... 192
   Das Genitivobjekt (Ergänzung im 2. Fall) ... 193

Das Präpositionalobjekt (Ergänzung aus Präposition und Nomen
(Substantiv)/Pronomen) 195
Das Prädikativum 198
Das Adverbiale (adverbiale Bestimmung, Umstandsbestimmung) 199
Einteilung der Adverbialien nach ihrer Bedeutung 200
Das Lokaladverbiale 200
Das Temporaladverbiale 200
Das Modaladverbiale 201
Das Kausaladverbiale 201
Das Instrumentaladverbiale 202
Das Konditionaladverbiale 202
Das Konsekutivadverbiale 203
Das Finaladverbiale 203
Das Konzessivadverbiale 203
Satzgliedteile 204
Das Attribut (Beifügung) 204
Das Adjektivattribut 205
Das Genitivattribut 206
Das adverbiale Attribut 207
Das präpositionale Attribut 207
Die Apposition 208
Das Infinitivattribut 208
Der Attributsatz 209
Die Satzarten 210
Der Deklarativsatz (Aussagesatz) 210
Der Imperativsatz (Aufforderungssatz) 210
Der Desiderativsatz (Wunschsatz) 211
Der Exklamativsatz (Ausrufesatz) 211
Der Interrogativsatz (Fragesatz): Ergänzungsfrage 211
Der Interrogativsatz (Fragesatz): Entscheidungsfrage 212
Satzart und Handlung 212
Die Satzreihe (Satzverbindung) 214
Asyndetische Satzreihe 215
Syndetische Satzreihe 215
Satzreihe und Stil 216
Das Satzgefüge 217
Form und Funktion 217
Einteilung von Nebensätzen nach ihrer Stellung 219
Komplexes Satzgefüge 219
Stilistische Anmerkungen 220
Formale Einteilung von Nebensätzen 221
Konjunktionalsätze 221
Pronominalsätze 221
Der Relativsatz 221
Der Interrogativsatz 222
Satzwertige Konstruktionen 222
Infinitivgruppen (erweiterter Infinitiv) 222
Partizipgruppen 223

Funktionale Einteilung von Nebensätzen 225
  Subjektsätze und Objektsätze 225
  Prädikativsätze 226
  Attributsätze 226
  Adverbialsätze 227
    Der Lokalsatz (Ortssatz) 227
    Der Temporalsatz (Zeitsatz) 227
    Der Kausalsatz (Begründungssatz) 227
    Der Modalsatz (Umstandssatz der Art und Weise) ... 229
    Übersicht 229

Anhang 233

Rechtschreibung im Überblick 234

Sprachgeschichte 252

Sprache und Denken 259

Sprachlokalisation im Gehirn: Wo ist der Sitz der Sprache? 262

Lösungsteil (Beilage)

LautLehre

Die Bausteine des Wortes

Buchstaben (Grapheme) und Laute (Phoneme)

Formal besteht ein Wort in **der gesprochenen Sprache** aus **Lauten (Phoneme)**. Sie sind die kleinsten Bestandteile des gesprochenen Wortes. In der **Schriftsprache** spricht man von **Buchstaben (Grapheme)** als kleinsten Einheiten des Schriftsystems.
Es gibt allerdings nicht immer eine eindeutige **Buchstaben-Laut-Zuordnung** (Graphem-Phonem-Korrespondenz). So kann **ein Laut durch mehrere Buchstaben** oder **Buchstabenverbindungen** gekennzeichnet werden.

Moos, Mohn, Mond

Auf der anderen Seite bekommt **ein und derselbe Buchstabe** in verschiedenen Wörtern eine **unterschiedliche Lautzuordnung:**

Ofen: Das *o* wird als ein langer, geschlossener Laut gesprochen.
offen: Das *o* wird als ein kurzer, offener Laut gesprochen.

Die deutsche Sprache hat somit mehr Laute als Buchstaben im Alphabet.

Übung 1 Finde weitere Wörter, in denen ein Laut durch verschiedene Buchstaben oder Buchstabenverbindungen ausgedrückt werden kann. Natürlich verändert sich dadurch auch die Bedeutung der Wörter.

Saal	Mahl	Made
Mond	Mohn	?
Tal		
Beet		
Sieb		
Sohn		

Übung 2 Finde zu jedem Substantiv/Nomen ein Wort, in dem der unterstrichene Buchstabe eine andere Lautzuordnung erfährt. Findest du weitere Beispiele?

Schal	Schall
Höhle	
lahm	
Miete	
Hüte	
Wal	
Maße	
still	
Flüge	
Kamm	
bitten	

Das Alphabet

Unsere Schrift kennt **26** Buchstaben, die als **Alphabet** bezeichnet werden. Dieser Name leitet sich aus dem griechischen Alphabet ab, und zwar nach den ersten beiden Buchstaben Alpha und Beta.
a b c d e f g h i j k l m n o p q r s t u v w x y z
Erweitert wird das Alphabet durch die drei Umlaute **ä, ö, ü** und das **ß**.
Darüber hinaus kennt die deutsche Sprache die folgenden festen Buchstabenverbindungen: **ck, sch, ch, qu** und **st**.

BESONDERHEIT Buchstabiertafel der Deutschen Bundespost

Im Fernsprechverkehr gibt es für jeden Buchstaben ein „Buchstabierwort", ein vereinbartes Kennwort, das bei schwierigen Wörtern das Verstehen und Mitschreiben erleichtert.

A	Anton	J	Julius	S	Samuel
B	Berta	K	Kaufmann	T	Theodor
C	Caesar	L	Ludwig	U	Ulrich
D	Dora	M	Martha	V	Viktor
E	Emil	N	Nordpol	W	Wilhelm
F	Friedrich	O	Otto	X	Xanthippe
G	Gustav	P	Paula	Y	Ypsilon
H	Heinrich	Q	Quelle	Z	Zacharias
I	Ida	R	Richard		

Für die Umlaute stehen jeweils die folgenden Wörter:
Ä Ärger   Ö Ökonom   Ü Übermut

Vokale

Bei den Vokalen unterscheidet man Grundvokale, Diphthonge (Doppellaute) und Umlaute.
Die **Grundvokale** lauten: **a, e, i, o, u**
Das **y** bezeichnet man als einen **Halbvokal.**
Die **Diphthonge** (Doppellaute) heißen: **ei, ai, au, eu**
Die dazugehörigen **Umlaute** sind: **ä, ö, ü, äu**
Man unterscheidet im Deutschen lange und kurze Vokale. Alle **einfachen** Vokale können sowohl lang als auch kurz vorkommen. Dies hat zumeist Folgen für die Schreibung der Wörter:

Bahn und Bann
Beet und Bett
Miete und Mitte
Pute und Putte

Diphthonge werden jedoch immer lang ausgesprochen:
Riese, Maus, Hai, Heu, Seide

Lautlehre

Übung 3 Welche Wörter entstehen durch den Wechsel von langen zu kurzen Vokalen bzw. umgekehrt? Findest du noch weitere Beispiele?

Pute
schwellen
Kamm
stehlen
Schrott
Widder
Lamm
Stiehl
Ratte
Beet

Putte
schwelen

Vokale und ihre Artikulation

Einen **Vokal** bezeichnet man auch als einen Öffnungslaut, da bei dessen Artikulation der Luftstrom frei durch den **Mundraum** fließen kann und die klangliche Gestaltung bewirkt. Aus diesem Grund wird ein **vokalischer Laut** auch als **stimmhaft** bezeichnet.
Bei der Artikulation von Vokalen ist die **Lage der Zunge** (vertikal und horizontal) und die **Stellung der Lippen** von entscheidender Bedeutung.
Je nach der **vertikalen Ausrichtung der Zunge** im Mundraum (hoch/niedrig) unterscheidet man zwischen offenen, halb offenen, halb geschlossenen und geschlossenen Vokalen. Zu den geschlossenen Vokalen, bei denen sich die Zunge gegen den Oberkiefer hebt, zählt beispielsweise das lange *i* wie in *Wiege* oder das *u* wie in *Mut*. Bei Senkung der Zunge in Richtung Unterkiefer öffnet sich der Mund und es entsteht ein offener Vokal wie das *a* in *Tat*. Daneben gibt es Zwischenstufen wie halb geschlossen und halb offen.
Je nach **horizontaler Ausrichtung der Zunge** im Mundraum (vorn/hinten) spricht man von vorderen und hinteren Vokalen.
Diese horizontale Ausrichtung beeinflusst die **Lippenstellung**. Liegt die Zunge weit hinten im Mundraum, schließt sich der Mund (Lippenrundung) und man spricht von einem gerundeten Vokal. Öffnet sich der Mund (Lippenentrundung), liegt die Zunge weit vorne und man spricht von einem ungerundeten Vokal.
Wenn die Luft auch frei durch die **Nasenhöhle** strömen kann, nämlich durch Senkung des Hintergaumens, entstehen **nasalierte Vokale**. Diese kennt man insbesondere aus dem Französischen (z.B. *Terrain*).

Konsonanten

Laute, bei denen der Atem an irgendeiner Stelle im Mundraum gehemmt wird, nennt man Geräuschlaute, **stimmlose Laute** oder **Konsonanten**. Die deutsche Sprache kennt die folgenden Konsonanten:
b, c, d, f, g, h, j, k, l, m, n, p, q, r, s, ß, t, v, w, x, z

Die Bausteine des Wortes

Man teilt sie nach ihrem **Artikulationsort** und ihrer **Artikulationsart** ein. Im Deutschen sind die folgenden Artikulationsorte relevant.

Labiallaute: Bildung erfolgt mit den Lippen: **b, m, p**
Dentallaute: Bildung erfolgt mit den Zähnen: **d, t, f, n, l, r, w**
Gaumenlaute: Bildung erfolgt am vorderen Gaumen (**Palatallaute**) oder am hinteren Gaumen (**Velarlaute**): **ch, j, g, k**
Uvularlaute: Lautbildung erfolgt gemeinsam von Zunge und Zäpfchen: **ch** (suchen), **r**
Glottallaute: Lautbildung erfolgt an den Stimmritzen: **h**

Darüber hinaus bestimmt man die Konsonanten nach ihrer **Artikulationsart**:

Plosivlaute (Verschlusslaute): **p, t, k, b, d, g** (*Garten*)
Frikativlaute (Reibelaute): **f, s, sch, ch, h, w, s** (*Sonne*), **g** (*Genie*)
Affrikate (Verbindung aus Plosiv- und Frikativlaut): **z** (*Zahn*), **tsch** (*klatschen*), **pf** (*Pferd*)
Liquidlaute (Gleitlaute): **l, r**
Nasallaute (Nasenlaute): **m, n, ng** (*singen*)

Die Buchstabenkombination ch

Die Buchstabenkombination **ch** erfährt im Deutschen zwei unterschiedliche Lautzuordnungen, man spricht auch von **Ichlaut** und **Achlaut**.

ich, Fächer, räuchern, Gericht, Gerücht

Der Achlaut kann nur nach den Vokalen a, o, u, au folgen:

ach, noch, suchen, Rauch

Auslautverhärtung

Die weichen Konsonanten **b, d, g, s** werden **hart ausgesprochen**, wenn sie **am Silbenende** stehen. Man spricht von einer **Auslautverhärtung**, die sich jedoch in der Schriftsprache nicht niederschlägt.
Wenn man das Wort verlängert oder verwandte Wortformen bildet, zeigt sich der Unterschied in der Aussprache deutlich. Dazu gibt es eine gute Merkregel:
Verlängere das Wort und du weißt es sofort.

Harte Aussprache	weiche Aussprache
Stab	*Stäbe*
Wand	*Wände*
lag	*liegen*
Eis	*eisig*

Lautlehre

Übung 4 Trage die fehlenden Buchstaben ein. Verlängere jedoch zunächst das Wort oder bilde eine verwandte Wortform.

Beispiel: Mun__: Münder, münden

Ban___   Kal___
Stan___   Ste___
lie___   Lan___
Lo___   Han___
Mau___   Gan___
Prei___   Lau___
Flu___   Die___
genu___   Gla___
Sie___   Sta___

Silben

Die **Teile eines Wortes, die sich beim langsamen Sprechen ergeben,** werden **Silben** genannt. Eine Silbe wiederum ist eine **Folge von Lauten**. Jede Silbe enthält dabei einen Laut, der den **Kern der Silbe** bildet, in der Regel ist dieses **ein Vokal**. Eine Silbe kann auch aus nur einem Vokal bestehen.

O-fen, Blu-me, Ne-bel, Mond, Wa-le

Silben können betont oder unbetont sein, sie sind Träger von Akzenten und damit von entscheidender Bedeutung für den **Sprachrhythmus**.

Übung 5 Schreibe die folgenden Wörter nach Sprechsilben getrennt neu auf.

Beispiel: Sterne: Ster-ne

Natur
Schwimmbad
Europa
Sonne
Tiefseetaucherin
Ober
Banane
Segel
gehen

Sprechsilben: phonologische Silbengrenzen

Die Gliederung eines Wortes in unterschiedliche Silben erfolgt zumeist intuitiv, lässt sich aber auch durch Regeln bestimmen. Bei mehrsilbigen Wörtern unterscheidet man die folgenden Fälle der Silbentrennung/Silbengrenze:

Die Bausteine des Wortes

1. Werden zwei Silbenkerne voneinander durch einen Konsonanten getrennt, wird dieser dem nachfolgenden Silbenkern zugeordnet.

    Ro-se
    O-fen

2. Werden die Silbenkerne jedoch von mehreren Konsonanten getrennt, gehört nur der letzte zum nachfolgenden Silbenkern.

    Gar-ten
    Stür-me

3. Buchstabenverbindungen wie ck, ch, sch, ph, rh und th werden nicht getrennt.

    Bä-cker
    Si-chel

4. Bei Zusammensetzungen erfolgt die Trennung zwischen den einzelnen Wortbausteinen.

    Haus-tür
    ver-suchen

5. Wird ein Wort nicht mehr als Zusammensetzung erkannt oder empfunden, kann es sowohl nach Sprechsilben als auch nach den Wortbausteinen getrennt werden.

    hin-auf oder *hi-nauf*
    war-um oder *wa-rum*

Übung 6 Teile die folgenden Wörter in ihre Silben ein.

Beispiel: Butter: But-ter

Vergnügen, Wäsche, Grafik, rufen, einander, schreiben, Mechanik, weiter, Reihe, heraus, sitzen, Adler, Decke, Hammer, helfen, Karpfen, Bäcker, Fenster, Telefon, Sonne, überglücklich, Methode, weinen, Achtung, Heiligabend, außer, versuchen, dunkel, ebenso, Schokoladenkuchen, Zucker, Menschen, hinauf

Sprachsilben (Morpheme): interne Morphemgrenzen

Sprachsilben sind jene Bestandteile eines Wortes, die entstehen, wenn man ein Wort in seine einzelnen Bestandteile einteilt.
Bei mehrsilbigen Wortformen, die durch Flexionen, Ableitungen und Zusammensetzungen bereits interne Morphemgrenzen aufweisen, **ist die Morphemgrenze in der Regel die Trennungsgrenze** (vgl. auch Sprechsilben, Regel Nr. 4).
Tischtuch: Das Wort besteht aus den Wortbausteinen *Tisch-* und *-tuch* und wird entsprechend getrennt: ***Tisch-tuch.***

Der Wortstamm

Jedes Wort enthält mindestens einen Wortstamm, wobei der Wortstamm das ganze Wort sein kann:

Tisch, Haus, Sommer

Bedingt durch Zusammensetzungen kann ein Wort aber auch mehr als einen Wortstamm enthalten:

Tischtuch, Haustür, Sommerhaus

Man erhält den **Stamm eines Wortes**, wenn man **Wortbildungs- und Flexionsmorpheme weglässt**. Zur Wortbildung zählt man Veränderungen, die die Bildung neuer Wörter bewirken, als Flexion bezeichnet man Wortabänderungen, die durch die Bildung grammatischer Formen eines Wortes entstehen.

Vorgehensweise beim Ermitteln des Stammes von: (er, sie, es) *versucht*:
Nach dem Weglassen des Wortbildungsmorphems **–ver** und der Flexionsendung **–t** bleibt der Stamm **–such**.

Affixe: Präfix und Suffix

Präfix

Als **Präfix** bezeichnet man einen vorangestellten **Wortbaustein, der als selbstständiges Wort nicht vorkommt**. Präfixe haben also keine eigenständige Bedeutung und können nicht allein verwendet werden, aber mit ihrer Hilfe können neue Wörter gebildet werden. Wichtige Präfixe sind **miss-, un-, er-, ver-, ge-, ent-, prä-, erz-** usw.

*miss*achten, *un*wichtig, *Un*ruhe, *er*leben, *ver*zweifeln, *ge*lingen, *ent*führen, *erz*konservativ, *prä*historisch

Suffix

Suffixe sind nachgestellte **Wortbausteine, die als selbstständiges Wort nicht vorkommen.** Sie haben also keine eigenständige Bedeutung und können nicht allein verwendet werden, aber mit ihrer Hilfe können neue Wörter gebildet werden. Man unterscheidet **Substantiv-Suffixe (-el, -er, -heit, -nis, -keit, -ung, -e** usw.**)** und **Adjektiv-Suffixe (-ig, -lich, -sam, -bar,** usw.**)**.

Übersetz*ung*, Traurig*keit*, Weis*heit*, Wag*nis*, wunder*sam*, kind*lich*, kopf*los*, freund*lich*

Die Bausteine des Wortes

19

Übung 7 Teile die Wortbildungs- und Flexionsmorpheme ab und unterstreiche den Stamm.

Beispiel: lachen   Flexionsendung: en

(sie) stehen, erleben, (er, sie, es) weint, (ich) arbeite, Tage, unwichtig, Bilder, verlaufen

Übung 8 Bilde neue Wörter, indem du ein Präfix hinzufügst. Dabei kann ein Vokal auch umgelautet werden.

Beispiel: erfahren: unerfahren

informiert, Recht, Achtung, Busch, billigen, brechen, lieben, Ordnung, laufen, warten, kichern, arbeiten

Übung 9 Wandle die folgenden Adjektive und Verben im Infinitiv durch Suffixbildung in ein Nomen/Substantiv um, indem du ein Suffix verwendest.

Beispiel: traurig: Traurigkeit

tief, verbessern, sicher, heilen, malen, heiter, rau, vergessen, gedankenlos

WortLehre

Das Verb

Die Funktion des Verbs

S. 188
Subjekt

Wörter wie **sein, wohnen, spielen, aufnehmen, sich sonnen, trainieren, springen** etc. nennt man **Verben**. Geht man von der Bedeutung der Verben aus, so unterscheidet man Verben, die meistens eine **Tätigkeit**, einen **Vorgang** oder einen **Zustand** bezeichnen.

Ein **Verb der Tätigkeit** drückt aus, dass das Subjekt des Satzes eine Handlung/Aktion ausführt.

*Linda und Anton **spielen** Squash.*
*Peter **chattet** im Internet.*

Ein **Vorgangsverb** beschreibt einen Ablauf/Prozess, der das Subjekt des Satzes verändert.

*Die antike Vase **zerbrach**.*
*Sie will zehn Kilo **abnehmen**.*
*Er hat **sich erkältet**.*

Ein **Zustandsverb** gibt an, dass der innere/äußere Zustand eines Subjekts unverändert bleibt.

*Die CD **liegt** im Regal.*
*Sie **wohnt** in Münster.*
*Das Kleid **steht** dir gut.*

Übung 1 Handelt es sich um ein Zustandsverb, ein Vorgangsverb oder ein Verb der Tätigkeit? Klassifiziere die Verben folgendermaßen: Z = Zustandsverb, V = Vorgangsverb, T = Verb der Tätigkeit

bleiben ( ), schreien ( ), duften ( ), zunehmen ( ), hängen ( ), sich verlieben ( ), surfen ( ), aufwachen ( ), lesen ( ), lernen ( ), sitzen ( ), sich hinsetzen ( ), fahren ( ), verblühen

Vollverben

S. 186
Prädikat

Vollverben sind Verben, die eine **eigenständige Bedeutung** haben und **allein** das Prädikat bilden können.

*Margit **besichtigt** die Altstadt von Nizza.*
*Sie **spricht** Französich.*
*Paul **schwimmt** jeden Morgen 1000 Meter.*

Transitive und intransitive Verben

S. 191
Objekt

Man unterscheidet **transitiv, intransitiv** und **reflexiv** gebrauchte Verben.
Transitive bzw. transitiv gebrauchte Verben sind Verben, die ein **Akkusativobjekt** an sich binden. Das Akkusativobjekt kann als Nomen/Substantiv, Namen, Pronomen oder als Objektsatz auftreten.

*Stephanie liest gerne **Krimis**.*
*Die Schülerin bewundert **Harry Potter**.*
*Sie mag **ihn**.*
*Sie hofft, **dass auch die anderen Bücher bald verfilmt werden**.*

Intransitive bzw. intransitiv gebrauchte Verben sind Verben, die **kein Akkusativobjekt** an sich binden. Diese Verben können entweder **ohne Objekt** auftreten oder binden **Dativ-, Genitiv- bzw. Präpositionalobjekte** an sich.

*Das Baby **schreit**.* (ohne Objekt)
*Er **hilft** dem Verletzten.* (Dativobjekt)
*Er **vergewissert** sich seiner Rechte.* (Genitivobjekt)
*Sie **verliebt** sich stets in die falschen Männer.* (Präpositionalobjekt)

Übung 2 Unterstreiche in den folgenden Sätzen die intransitiven Verben.

Beispiel: Sonja und Matthias <u>wohnen</u> seit zwei Jahren in ihrer Traumstadt Hamburg.

1. Dennoch vermissen sie den Paderborner Wochenmarkt.
2. Da sie Kanu fahren möchte, hofft sie auf schönes Wetter am Wochenende.
3. Sollte das Wetter schlecht sein, bleibt sie am Sonntag im Bett und liest ihr neues Buch.
4. Er kommt aus Madrid und studiert zwei Semester Jura in Köln.
5. Sie löst schwierige Statistikaufgaben mühelos.
6. Er arbeitet als Musiktherapeut.
7. Während des Essens zappelt Louis pausenlos herum.
8. Er akzeptiert die Note seiner Deutscharbeit nicht.
9. Die CDs liegen chaotisch im Zimmer herum.
10. Sie freuen sich auf die Sommerferien.

Reflexive (rückbezügliche) Verben

S. 116
Reflexivpronomen

S. 101
Person,
Numerus

Reflexive Verben sind Verben wie **sich beeilen, sich verlieben, sich streiten, sich benehmen, sich weigern** etc. Sie treten immer in Kombination mit einem **Reflexivpronomen** (mich/mir, dich/dir, sich, uns, euch, sich) auf. Das Reflexivpronomen bezieht sich zumeist auf das **Subjekt des Satzes**, mit dem es in **Person und Numerus** übereinstimmt, zurück. Es steht entweder im Akkusativ oder im Dativ. Reflexivpronomen und Subjekt bezeichnen immer dieselbe Person bzw. denselben Gegenstand.

*Sie streiten **sich** häufig. Ihr habt **euch** damit nur geschadet.*

Um welchen Kasus es sich handelt, erkennt man, indem man die 1. bzw. 2. Pers. Sg. (Akkusativ: mich/dich, Dativ: mir/dir) benutzt.

*Sie hat **sich** überlegt, wieder mehr Sport zu treiben.*
*Ich habe **mir** überlegt, wieder mehr Sport zu treiben.* (Reflexivpronomen im Dativ)
*Er hat **sich** beeilt.*
*Du hast **dich** beeilt.* (Reflexivpronomen im Akkusativ)

Wird der Kasus des Reflexivpronomens durch eine Präposition bestimmt, so spricht man auch von einem **Reflexivpronomen im Präpositionalkasus.**

*Er zweifelt **an sich**.*

➡ S. 160f.
Präposition

Übung 3   Unterstreiche die Subjekte und die dazugehörigen Reflexivpronomen.

Beispiel: Die Kinder freuen sich auf das Schlittschuhlaufen auf den zugefrorenen Fischteichen.

1. Wir haben uns schon lange nicht mehr gesehen.
2. Er hat sich in den Skiferien gut erholt.
3. Habt ihr euch schon nach einer Zugverbindung erkundigt?
4. Sie hat sich an einer anderen Schule beworben und sich dem Direktor bereits vorgestellt.
5. Familie Maier ärgert sich über eine zu hohe Miete.
6. Du musst dich noch für das Geschenk bedanken!
7. Die Kinder stritten sich um die Süßigkeiten.

Übung 4   Entscheide, ob die Verben reflexiv (rückbezüglich) gebraucht sind, und unterstreiche die Subjekte und ihre jeweiligen Reflexivpronomen. Achtung! Es gibt Sätze ohne Reflexivpronomen. In welchen Sätzen steht das Reflexivpronomen im Dativ? Liste die Satznummern auf.

Beispiel: Sie verliebte sich in einen Mitschüler.

1. Warum hilfst du mir nicht bei der Vorbereitung der Party? Deine Faulheit nervt mich.
2. Trotz zahlreicher Fehlschläge glaubt er weiterhin an sich.
3. Es gefällt mir sehr, dass unsere Freunde überlegen, sich ein Haus in Spanien zu kaufen.
4. Ich stelle mir vor, dass wir herrliche Sommer dort verbringen werden.
5. Er ärgert uns mit seiner ständigen Wichtigtuerei.
6. Wir wundern uns, dass ihr immer noch nicht zusammengezogen seid.
7. Hast du dir den neuen Film von Pedro Almodóvar schon angesehen? Er hat mich beeindruckt.
8. Warum regt ihr euch ständig über Nichtigkeiten auf?
9. Er begrüßte mich mit einem Kuss und wir begaben uns in ein Café.
10. So eine schöne Wohnung! Wie könnt ihr euch die denn leisten?
11. Während seines Urlaubs hat er mir seinen Hund anvertraut.

Wortlehre
24

Echt reflexive und unecht reflexive Verben

➡ S. 116
Reflexivpronomen

➡ S. 185
Substitution

Je nachdem, ob das Reflexivpronomen die Stelle eines Objekts einnimmt oder nicht, unterscheidet man echt reflexive und unecht reflexive Verben.
Bei den **echt reflexiven Verben** ist das **Reflexivpronomen kein eigenständiges Satzglied,** sondern Bestandteil des Verbs, da es nicht durch ein Nomen/Substantiv im Akkusativ bzw. Dativ ersetzt werden kann.
*Er hat **sich** in Anna verliebt.*
Grammatisch nicht korrekt: *Er hat Peter in Anna verliebt.*
Das Reflexivpronomen ist jedoch grammatisch notwendig und kann nicht weggelassen werden.
Grammatisch nicht korrekt: *Er hat in Anna verliebt.*
Handelt es sich um **unecht reflexive Verben**, so ist das **Reflexivpronomen selbstständiges Satzglied,** das durch ein **kasusgleiches Nomen** ersetzt werden kann.
*Er wäscht **sich**.*
*Er wäscht **den Salat**.*
Unecht reflexive Verben können sowohl reflexiv als auch nicht reflexiv gebraucht werden, ohne dass sich ihre Bedeutung ändert.
Sie haben sich entschieden.
Grammatisch korrekt: *Sie haben entschieden keine Familie zu gründen.*

Übung 5
Unecht reflexiv oder echt reflexiv? Entscheide dies, indem du mit den folgenden Verben Sätze bildest. Achtung! Bei den echt reflexiven Verben kann das Reflexivpronomen nicht durch ein Nomen/Substantiv ersetzt werden.

Beispiel: sich verletzen
Er verletzte sich im Sportunterricht.
Er verletzte einen Mitschüler im Sportunterricht. (unecht reflexiv)

1. sich erkälten, 2. sich schämen, 3. sich verhalten, 4. sich einigen, 5. sich anfreunden, 6. sich verlieben, 7. sich waschen, 8. sich erinnern

Reziproke Verben

Reflexive Verben, bei denen das **Reflexivpronomen in den Pluralformen** keine rückbezügliche, sondern eine **wechselseitige bzw. gegenseitige Beziehung** ausdrückt, bezeichnet man als **reziproke Verben**. Dies kann auch durch **einander bzw. Präposition + einander** oder **sich gegenseitig** umschrieben werden.
*Petra und Karl lieben **sich**. Petra und Karl lieben **einander**.*

Die Hilfsverben sein, haben und werden

Die **Hilfsverben sein, haben** und **werden** haben zumeist **keine eigenständige inhaltliche Bedeutung**, sondern eine **Funktion** innerhalb des Sprachsystems. Sie erscheinen im Satzzusammenhang in der Regel mit einem Vollverb und werden zur **Bildung unterschiedlicher Verbformen** verwandt.

⇒ S. 63
Zustandspassiv

So benötigt man das Hilfsverb **sein** z.B. zur **Bildung des Zustandspassivs**.
*Das Hotel **ist ausgebucht**.*

⇒ S. 62
Vorgangspassiv

Das Hilfsverb **werden** gebraucht man zur **Bildung des Futur I/II**, des **Vorgangspassivs** sowie zur **Umschreibung des Konjunktiv II**.
*Er **wird** die Prüfung im nächsten Semester **wiederholen**.* (Futur I)

⇒ S. 67ff.
Konjunktiv II

*Sie **werden** bestimmt eine Lösung **gefunden haben**.* (Futur II)
*Die Prüfung **wird** heute **wiederholt**.* (Vorgangspassiv)
*Ich **würde** dir gerne beim Umzug **helfen**, aber ich muss arbeiten.* (Konjunktiv II)

⇒ S. 47
Futur

Haben und **sein** dienen auch der Bildung der zusammengesetzten **Vergangenheitstempora Perfekt** und **Plusquamperfekt**.

⇒ S. 45ff.
zusammengesetzte Tempora

*Sie **hat** gestern auf dem Balkon **gefrühstückt**.*
*Nachdem er Tennis **gespielt hatte**, ging er in die Sauna.*
*Er **ist** durch die Führerscheinprüfung **gefallen**.*
*Nachdem er durch die Führerscheinprüfung **gefallen war**, wollte er niemanden sehen.*

BESONDERHEIT geworden oder worden?

Das Partizip Perfekt des Verbs *werden* heißt *geworden*. Es wird jedoch durch *worden* ersetzt, wenn es auf ein Partizip Perfekt folgt.
*Susanne ist Ärztin **geworden**.*
*Mein Hund ist heute **verletzt worden**.*

Hilfsverben als Vollverben

Treten die **Hilfsverben sein, haben** und **werden** nicht in Verbindung mit einer Verbform, sondern in Verbindung mit einem **Nomen/Substantiv** oder **Adjektiv** auf, so werden sie als **Vollverben** gebraucht.
*Sie wird **Ärztin**.*
*Er hatte immer **Ärger** mit seiner Freundin.*
*Sie ist **intelligent**.*

Wortlehre

Übung 6
Unterstreiche in den folgenden Sätzen die jeweiligen Verbformen von *sein*, *haben* und *werden*, wenn sie als Hilfsverben benutzt werden.

Beispiel: Er war nach seiner Trennung lange unglücklich. (kein Hilfsverb)
Er <u>wird</u> sie nicht wieder sehen. (Hilfsverb)

1. Sie ist nach Gomera geflogen.
2. Sie wird Rechtsanwältin.
3. Wann hast du Geburtstag?
4. Wir werden bald anrufen.
5. Sie hätte die Stelle angenommen, wenn sie unbefristet gewesen wäre.
6. Sie würde gerne in den Auslandsschuldienst gehen.
7. Er hat immer beruflichen Stress.
8. Endlich wird es Frühling.
9. Sie haben Schulden.
10. Er hat keine Geduld.
11. Wir haben Pech gehabt.

Übung 7
Bestimme, ob *werden* als Vollverb, im Futur Aktiv oder in einer Form des Passivs auftritt. Kennzeichne so: Futur Aktiv: (a); Form des Passivs: (b); Vollverb: (c)

Beispiel: Es wird bald Winter werden: (a), (c)

1. Sie werden nach Las Vegas fliegen, um dort zu heiraten.
2. Sie ist nicht rechtzeitig über das Meeting informiert worden.
3. Sie hofft, dass sie später reich wird.
4. Wenn wir morgen Abend telefonieren, werde ich die Prüfung überstanden haben.
5. Bei dem Autounfall wurde sie schwer verletzt.
6. Er wird Sportlehrer.
7. Seit einigen Monaten wird er von seinen Mitschülern gemobbt.
8. Die Universitäten werden reformiert.
9. Die Wissenschaftsministerin NRWs wird die Hochschulen reformieren.

Die Konjugation der Hilfsverben sein, haben und werden

Das Verb „sein" im Indikativ

Präsens	Präteritum	Perfekt	Plusquamperfekt
ich bin	ich war	ich bin gewesen	ich war gewesen
du bist	du warst	du bist gewesen	du warst gewesen
er, sie, es ist	er, sie, es war	er, sie, es ist gewesen	er, sie, es war gewesen
wir sind	wir waren	wir sind gewesen	wir waren gewesen
ihr seid	ihr wart	ihr seid gewesen	ihr wart gewesen
sie sind	sie waren	sie sind gewesen	sie waren gewesen

Futur I	Futur II	Imperativ	Partizip
ich werde sein	ich werde gewesen sein	Singular: Werde!	Partizip I: werdend
du wirst sein	du wirst gewesen sein		
er, sie, es wird sein	er, sie, es wird gewesen sein	Plural: Werdet!	Partizip II: geworden
wir werden sein	wir werden gewesen sein		
ihr werdet sein	ihr werdet gewesen sein	Höflichkeitsform: Werden Sie!	
sie werden sein	sie werden gewesen sein		

Das Verb „sein" im Konjunktiv

	Konjunktiv I	Konjunktiv II
Gegenwart	ich sei du sei(e)st er, sie, es sei wir seien ihr seiet sie seien	ich wäre du wär(e)st er, sie, es wäre wir wären ihr wäret sie wären
Vergangenheit	ich sei gewesen du sei(e)st gewesen er, sie, es sei gewesen wir seien gewesen ihr seiet gewesen sie seien gewesen	ich wäre gewesen du wär(e)st gewesen er, sie, es wäre gewesen wir wären gewesen ihr wäret gewesen sie wären gewesen
Zukunft	(ich würde sein*) du werdest sein er, sie, es werde sein (wir würden sein*) (ihr würdet sein*) (sie würden sein*)	ich würde sein du würdest sein er, sie, es würde sein wir würden sein ihr würdet sein sie würden sein

* zeigt an, dass es sich um die Ersatzform aus dem Konjunktiv II handelt.

Wortlehre

Das Verb „haben" im Indikativ

Präsens	Präteritum	Perfekt	Plusquamperfekt
ich habe	ich hatte	ich habe gehabt	ich hatte gehabt
du hast	du hattest	du hast gehabt	du hattest gehabt
er, sie, es hat	er, sie, es hatte	er, sie, es hat gehabt	er, sie, es hatte gehabt
wir haben	wir hatten	wir haben gehabt	wir hatten gehabt
ihr habt	ihr hattet	ihr habt gehabt	ihr hattet gehabt
sie haben	sie hatten	sie haben gehabt	sie hatten gehabt

Futur I	Futur II	Imperativ	Partizip
ich werde haben	ich werde gehabt haben	Singular: Habe!	Partizip I: habend
du wirst haben	du wirst gehabt haben		
er, sie, es wird haben	er, sie, es wird gehabt haben	Plural: Habt!	Partizip II: gehabt
wir werden haben	wir werden gehabt haben		
ihr werdet haben	ihr werdet gehabt haben	Höflichkeitsform: Haben Sie!	
sie werden haben	sie werden gehabt haben		

Das Verb „haben" im Konjunktiv

	Konjunktiv I	Konjunktiv II
Gegenwart	(ich hätte*)	ich hätte
	du habest	du hättest
	er, sie, es habe	er, sie, es hätte
	(wir hätten*)	wir hätten
	ihr habet	ihr hättet
	(sie hätten*)	sie hätten
Vergangenheit	(ich hätte gehabt*)	ich hätte gehabt
	du habest gehabt	du hättest gehabt
	er, sie, es habe gehabt	er, sie, es hätte gehabt
	(wir hätten gehabt*)	wir hätten gehabt
	ihr habet gehabt	ihr hättet gehabt
	(sie hätten gehabt*)	sie hätten gehabt
Zukunft	(ich würde haben*)	ich würde haben
	du werdest haben	du würdest haben
	er, sie, es werde haben	er, sie, es würde haben
	(wir würden haben*)	wir würden haben
	(ihr würdet haben*)	ihr würdet haben
	(sie würden haben*)	sie würden haben

---

* zeigt an, dass es sich um die Ersatzform aus dem Konjunktiv II handelt.

Hilfsverben als Vollverben

Das Verb „werden" im Indikativ

Präsens	Präteritum	Perfekt	Plusquamperfekt
ich werde	ich wurde	ich bin geworden	ich war geworden
du wirst	du wurdest	du bist geworden	du warst geworden
er, sie, es wird	er, sie, es wurde	er, sie, es ist geworden	er, sie, es war geworden
wir werden	wir wurden	wir sind geworden	wir waren geworden
ihr werdet	ihr wurdet	ihr seid geworden	ihr wart geworden
sie werden	sie wurden	sie sind geworden	sie waren geworden

Futur I	Futur II	Imperativ	Partizip
ich werde werden	ich werde geworden sein	Singular: Werde!	Partizip I: werdend
du wirst werden	du wirst geworden sein		
er, sie, es wird werden	er, sie, es wird geworden sein	Plural: Werdet!	Partizip II: geworden
wir werden werden	wir werden geworden sein		
ihr werdet werden	ihr werdet geworden sein	Höflichkeitsform: Werden Sie!	
sie werden werden	sie werden geworden sein		

Das Verb „werden" im Konjunktiv

	Konjunktiv I	Konjunktiv II
Gegenwart	(ich würde*) du werdest er, sie, es werde (wir würden*) (ihr würdet*) (sie würden*)	ich würde du würdest er, sie, es würde wir würden ihr würdet sie würden
Vergangenheit	ich sei geworden du sei(e)st geworden er, sie, es sei geworden wir seien geworden ihr sei(e)t geworden sie seien geworden	ich wäre geworden du wär(e)st geworden er, sie, es wäre geworden wir wären geworden ihr wäret geworden sie wären geworden
Zukunft	ich würde werden* du werdest werden er, sie, es werde werden wir würden werden* ihr würdet werden* sie würden werden*	ich würde werden du würdest werden er, sie, es würde werden wir würden werden ihr würdet werden sie würden werden

---

* zeigt an, dass es sich um die Ersatzform aus dem Konjunktiv II handelt.

Modalverben (modale Hilfsverben/modal gebrauchte Verben)

Die Modalverben **können, müssen, dürfen, sollen, wollen** und **mögen** sind Verben, die **die Bedeutung eines anderen Verbs verändern.** Sie bestimmen das Verhältnis des Handelnden zur Aussage, indem sie dessen **subjektive Einstellung** bzw. **Beurteilung eines Geschehens/einer Aussage** zum Ausdruck bringen.

In ihren jeweiligen **Hauptbedeutungen** bezeichnen die Modalverben folgende Einstellungen:

müssen: Notwendigkeit/Pflicht: *Philipp muss Italienisch lernen.*
können: Möglichkeit/Fähigkeit: *Philipp kann Italienisch lernen.*
dürfen: Erlaubnis/Berechtigung/Verbot (verneint):
Philipp darf Italienisch lernen.
sollen: Aufforderung/Ratschlag/Wiedergabe der Aussage eines anderen:
Philipp soll Italienisch lernen.
wollen: Wille/Absicht/Behauptung: *Philipp will Italienisch lernen.*
mögen: Wunsch/Vermutung: *Philipp möchte Italienisch lernen.*
Im Moment mag Philipp vielleicht Italienisch lernen, aber sicher bin ich mir nicht.

Modalverben treten zumeist als **Hilfsverben** auf. In dieser Funktion folgt dem konjugierten Modalverb ein Verb im Infinitiv, mit dem es ein mehrteiliges Prädikat bildet.

Er sollte mehr Sport treiben.

➡ **S. 186**
Prädikat

Sie können jedoch auch **eigenständig** das **Prädikat** bilden.
Sie möchte kein neues Fahrrad.

BESONDERHEIT Ersatzinfinitiv anstelle des Partizip Perfekt

Modalverben verfügen gemäß ihrer Funktion als Hilfs- und Vollverb über unterschiedliche Formen des Partizip Perfekt/Partizip II.

➡ **S. 54ff.**
infinite Verbformen

Werden sie als Vollverb benutzt, so bilden sie das Partizip Perfekt/Partizip II regelmäßig (gemusst, gewollt, gedurft, gekonnt, gemocht, gesollt).
Er will nicht mehr in die Schule. Er hat nicht mehr in die Schule gewollt.

Als Hilfsverben eingesetzte Modalverben sowie das Verb brauchen aber ersetzen das Partizip Perfekt/Partizip II durch den Infinitiv (Ersatzinfinitiv).
Er will nicht mehr in die Schule gehen. Er hat nicht mehr in die Schule gehen wollen.
Bald braucht er keine Vokabeln mehr zu lernen. Er hat keine Vokabeln mehr zu lernen brauchen.

Auch die Verben hören, sehen, fühlen, heißen, helfen und lassen bilden zwei unterschiedliche Formen des Partizip Perfekt/Partizip II.

Als Hilfsverben stehen die Verben *hören, sehen, lassen* und *heißen* fast immer im Ersatzinfinitiv. Bei den Verben *fühlen* und *helfen* sind beide Formen üblich.

heißen (Hilfsverb):
Er heißt mich kommen. Er **hat** *mich kommen* **heißen.**
heißen (Vollverb):
Sie heißt Pauline. Sie **hat** *Pauline* **geheißen.**

sehen (Hilfsverb):
Sie sieht die Kinder spielen. Sie **hat** *die Kinder spielen* **sehen.**
sehen (Vollverb):
Er sieht einen Regenbogen. Er **hat** *einen Regenbogen* **gesehen.**

lassen (Hilfsverb):
Er lässt sie ungern gehen. Er **hat** *sie ungern gehen* **lassen.**
lassen (Vollverb):
Sie lässt ihren Führerschein zu Hause. Sie **hat** *ihren Führerschein zu Hause* **gelassen.**

hören (Hilfsverb):
Er hört sie nicht kommen. Er **hat** *sie nicht kommen* **hören.**
hören (Vollverb):
Sie hört das Telefon nicht. Sie **hat** *das Telefon nicht* **gehört.**

fühlen (Hilfsverb):
Sie fühlt die Tränen aufsteigen. Sie **hat** *die Tränen aufsteigen* **fühlen.**
fühlen (Vollverb):
Er fühlt die Kälte in den Knochen. Er **hat** *die Kälte in den Knochen* **gefühlt.**

Die Konjugation der Modalverben[1]

Modus/Tempus	Person	dürfen	können	mögen[2]
Indikativ/ Präsens	ich du er, sie, es wir ihr sie	*darf* *darfst* *darf* *dürfen* *dürft* *dürfen*	*kann* *kannst* *kann* *können* *könnt* *können*	*mag* *magst* *mag* *mögen* *mögt* *mögen*
Indikativ/ Präteritum	ich du er, sie, es wir ihr sie	*durfte* *durftest* *durfte* *durften* *durftet* *durften*	*konnte* *konntest* *konnte* *konnten* *konntet* *konnten*	*mochte* *mochtest* *mochte* *mochten* *mochtet* *mochten*

---

[1] Im Folgenden werden nur die einfachen Verbformen in der Tabelle aufgeführt; die zusammengesetzten Verbformen werden mit haben (Perfekt, Plusquamperfekt) bzw. werden (Futur I, Futur II) gebildet.
[2] Aus der alten Vergangenheitsform mochten von mögen hat sich ein eigenes Modalverb möchten entwickelt, das in seiner Bedeutung etwas von mögen abweicht:
Er mag Eis. (Er isst gerne Eis.)
Er möchte Eis. (Er will Eis haben.)

Wortlehre

Modus/Tempus	Person	dürfen	können	mögen
Konjunktiv I	ich du er, sie, es wir ihr sie	*dürfe* *dürfest* *dürfe* *(dürften*)* *dürfet* *(dürften*)*	*könne* *könnest* *könne* *(könnten*)* *könnet* *(könnten*)*	*möge* *mögest* *möge* *(möchten*)* *möget* *(möchten*)*
Konjunktiv II	ich du er, sie, es wir ihr sie	*dürfte* *dürftest* *dürfte* *dürften* *dürftet* *dürften*	*könnte* *könntest* *könnte* *könnten* *könntet* *könnten*	*möchte* *möchtest* *möchte* *möchten* *möchtet* *möchten*

Modus/Tempus	Person	müssen	sollen	wollen
Indikativ/ Präsens	ich du er, sie, es wir ihr sie	*muss* *musst* *muss* *müssen* *müsst* *müssen*	*soll* *sollst* *soll* *sollen* *sollt* *sollen*	*will* *willst* *will* *wollen* *wollt* *wollen*
Indikativ/ Präteritum	ich du er, sie, es wir ihr sie	*musste* *musstest* *musste* *mussten* *musstet* *mussten*	*sollte* *solltest* *sollte* *sollten* *solltet* *sollten*	*wollte* *wolltest* *wollte* *wollten* *wolltet* *wollten*
Konjunktiv I	ich du er, sie, es wir ihr sie	*müsse* *müssest* *müsse* *(müssten*)* *müsset* *(müssten*)*	*solle* *sollest* *solle* *(würden sollen*)* *sollet* *(würden sollen*)*	*wolle* *wollest* *wolle* *(würden wollen*)* *wollet* *(würden wollen*)*
Konjunktiv II	ich du er, sie, es wir ihr sie	*müsste* *müsstest* *müsste* *müssten* *müsstet* *müssten*	*(würde sollen*)* *(würdest sollen*)* *(würde sollen*)* *(würden sollen*)* *(würdet sollen*)* *(würden sollen*)*	*(würde wollen*)* *(würdest wollen*)* *(würde wollen*)* *(würden wollen*)* *(würdet wollen*)* *(würden wollen*)*

▶ S. 81
Umschrei-
bung der
Konjunktiv-
formen mit
„würde"

---

* zeigt an, dass es sich um die Ersatzformen aus dem Konjunktiv II handelt.

Finite Verbformen

Übung 8 Unterstreiche die Modalverben und gib ihre jeweilige Bedeutung an.

Beispiel: <u>Kannst</u> du mir am nächsten Wochenende bei meinem Umzug helfen? (Möglichkeit)

1. Die Universitäten sollen reformiert werden.
2. Sie will einen guten Schulabschluss machen, damit sie studieren kann, wenn sie möchte.
3. Die sogenannten Kopfnoten sollen mit dem Versetzungszeugnis 2003 wieder eingeführt werden. Es mag wohl stimmen, dass sich dadurch die Disziplin der Schüler verbessert.
4. Da er häufig unter Rückenschmerzen leidet, sollte er regelmäßig schwimmen gehen.
5. Du solltest lieber mehr lernen!
6. Sie kann sich gut durchsetzen.
7. Weil er mehrere Jahre in Madrid gearbeitet hat, kann er fließend Spanisch sprechen.
8. Um beruflich erfolgreich zu sein, muss man sich weiterbilden.
9. Nachdem der Bänderriss verheilt ist, darf sie nun endlich wieder am Sportunterricht teilnehmen.

Übung 9 Forme die Sätze mit den Modalpartikeln/Ausdrücken der Überzeugung bzw. Vermutung um, indem du das entsprechende Modalverb verwendest.

Beispiel: Er hat *angeblich* einen gut dotierten Job in der New Economy gefunden.
Er soll einen gut dotierten Job in der New Economy gefunden haben.
Er will einen gut dotierten Job in der New Economy gefunden haben.

1. Sie hat *wohl* Recht, wenn sie sagt, dass auch in Deutschland die Kluft zwischen Arm und Reich immer größer wird.
2. Es wird dem Schüler *dringend nahegelegt*, die Klasse zu wiederholen.
3. Der Autofahrer *behauptet*, den Fahrradfahrer nicht gesehen zu haben.
4. Sie ist *fähig*, die Prüfung zu bestehen.
5. Es ist *möglich*, dass er die Prüfung im nächsten Semester wiederholt.
6. Es *wird gemunkelt*, dass sie eine Affäre mit einem Kollegen hat.
7. Sie fragt sich, wie *wohl* das Leben in Madrid ist.
8. Die Pisa-Studie verdeutlicht, dass *es notwendig ist*, das deutsche Schulsystem zu reformieren.
9. Der Angeklagte *betont*, im Affekt gehandelt zu haben.

Finite Verbformen

Eine **finite Verbform** ist eine durch **Person, Numerus, Tempus, Handlungsart** (Aktiv/Passiv) und **Modus** (Indikativ/Konjunktiv/Imperativ) bestimmte Verbform. Diese Veränderung der Verbform bezeichnet man als **Konjugation**.

Wortlehre

Eine **finite Verbform** gibt Auskunft auf folgende Fragen:

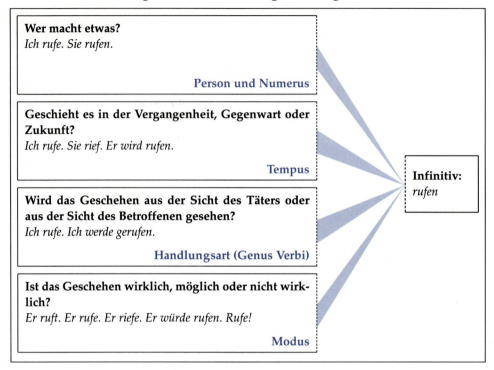

Person und Numerus oder die Personalform des Verbs

Ein **Verb** besteht aus einem **Verbstamm** und einer **Verbendung**.
Man erhält den Verbstamm durch das Wegstreichen der Infinitivendung **-(e)n**; die Verbendung ergibt sich aus der Person (1. Person/2. Person/3. Person) und dem Numerus (Singular/Einzahl oder Plural/Mehrzahl). Die Person zeigt an, worüber das Verb eine Aussage macht: den **Sprechenden** (Singular: ich/Plural: wir), den **Angesprochenen** (Singular: du/Plural: ihr und die Höflichkeitsform Sie) oder die **Person bzw. Sache, über die gesprochen wird** (Singular: er, sie, es/Plural: sie). Außerdem wird deutlich, ob die Person bzw. Sache im Singular oder im Plural erscheint. Man unterscheidet **drei Personen im Singular und drei Personen im Plural.**

1. Person Singular: *ich* lese
2. Person Singular: *du* liest
3. Person Singular: *er/sie/es* liest

1. Person Plural: *wir* lesen
2. Person Plural: *ihr* lest
3. Person Plural: *sie/Sie* (Höflichkeitsform) lesen

Die Konjugationsarten

Man unterscheidet **zwei Konjugationsklassen**: die **regelmäßige/schwache Konjugation** und die **unregelmäßige/starke Konjugation** sowie einige **Mischverben**. Die meisten Verben folgen der regelmäßigen Konjugation; es gibt etwa 170 unregelmäßige/starke Verben.
Die **Veränderung bzw. Nichtveränderung des Verbstammes** entscheidet über die Zugehörigkeit zu einer **Konjugationsklasse**.
Folgt ein Verb der **unregelmäßigen/starken Konjugation**, so verändert sich sein Verbstamm durch die **Ablautbildung;** gehört es der **regelmäßigen/schwachen Konjugation** an, so bleibt der Stammvokal unverändert.

springen   sprang   gesprungen (unregelmäßige/starke Konjugation)
lachen   lachte   gelacht   (regelmäßige/schwache Konjugation)

▶ **S. 41ff.** Tempora
▶ **S. 66ff.** Modus

Jedes Verb verfügt über **drei Stammformen,** die den unterschiedlichen Tempora/Modi als Ableitungsbasis dienen.

Die **1. Stammform** ist die **1. Pers. Sg. Ind. Präs.** Sie enthält den Verbstamm für die Formen des **Präsens, Imperativs, Partizip Präsens** und des **Infinitivs**.

1. Stammform
*ich springe   du springst
                  spring!
                  springend
                  springen*

Die **2. Stammform** ist die **1. Pers. Sg. Ind. Prät.,** deren Verbstamm zur Bildung des **Präteritum** und des **Konjunktiv II** herangezogen wird.

2. Stammform
*ich sprang   wir sprangen
                  ich spränge*

Die **3. Stammform** ist das **Partizip Perfekt,** das der Bildung der zusammengesetzten Vergangenheitstempora **(Perfekt/Plusquamperfekt),** des **Futur II** und des **Infinitiv Perfekt** dient.

3. Stammform
*gesprungen   sie ist gesprungen
                  wir waren gesprungen
                  du wirst gesprungen sein
                  gesprungen sein*

Wortlehre

Übung 10 Bilde die Stammformen der angegebenen Infinitive.

Infinitiv	1. Stammform (1. Pers. Sg. Präs.)	2. Stammform (1. Pers. Sg. Prät.)	3. Stammform (Partizip Perfekt)
springen	ich springe	ich sprang	ich bin gesprungen
laufen	ich lo		
schlafen			
rechnen			
schenken			
arbeiten			
geben			
bringen			
nennen			
fliegen			

Der Ablaut

Unregelmäßige/starke Verben verändern den Stammvokal (tontragender Vokal des Verbstammes) in ihren jeweiligen Stammformen und haben somit im **Präsens, Präteritum** und im **Partizip Perfekt** unterschiedliche Verbstämme. Diese regelmäßige **Veränderung des Stammvokals** bezeichnet man als **Ablaut**.

1. Stammform	2. Stammform	3. Stammform	Konjugation
ich h*e*lfe	h*a*lf	geh*o*lfen	unregelmäßig

Die wichtigsten Ablautreihen

ei – i – i	beiße – biss – gebissen
ie – o – o	biete – bot – geboten
i – a – u	finde – fand – gefunden
e – a – o	helfe – half – geholfen
e – a – e	lese – las – gelesen
a – u – a	schlage – schlug – geschlagen
ei – ie – ie	treibe – trieb – getrieben
i – a – o	spinne – spann – gesponnen
a – ie – a	blase – blies – geblasen
e – o – o	dresche – drosch – gedroschen

Der Ablaut

37

Der Umlaut

Die Veränderung der Stammvokale **a (au), o, u** zu den **Umlauten ä (äu), ö, ü**, bezeichnet man als Umlautbildung.
Sie tritt zumeist bei den unregelmäßigen/starken Verben mit den Stammvokalen **a (au)** und **o** auf, die dann in der **2. und 3. Pers. Sg. Präs. Ind.** eine entsprechende Umlautung erfahren.

1. Pers. Sg. Präs. Ind.	2. Pers. Sg. Präs. Ind.	3. Pers. Sg. Präs. Ind.
ich trage	_du trägst_	_er, sie, es trägt_
ich stoße	_du stößt_	_er, sie, es stößt_
ich laufe	_du läufst_	_er, sie, es läuft_
ich lasse	_du lässt_	_er, sie, es lässt_

Der Wechsel von e zu i/ie

➡ S. 89
Imperativ

Der **Wechsel von e zu i/ie** ist eine Veränderung des Stammvokals der ablautenden Verben, den eine Reihe von Verben in der **2. und 3. Pers. Sg. Präs. Ind.** und im **Imperativ Sg.** vollziehen.

1. Pers. Sg. Präs. Ind.	2. Pers. Sg. Präs. Ind.	3. Pers. Sg. Präs. Ind.	Imp. Sg.
ich spreche	_du sprichst_	_er, sie, es spricht_	_sprich!_
ich lese	_du liest_	_er, sie, es liest_	_lies!_
ich helfe	_du hilfst_	_er, sie, es hilft_	_hilf!_

Der Konsonantenwechsel

Einige ablautende Verben verändern in den **Formen des Präteritums** und des **Partizip Perfekt** zusätzlich den **stammschließenden Konsonanten.**

1. Stammform	2. Stammform	3. Stammform
ich gehe	_ich ging_	_gegangen_
ich bringe	_ich brachte_	_gebracht_
ich leide	_ich litt_	_gelitten_
ich ziehe	_ich zog_	_gezogen_

Wortlehre

38

Übung 11 Ersetze die Infinitivformen durch konjugierte Verbformen im Präsens.

Beispiel: <u>Hilf</u> (helfen) mir doch bitte bei meiner Übersetzung!

1. Sie (Sg.) _____ (versprechen), das Auto heute noch in die Werkstatt zu bringen.
2. Bettina und Pauline _____ (laufen) dreimal wöchentlich an den Fischteichen. Während Pauline relativ schnell _____ (laufen), _____ (halten) Bettina ein langsameres Tempo für besser.
3. Was _____ (halten) du von Jochens neuer Freundin? Wenn du sie auch zu deiner Party _____ (einladen), _____ (verderben) mir das die Stimmung.
4. Am Wochenende _____ (schlafen) er gern lange und _____ (lesen) ausgiebig Zeitung.

Die Stammformen der starken Verben

Infinitiv (Grundform)/ 3. Person Singular	Präteritum (Vergangenheitsform)	Konjunktiv II (Irrealis, Nicht-Wirklichkeit)	Partizip II (Mittelwort der Vergangenheit)
befehlen (befiehlt)	befahl	befähle/beföhle	befohlen
beginnen (beginnt)	begann	begänne/begönne	begonnen
beißen (beißt)	biss	bisse	gebissen
bergen (birgt)	barg	bärge	geborgen
bersten (birst)	barst	bärste	geborsten
biegen (biegt)	bog	böge	gebogen
bieten (bietet)	bot	böte	geboten
binden (bindet)	band	bände	gebunden
bitten (bittet)	bat	bäte	gebeten
blasen (bläst)	blies	bliese	geblasen
bleiben (bleibst)	blieb	bliebe	geblieben
braten (brät)	briet	briete	gebraten
brechen (bricht)	brach	bräche	gebrochen
dreschen (drischt)	drosch	drösche	gedroschen
dringen (dringt)	drang	dränge	gedrungen
empfehlen (empfiehlt)	empfahl	empfähle/empföhle	empfohlen
essen (isst)	aß	äße	gegessen
fahren (fährt)	fuhr	führe	gefahren
fallen (fällt)	fiel	fiele	gefallen
fangen (fängt)	fing	finge	gefangen
fechten (ficht)	focht	föchte	gefochten
finden (findet)	fand	fände	gefunden
flechten (flicht)	flocht	flöchte	geflochten
fliegen (fliegt)	flog	flöge	geflogen
fliehen (flieht)	floh	flöhe	geflohen
fließen (fließt)	floss	flösse	geflossen

Der Ablaut

39

Infinitiv (Grundform)/ 3. Person Singular	Präteritum (Vergangenheitsform)	Konjunktiv II (Irrealis, Nicht-Wirklichkeit)	Partizip II (Mittelwort der Vergangenheit)
fressen (frisst)	fraß	fräße	gefressen
frieren (friert)	fror	fröre	gefroren
gebären (gebiert)	gebar	gebäre	geboren
geben (gibt)	gab	gäbe	gegeben
gedeihen (gedeiht)	gedieh	gediehe	gediehen
gehen (geht)	ging	ginge	gegangen
gelingen (gelingt)	gelang	gelänge	gelungen
gelten (gilt)	galt	gälte/gölte	gegolten
genießen (genießt)	genoss	genösse	genossen
geschehen (geschieht)	geschah	geschähe	geschehen
gewinnen (gewinnt)	gewann	gewänne/gewönne	gewonnen
gießen (gießt)	goss	gösse	gegossen
gleichen (gleicht)	glich	gliche	geglichen
gleiten (gleitet)	glitt	glitte	geglitten
graben (gräbt)	grub	grübe	gegraben
greifen (greift)	griff	griffe	gegriffen
halten (hält)	hielt	hielte	gehalten
heben (hebt)	hob	höbe	gehoben
heißen (heißt)	hieß	hieße	geheißen
helfen (hilft)	half	hälfe/hülfe	geholfen
klingen (klingt)	klang	klänge	geklungen
kneifen (kneift)	kniff	kniffe	gekniffen
kommen (kommt)	kam	käme	gekommen
kriechen (kriecht)	kroch	kröche	gekrochen
laden (lädt)	lud	lüde	geladen
lassen (lässt)	ließ	ließe	gelassen
laufen (läuft)	lief	liefe	gelaufen
leiden (leidet)	litt	litte	gelitten
leihen (leiht)	lieh	liehe	geliehen
lesen (liest)	las	läse	gelesen
liegen (liegt)	lag	läge	gelegen
lügen (lügt)	log	löge	gelogen
meiden (meidet)	mied	miede	gemieden
messen (misst)	maß	mäße	gemessen
misslingen (misslingt)	misslang	misslänge	misslungen
nehmen (nimmt)	nahm	nähme	genommen
pfeifen (pfeift)	pfiff	pfiffe	gepfiffen
preisen (preist)	pries	priese	gepriesen
quellen (quillt)	quoll	quölle	gequollen
raten (rät)	riet	riete	geraten
reiben (reibt)	rieb	riebe	gerieben
reißen (reißt)	riss	risse	gerissen
reiten (reitet)	ritt	ritte	geritten
riechen (riecht)	roch	röche	gerochen
ringen (ringt)	rang	ränge	gerungen
rinnen (rinnt)	rann	ränne/rönne	geronnen
saufen (säuft)	soff	söffe	gesoffen
saugen (saugt)	sog	söge	gesogen

Wortlehre

Infinitiv (Grundform)/ 3. Person Singular	Präteritum (Vergangenheitsform)	Konjunktiv II (Irrealis, Nicht-Wirklichkeit)	Partizip II (Mittelwort der Vergangenheit)
scheiden (scheidet)	schied	schiede	geschieden
scheinen (scheint)	schien	schiene	geschienen
scheißen (scheißt)	schiss	schisse	geschissen
schelten (schilt)	schalt	schälte/schölte	gescholten
schieben (schiebt)	schob	schöbe	geschoben
schießen (schießt)	schoss	schösse	geschossen
schlafen (schläft)	schlief	schliefe	geschlafen
schlagen (schlägt)	schlug	schlüge	geschlagen
schleichen (schleicht)	schlich	schliche	geschlichen
schließen (schließt)	schloss	schlösse	geschlossen
schlingen (schlingt)	schlang	schlänge	geschlungen
schmeißen (schmeißt)	schmiss	schmisse	geschmissen
schmelzen (schmilzt)	schmolz	schmölze	geschmolzen
schneiden (schneidet)	schnitt	schnitte	geschnitten
schreiben (schreibt)	schrieb	schriebe	geschrieben
schreien (schreit)	schrie	schriee	geschrie(e)n
schreiten (schreitet)	schritt	schritte	geschritten
schweigen (schweigt)	schwieg	schwiege	geschwiegen
schwellen (schwillt)	schwoll	schwölle	geschwollen
schwimmen (schwimmt)	schwamm	schwämme/ schwömme	geschwommen
schwinden (schwindet)	schwand	schwände	geschwunden
schwingen (schwingt)	schwang	schwänge	geschwungen
sehen (sieht)	sah	sähe	gesehen
singen (singt)	sang	sänge	gesungen
sinken (sinkt)	sank	sänke	gesunken
sinnen (sinnt)	sann	sänne/sönne	gesonnen
sitzen (sitzt)	saß	säße	gesessen
speien (speit)	spie	spiee	gespie(e)n
spinnen (spinnt)	spann	spänne/spönne	gesponnen
sprechen (spricht)	sprach	spräche	gesprochen
springen (springt)	sprang	spränge	gesprungen
stechen (sticht)	stach	stäche	gestochen
stehen (steht)	stand	stände/stünde	gestanden
stehlen (stiehlt)	stahl	stähle/stöhle	gestohlen
steigen (steigt)	stieg	stiege	gestiegen
sterben (stirbt)	starb	stärbe/stürbe	gestorben
stieben (stiebt)	stob	stöbe	gestoben
stinken (stinkt)	stank	stänke	gestunken
stoßen (stößt)	stieß	stieße	gestoßen
streichen (streicht)	strich	striche	gestrichen
streiten (streitet)	stritt	stritte	gestritten
tragen (trägt)	trug	trüge	getragen
treffen (trifft)	traf	träfe	getroffen
treiben (treibt)	trieb	triebe	getrieben
treten (tritt)	trat	träte	getreten
trinken (trinkt)	trank	tränke	getrunken

Infinitiv (Grundform)/ 3. Person Singular	Präteritum (Vergangenheitsform)	Konjunktiv II (Irrealis, Nicht-Wirklichkeit)	Partizip II (Mittelwort der Vergangenheit)
trügen (trügt)	trog	tröge	getrogen
tun (tut)	tat	täte	getan
verderben (verdirbt)	verdarb	verdärbe/verdürbe	verdorben
vergessen (vergisst)	vergaß	vergäße	vergessen
verlieren (verliert)	verlor	verlöre	verloren
verzeihen (verzeiht)	verzieh	verziehe	verziehen
wachsen (wächst)	wuchs	wüchse	gewachsen
waschen (wäscht)	wusch	wüsche	gewaschen
weichen (weicht)	wich	wiche	gewichen
weisen (weist)	wies	wiese	gewiesen
werben (wirbt)	warb	wärbe/würbe	geworben
werfen (wirft)	warf	wärfe/würfe	geworfen
wiegen (wiegt)	wog	wöge	gewogen
winden (windet)	wand	wände	gewunden
wissen (weiß)	wusste	wüsste	gewusst
wringen (wringt)	wrang	wränge	gewrungen
ziehen (zieht)	zog	zöge	gezogen
zwingen (zwingt)	zwang	zwänge	gezwungen

Die Tempora

Es gibt **sechs Tempora**: zwei einfache Zeitformen – **Präsens und Präteritum** – und vier zusammengesetzte Zeitformen – **Perfekt, Plusquamperfekt, Futur I und Futur II**.

Die einfachen Tempora

Die Bildung des Präsens (Gegenwart)

Das **Präsens** der **regelmäßigen/schwachen** und der **unregelmäßigen/starken Verben** wird gebildet, indem an den Verbstamm die Endungen -e, -st, -t/, -en, -t, -en angefügt werden. Verben, deren Stamm auf d oder t endet, haben ein e vor den Endungen st, t.
Endet der Verbstamm auf m oder n und geht ein anderer **Konsonant (nicht r)** voran, so wird ebenfalls ein e eingefügt. Dieses bezeichnet man als e-Erweiterung. Sie dient der Erleichterung der Aussprache.

Wortlehre

Person	Verbstamm/Personalendung	e-Erweiterung
1. Pers. Sg.	*ich spiele*	*ich rechne*
2. Pers. Sg.	*du spielst*	*du rechnest*
3. Pers. Sg.	*er, sie, es spielt*	*er, sie, es rechnet*
1. Pers. Pl.	*wir spielen*	*wir rechnen*
2. Pers. Pl.	*ihr spielt*	*ihr rechnet*
3. Pers. Pl.	*sie/Sie spielen*	*sie/Sie rechnen*

> **BESONDERHEIT** s-Verschmelzung und e-Tilgung

s-Verschmelzung: Verben, deren Stamm auf s, ss, ß, x und z endet, verschmelzen zu den Kurzformen st, sst, ßt, xt.

küssen	*du küsst (nicht: küssst)*
relaxen	*du relaxt (nicht : relaxst)*
faxen	*gefaxt (nicht: gefaxst)*
beißen	*er beißt (nicht: beißst)*

e-Tilgung: Verben, deren Stamm auf el/er endet, tilgen das e im Infinitiv Präsens sowie in der 1. und 3. Pers. Pl. Präs.

klammern	*wir klammern*	*sie klammern*
stammeln	*wir stammeln*	*sie stammeln*

Die Verwendungsweisen des Präsens

Das **Präsens** stellt das Geschehen als parallel zum Sprechzeitpunkt ablaufend dar; es bezeichnet somit ein sich in der **Gegenwart unmittelbar abspielendes Geschehen.**
*Ich **lerne** gerade Vokabeln.*

Das **Präsens** bezeichnet ein bis in die **Gegenwart andauerndes Geschehen.**
*Marlene und Paul **sind** schon seit über zehn Jahren zusammen.*

Im **Präsens** stehen Aussagen, die sich auf **Gewohnheiten** beziehen.
*Schon immer **singt** er in der Badewanne.*

Das **Präsens** bezieht sich auf ein Geschehen, das **allgemein gültig ist.**
*Die Erde **dreht** sich um die Sonne.*
*Lieben **heißt** loslassen.*

Das **Präsens** kann auch zum **Ausdruck zukünftigen Geschehens** gebraucht werden. Im mündlichen Sprachgebrauch verwendet man anstelle des Futur I oftmals das **Präsens in Verbindung mit Zeitadverbien bzw. adverbialen Bestimmungen der Zeit**.

In den Osterferien fliegen wir nach Marokko.

Das **Präsens** kann auch zum Ausdruck **vergangenen Geschehens** gebraucht werden.
In dieser Verwendungsweise ist es stilistisches Mittel zur **Verlebendigung/Vergegenwärtigung vergangenen Geschehens** und wird **historisches Präsens** genannt.

*Wir **schlenderten** ziellos durch die Altstadt von Nizza. Plötzlich **entdecken** wir im Gewirr der Gassen einen verletzten Hund.*

Übung 12 Bestimme die Bedeutung des Präsens in den folgenden Sätzen.

Beispiel: Nach jedem Essen trinkt sie einen Espresso. (Präsens zum Ausdruck der Gewohnheit)

1. Sie verbringen die Sommerferien im kommenden Jahr in Nizza.
   (_____)
2. Philipp steht morgens gerne früh auf und beginnt den Tag mit einem ausgiebigen Frühstück. (_____)
3. Du sollst nicht töten. (_____)
4. Er geht morgen in ein Reisebüro, um die Flüge zu buchen.
   (_____)
5. Er liegt auf dem Sofa und liest die Zeitung. (_____)
6. Stehen in ihrem Leben einschneidende Veränderungen an, so geht sie erst einmal zum Frisör. (_____)
7. Christoph Kolumbus entdeckt Amerika 1492. (_____)
8. Es regnet schon seit Stunden. (_____)
9. Sie lag gemütlich vor dem Fernseher und genoss den Liebesfilm, als es plötzlich schellte; vor der Tür steht ihr Ex-Mann... (_____)
10. Er versucht seit Jahren, vernünftig Spanisch zu lernen.
    (_____)

Die Bildung des Präteritums (erste Vergangenheit, Imperfekt)

Das **Präteritum** der **regelmäßigen/schwachen Verben** wird gebildet, indem an den Verbstamm zur Markierung des Tempus ein **-t** und dann die jeweilige Endung **-e, -est, -et, -en, -et, -en** angefügt wird. Zur Erleichterung der Aussprache wird diesem **-t** manchmal ein **e** vorangestellt. Dieses bezeichnet man als **e-Erweiterung**.

Wortlehre

Person	Verbstamm/t/Personalendung	e-Erweiterung
1. Pers. Sg.	ich spielte	ich rechnete
2. Pers. Sg.	du spieltest	du rechnetest
3. Pers. Sg.	er, sie, es spielte	er, sie, es rechnete
1. Pers. Pl.	wir spielten	wir rechneten
2. Pers. Pl.	ihr spieltet	ihr rechnetet
3. Pers. Pl.	sie/Sie spielten	sie/Sie rechneten

Das **Präteritum** der **unregelmäßigen/starken Verben** wird gebildet, indem an die **2. Stammform** des jeweiligen Verbs die Personalendungen -, - (e)st, -, en, -(e)t, -en angefügt werden.

Person	Verbstamm/Personalendung
1.Pers.Sg.	ich gab –
2.Pers.Sg.	du gabst
3.Pers.Sg.	er, sie, es gab –
1.Pers.Pl.	wir gaben
2.Pers.Pl.	ihr gabt
3.Pers.Pl.	sie/Sie gaben

Die Verwendungsweise des Präteritums

Das **Präteritum** bezeichnet ein Geschehen, das zum Sprechzeitpunkt **vergangen** und **abgeschlossen** ist.

*Nach dem Studium **ging** er nach Madrid, **arbeitete** dort als Dolmetscher, **verliebte sich** und **beschloss**, dort zu bleiben.*

Das **Präteritum** stellt das Haupttempus in **Erzählungen/Romanen** und **Berichten** dar, da es die einzelnen Handlungsmomente innerhalb einer vergangenen Handlungskette betont.

„*Unendlich **erstreckte** sich die Wüste um sie herum (...), der Sand **zeigte** keine Spur vom Vorüberziehen der fremden Armeen. Da **war** nur dieser Soldat in seiner Uniform, den Kragen des Hemdes offen, die Hände auf dem Sand, da **lag** er ausgestreckt in der Stille. Ab Ben Fakir **streckte** die Hand aus, um die Lider zu schließen, es **war** eine mechanische Geste.*"

(Dominique Sigaud: Annahmen über die Wüste. Berlin ²1997, S. 231)

Das **Präteritum** ist häufiger als das Perfekt **Vergangenheitstempus der Hilfs-verben sein, haben** und **werden** sowie der **Modalverben können, dürfen, sol-len, wollen, müssen** und **mögen**.

*Als sie gestern nach einem anstrengenden Arbeitstag zu Hause **war, musste** sie noch einige Telefonate führen, bevor sie endlich ein entspannendes Bad nehmen **konnte**. Was habt ihr gestern gemacht? Wir **waren** im Kino.*

Die zusammengesetzten Tempora

Die Bildung der zusammengesetzten Vergangen-heitstempora (Perfekt und Plusquamperfekt) mit haben bzw. sein

haben	sein
(die meisten deutschen Verben bilden das Perfekt und das Plusquamperfekt mit dem Hilfsverb **haben**)	– **intransitive Verben** bzw. intransi-tiv gebrauchte Verben (ohne Akk. Obj.), die eine Orts- oder Zu-standsveränderung bezeichnen
– alle **transitiven** bzw. transitiv ge-brauchten Verben (Verben mit Akk. Obj.) *Wir **haben** den Film **gesehen**.*	*Er **ist gestorben**.* *Sie **ist** nach Paris **gefahren**.*
– alle **reflexiven** Verben (rückbezüg-liche Verben) *Sie **hat** sich **gelangweilt**.*	
– **intransitive** bzw. intransitiv ge-brauchte **Verben**, die keine Orts- oder Zustandsveränderung be-zeichnen *Du **hast** ihm **geholfen**.*	

▸ **S. 22**
transitive
Verben

▸ **S. 22**
reflexive
Verben

▸ **S. 22**
intransitive
Verben

BESONDERHEIT Bildung der Vergangenheitstempora mit haben und sein

Bilden Verben die Vergangenheit sowohl mit dem Hilfsverb haben als auch mit sein, so trägt die Bildung mit haben das Bedeutungsmerkmal Handlung und die Bildung mit sein das Bedeutungsmerkmal abgeschlossener Vorgang.

tropfen: *Der Wasserhahn **hat** wochenlang **getropft**.*
*Das Wasser **ist** auf das Auto **getropft**.*

stoßen: *Er **hatte** ihn **gestoßen**.*
*Bei ihren Nachforschungen **war** sie auf wichtige Hinweise **gestoßen**.*

fahren: *Er **hat** das Auto in die Werkstatt **gefahren**.*
*Ich **bin** gestern nach Köln **gefahren**.*

fliegen: *Der Pilot **hat** die Maschine sicher **geflogen**.*
*Er **ist** nach New York **geflogen**.*

Die Bildung des Perfekts (zweite Vergangenheit, Vorgegenwart, vollendete Gegenwart)

Das **Perfekt** wird aus der **Personalform von haben** bzw. **sein im Präsens** und dem **Partizip Perfekt** des jeweiligen Vollverbs gebildet.

➤ S. 55
Partizip Perfekt

sie hat + *gefragt*
wir sind + *gelaufen*

Die Verwendungsweise des Perfekts

Das **Perfekt** bezeichnet ein Geschehen, das zum **Sprechzeitpunkt vergangen** und **abgeschlossen,** aber dennoch für den Sprecher so **bedeutungsvoll** ist, dass es in die **Gegenwart hineinreicht**.

*Heute vor drei Jahren **habe** ich **aufgehört** zu rauchen.*

Das **Perfekt** bezeichnet ein in der **Zukunft abgeschlossenes Geschehen**. Der Zukunftsbezug wird durch den sprachlichen Kontext (Zeitadverbien/adverbiale Bestimmungen der Zeit/Temporalsätze etc.) geschaffen.

*In zwei Stunden **habe** ich die Arbeit **erledigt**.*

Die Bildung des Plusquamperfekts (dritte Vergangenheit, vollendete Vergangenheit, Vorvergangenheit)

Das **Plusquamperfekt** wird aus der **Personalform** von **haben** oder **sein** im **Präteritum** und dem **Partizip Perfekt** des jeweiligen Vollverbs gebildet.

➤ S. 55
Partizip Perfekt

er hatte + *gefragt*
wir waren + *gelaufen*

Die Verwendungsweise des Plusquamperfekts

Das **Plusquamperfekt** bezeichnet eine **Handlung,** die **bereits abgeschlossen** ist, wenn eine neue, im Moment des Sprechzeitpunktes ebenfalls abgeschlossene Handlung eintritt.
*Nachdem wir **gefrühstückt hatten**, gingen wir über den Flohmarkt.*
*Nachdem wir zwei Stunden Fahrrad **gefahren waren**, gingen wir in die Sauna.*

Die Bildung des Futur I (erste Zukunft, unvollendete Zukunft)

Das **Futur I** wird aus der **Personalform** von **werden im Präsens** und dem **Infinitiv des Vollverbs** gebildet.

sie wird + *laufen*
wir werden + *verreisen*

Die Verwendungsweise des Futur I

Das **Futur I** bezeichnet ein sich in der **Zukunft abspielendes Geschehen.** Man spricht in diesem Fall von der **temporalen Verwendungsweise** des Futur I.
*Wir **werden** am Sonntag in den Zoo **gehen**.*

➡ S. 150 Adverb
➡ S. 199 Adverbiale

Im **mündlichen Sprachgebrauch** verwendet man anstelle des Futur I meistens das **Präsens** mit einem **Zeitadverb** bzw. einer **adverbialen Bestimmung der Zeit.**
*Wir **gehen** am Sonntag in den Zoo.*
Das **Futur I** kann auch ein Geschehen bezeichnen, das sich auf die **Gegenwart** bezieht. Es drückt dann eine **Vermutung** aus. Man spricht von der **modalen Verwendungsweise** des Futur I, die durch das Hinzufügen von **Adverbien** wie **wahrscheinlich, vielleicht, wohl, schon, mal, aber, doch, vermutlich** etc. verstärkt werden kann.
*Das **wird wohl** seine neue Freundin **sein**.*
*Er **wird schon** seine Gründe **haben**.*

Die Bildung des Futur II (zweite Zukunft, vollendete Zukunft)

Das **Futur II** wird aus der **Personalform** von **werden** im **Präsens** und dem **Infinitiv Perfekt** des jeweiligen Vollverbs gebildet.

➡ S. 54ff. infinite Verbformen

ich werde + *gefragt haben*
du wirst + *verreist sein*

Wortlehre

Die Verwendungsweise des Futur II

Das **Futur II** bezeichnet ein in der **Zukunft bereits abgeschlossenes Geschehen (temporale Verwendungsweise).**
*Nächste Woche **wird** sie die Operation bereits **überstanden haben**.*

Das **Futur II** dient **häufig** zum **Ausdruck einer Vermutung,** die sich auf ein abgeschlossenes Geschehen bezieht **(modale Verwendungsweise).** Der Sprecher vermutet, dass ein Geschehen zum jeweiligen Zeitpunkt (gestern, heute, morgen, in drei Jahren etc.) bereits abgeschlossen sein wird.
*Er **wird** gestern glücklich über den Ausgang des Fußballspiels **gewesen sein**.*
*Sie **werden** morgen Mittag in New York **gelandet sein**.*

▶ S. 152
Modaladverbien

Durch das Hinzufügen von **Adverbien** wie **wahrscheinlich, vielleicht, wohl, schon, mal, aber, doch, vermutlich, sicherlich etc.** kann der Ausdruck der Vermutung verstärkt werden.
*Er wird gestern **sicherlich** glücklich über den Ausgang des Fußballspiels gewesen sein.*
*Sie werden morgen Mittag **vielleicht schon** in New York gelandet sein.*

Die Abfolge der Tempora (Consecutio temporum)

Eine strenge Abfolge der Tempora existiert im Deutschen nicht. (Es gibt keine consecutio temporum!) **Grundsätzlich** gilt jedoch, dass entweder nur die Vergangenheitstempora Präteritum, Plusquamperfekt, Perfekt und das Futur II oder die Tempora Präsens, Futur I und das Perfekt miteinander kombiniert werden dürfen.

Mögliche Kombinationen:
*Als er endlich eine neue Stelle **gefunden hat, ist** er erleichtert.* (Perfekt + Präsens)
*Wir **haben** immer **geglaubt**, dass er bald eine neue Stelle **finden wird**.*
(Perfekt + Futur I)

Grammatisch nicht korrekte Kombinationen:
*Während ich **arbeitete, hört** er Musik.* (Präteritum + Präsens)
*Nachdem Paul seine Übersetzung **fertiggestellt hatte, geht**/ **(wird)** er ins Schwimmbad **(gehen)**.* (Plusquamperfekt + Präsens / Futur I)

Zusammenfassung: Kennzeichen der regelmäßigen/schwachen und der unregelmäßigen/starken Konjugation

regelmäßige/schwache Konjugation	unregelmäßige/starke Konjugation
Der Stammvokal der ersten Stammform bleibt in den Formen des Perfekts und des Präteritums unverändert. *frage – fragte – gefragt* **-(e)t** markiert das Präteritum. *sagte* *atmete*	Der Stammvokal verändert sich in den Formen des Präteritums und des Perfekts. *gehe – ging – gegangen* Das Präteritum bleibt in der 1. und 3. Pers. Sg. ohne Endung. *ich ging* *er, sie, es ging*
Das Partizip Perfekt endet auf **-t** oder **-et**. *gesagt* *geantwortet*	Das Partizip Perfekt endet auf **-en**. *gegangen* *gelaufen*

Mischverben

Verben, die Mischformen zwischen der regelmäßigen und der unregelmäßigen Konjugation bilden, sind:
brennen, bringen, denken, kennen, nennen, rennen, senden, wenden, wissen etc.

Kennzeichen der Mischverben

Der Stammvokal verändert sich in den Formen des Präteritums und des Perfekts.
kenne – kannte – gekannt
Das Präteritum endet auf **-te**.
brannte
sendete (sandte)
wendete (wandte)
Das Partizip Perfekt endet auf **-t** oder **-et**.
gekannt
gesendet

Wortlehre

50

Verben, die sowohl stark als auch schwach konjugiert werden

---

ohne Bedeutungsunterschied[1]:

backen – backte/buk – gebacken
erschallen – erschallte/erscholl – erschollen/erschallt
fragen – fragte/frug – gefragt
glimmen – glimmte/glomm – geglimmt/geglommen
melken – melkte/molk – gemelkt/gemolken
triefen – triefte/troff – getrieft/getroffen
weben – webte/wob – gewebt/gewoben

---

mit Bedeutungsunterschied:

bewegen	–	bewegte – bewegt: in Bewegung setzen
		bewog – bewogen: veranlassen
wiegen	–	wiegte – gewiegt: schaukeln
		wog – gewogen: das Gewicht feststellen; ein Gewicht haben
schaffen	–	schaffte – geschafft: arbeiten, etwas erreichen
		schuf – geschaffen: entstehen lassen
scheren	–	scherte – geschert: sich um etwas kümmern
		schor – geschoren: abschneiden
gären	–	gärte – gegärt: erregt sein
		gor – gegoren: chemischer Prozess
senden	–	sandte – gesandt: etwas schicken
		sendete – gesendet: Rundfunk, Fernsehen
quellen	–	quellte – gequellt: größer werden
		quoll – gequollen: herausströmen
erschrecken	–	erschreckte – erschreckt: jemanden in Schrecken setzen
		erschrak – erschrocken: in Schrecken geraten

Übung 13 Bilde zum Infinitiv der folgenden Verben die jeweiligen Stammformen und kreuze an, ob es sich um ein regelmäßiges/schwaches bzw. unregelmäßiges/starkes Verb oder ein Mischverb handelt.

Infinitiv	1. Stammform (1. Pers. Sg. Präs.)	2. Stammform (1. Pers. Sg. Prät.)	3. Stammform (Partizip Perfekt/ Partizip II)	unregelmäßiges Verb	regelmäßiges Verb	Mischverb
beginnen	beginne	begann	begonnen	X		
baden						
denken						
schlagen						

---

[1] Die starken Formen sind in der Gegenwartssprache unüblich geworden und fast nur noch in älteren Texten zu finden.

Verben, die sowohl stark als auch schwach konjugiert werden

Infinitiv	1. Stammform (1. Pers. Sg. Präs.)	2. Stammform (1. Pers. Sg. Prät.)	3. Stammform (Partizip Perfekt/ Partizip II)	unregelmäßiges Verb	regelmäßiges Verb	Mischverb
verlieren						
nehmen						
nennen						
erklären						
wissen						
brennen						

Übung 14 Vervollständige die Tabelle.

Infinitiv	2. Pers. Sg. Präs. Akt.	2. Pers. Sg. Prät. Akt.	2. Pers. Sg. Perf. Akt.	2. Pers. Sg. Plusqu. Akt.	2. Pers. Sg. Fut. I Akt.	2. Pers. Sg. Fut. II Akt.
abreisen	du reist ab	du reistest ab	du bist abgereist	du warst abgereist	du wirst abreisen	du wirst abgereist sein
befehlen						
beginnen						
bitten						
bleiben						
essen						
fahren						
halten						
lassen						
schlafen						
treffen						
zwingen						

Übung 15 Entscheide, in welcher Funktion die Tempora Präsens/Perfekt/Futur I und Futur II verwendet werden, und mache dies folgendermaßen kenntlich:

Präsens:
    Ausdruck unmittelbarer Gegenwart (a)
    Ausdruck eines in der Gegenwart andauernden Geschehens (b)

Wortlehre

Ausdruck von Gewohnheiten (c)
Ausdruck von Allgemeingültigkeit (d)
Ausdruck zukünftigen Geschehens (e)
Perfekt:
Vergangenheitstempus mit Vergangenheitsbezug (f)
Vergangenheitstempus mit Zukunftsbezug (g)
Futur I:
Ausdruck einer Vermutung/Voraussage (h)
Ausdruck einer festen Absicht (i)
Ausdruck zukünftigen Geschehens (j)
Futur II:
Ausdruck einer Vermutung auf der Ebene der Vergangenheit (k)
Ausdruck abgeschlossener Handlung in der Zukunft (l)

Beispiel: In jedem Frühjahr verbringen Uli und Sandra zwei Wochen in der Toskana. (c)

1. Auch in diesem Jahr werden sie zunächst einige Tage in Florenz sein, um dann in einem kleinen Häuschen in der Nähe von Siena *la dolce vita* zu genießen. (   )
2. Viele Italiener lieben Pizza, Pasta und Pesto; Sandra und Uli auch. (   )
3. In Deutschland trinken die beiden nur noch Espresso. (   )
4. Schon seit vielen Jahren ist es ihr Traum, ein Haus in der Toskana zu kaufen. (   )
5. Bald haben sie genug Geld, um sich diesen Traum zu erfüllen. (   ) (   )
6. Ich denke, dass sie spätestens in zwei Jahren ein Haus gekauft haben. (   )
7. Momentan bereiten sie sich auf die Italienischklausur in der Uni vor. (   )
8. In der nächsten Woche werden sie die Prüfung hoffentlich bestanden haben. (   )
9. Obwohl Uli viel gelernt hat, ist er an den unregelmäßigen Verben gescheitert und durchgefallen. (   )
10. Dennoch ist er davon überzeugt, dass er die Prüfung im zweiten Versuch schaffen wird. (   ) (   )
11. Im nächsten Anlauf wird er sie gewiss bestehen. (   )
12. In fünf Jahren wird er den Prüfungsstress vergessen haben. (   )

Übung 16 Ergänze die Verben.

Beispiel: Ich blieb also allein, (...)

Der kleine Prinz

Ich _____ also allein (bleiben/Präteritum), ohne jemanden, mit dem ich wirklich hätte sprechen können, bis ich vor sechs Jahren einmal eine Panne in der Wüste _____ (haben/Präteritum). Etwas an meinem Wagen _____ (kaputtgehen/Plusquamperfekt) _____.
Und da ich weder einen Mechaniker noch Passagiere _____ (haben/Präteritum), _____ (machen/Präteritum) ich mich ganz

Verben, die sowohl stark als auch schwach konjugiert werden

allein an die schwierige Reparatur. Es _____ (sein/Präteritum) für mich eine Frage auf Leben und Tod. Ich _____ (haben/Präteritum) für kaum acht Tage Trinkwasser mit. Am ersten Abend _____ (einschlafen/Präteritum) ich also im Sand _____, tausend Meilen von jeder bewohnten Gegend entfernt.

Ich _____ (sein/Präteritum) viel verlassener als ein Schiffbrüchiger auf einem Floß mitten im Ozean. Ihr könnt euch daher meine Überraschung vorstellen, als bei Tagesanbruch eine seltsame kleine Stimme mich _____ (wecken/Präteritum):

„Bitte _____ (zeichnen/Imperativ Sg.) mir ein Schaf!"

„Wie bitte?"

„_____ (zeichnen/Imperativ Sg.) mir ein Schaf!"

Ich _____ (springen/Perfekt) auf die Füße _____, als _____ (fahren/Konjunktiv I der Vergangenheit) der Blitz in mich _____.

Ich _____ (reiben/Präteritum) mir die Augen und _____ (schauen/Präteritum) genau hin. Da _____ (sehen/Präteritum) ich ein kleines, höchst ungewöhnliches Männchen, das mich ernsthaft _____ (betrachten/Präteritum). Hier ist das beste Porträt, das ich später von ihm _____ (zuwege bringen/Präteritum). Aber das Bild _____ (sein/Präsens) bestimmt nicht so bezaubernd wie das Modell. Ich _____ (können/Präsens) nichts dafür. Ich war im Alter von sechs Jahren von den großen Leuten aus meiner Malerlaufbahn geworfen worden und _____ (lernen/Plusquamperfekt) nichts zu zeichnen _____ als offene und geschlossene Riesenschlangen. Ich _____ (schauen/Präteritum) mir die Erscheinung also mit großen, staunenden Augen an. _____ (vergessen/Imperativ Pl.) nicht, dass ich mich tausend Meilen abseits jeder bewohnten Gegend _____ (befinden/Präteritum). Auch _____ (scheinen/Präteritum) mir mein kleines Männchen nicht verwirrt, auch nicht halbtot vor Müdigkeit, Hunger, Durst oder Angst. Es _____ (machen/Präteritum) mir durchaus nicht den Eindruck eines mitten in der Wüste verlorenen Kindes, tausend Meilen von jeder bewohnten Gegend. (...) Also _____ (zeichnen/Perfekt) ich _____. Das Männchen _____ (schauen/Präteritum) mir aufmerksam zu, dann _____ (sagen/Präteritum) es: „Nein! Das ist schon sehr krank. Mal ein anderes." Ich _____ (zeichnen/Präteritum). Mein Freund _____ (lächeln/Präteritum) artig und mit Nachsicht: „Du _____ (sehen/Präsens) wohl, das _____ (sein/Präsens) kein Schaf, das _____ (sein/Präsens) ein Widder. Es _____ (haben/Präsens) Hörner ..." Mir _____ (gehen/Präteritum) die Geduld aus, es _____ (sein/Präteritum) höchste Zeit, meinen Motor auszubauen, so _____ (kritzeln/Präteritum) ich diese Zeichnung da zusammen und _____ (knurren/Präteritum) dazu: „Das _____ (sein/Präsens) die Kiste. Das Schaf, das du _____ (wollen/Präsens), _____ (stecken/Präsens) da drin." Und ich _____ (sein/Präteritum) höchst überrascht, als ich das Gesicht meines jungen Kritikers aufleuchten

_____ (sehen/Präteritum): „Das _____ (sein/Präsens) ganz so, wie ich es mir _____ _____ (wünschen/Perfekt)." (...) So _____ (machen/Präteritum) ich die Bekanntschaft des kleinen Prinzen.

(Nach: Antoine de Saint-Exupéry: Der kleine Prinz. Düsseldorf 1998, S. 9–11)

Infinite Verbformen

Als **infinit** bezeichnet man alle Verbformen **ohne Personalendung**, d.h., ihre jeweilige Endung bleibt trotz einer Veränderung des Subjekts gleich.

*Sie stand **kichernd** an der Bushaltestelle.*
*Die Freundinnen standen **kichernd** an der Bushaltestelle.*

Es gibt drei infinite Verbformen:
– **Partizip Präsens/Partizip I** *(schlafend, singend, tanzend* etc.*)*
– **Partizip Perfekt/Partizip II** *(geschlafen, gesungen, getanzt* etc.*)*
– **Infinitiv** *(schlafen, singen, tanzen* etc.*)*

⟹ S. 33ff.
finite
Verbformen

Infinite Verbformen sind somit nicht durch das Gesamtgefüge Person/Numerus, Modus, Tempus und Handlungsart bestimmt, tragen aber dennoch Einzelmerkmale dieses Gefüges.

getanzt, geschlafen (Das Partizip Perfekt beinhaltet die Merkmale Vergangenheit und Indikativ.)
tanzend, schlafend (Das Partizip Präsens beinhaltet die Merkmale Dauer und Gleichzeitigkeit.)
tanzen, schlafen (Der Infinitiv Präsens beinhaltet die Merkmale Gegenwart, Aktiv, Indikativ.)

Die Partizipien

Die **zwei Partizipien** – das **Partizip Präsens/Partizip I** und das **Partizip Perfekt/Partizip II** –, die aus Verben gebildet werden, bezeichnen keine bestimmte Zeitstufe, sondern drücken ein Zeitverhältnis aus.
So kennzeichnet das **Partizip Präsens/Partizip I** die mit dem Verb verbundene Handlung als **gleichzeitig und andauernd**, während das **Partizip Perfekt/Partizip II Vollendung und Vorzeitigkeit** ausdrückt.

*Laut **singend** steht er unter der Dusche.*
*Nachdem er **geduscht** hat, trinkt er einen Milchkaffee.*

Infinite Verbformen

Die Bildung der Partizipien

Das **Partizip Präsens** wird gebildet, indem die Endung **-d** an den Infinitiv des Verbs angefügt wird.

lesen   *lesen**d***
lächeln   *lächeln**d***
kichern   *kichern**d***

▶ S. 35ff.
Konjuga-
tionsarten

Das **Partizip Perfekt** der **regelmäßigen/schwachen Verben** wird aus der Vorsilbe **ge**, dem jeweiligen Verbstamm und der Endung **-t** oder **-et** gebildet.

fragen: ge + frag + t
antworten: ge + antwort + et

Unregelmäßige/starke Verben bilden das Partizip Perfekt mit der Vorsilbe **ge**, dem jeweiligen ablautenden Verbstamm und der Endung **-en**.

gehen: ge + gang + en
singen: ge + sung + en

Das **Partizip Perfekt** der **Mischverben** wird aus der Vorsilbe **ge**, dem jeweiligen ablautenden Verbstamm und der Endung **-t** gebildet.

kennen: ge + kann + t
bringen: ge + brach + t
denken: ge + dach + t

BESONDERHEIT   Bildung des Partizip Perfekt von Verben mit bestimmten Präfixen

Die Verben mit den Präfixen **be-, ent-, ver-, emp-, miss-, zer-, er-, ge-** sowie die meisten Verben auf **-ieren** bilden das Partizip Perfekt/Partizip II ohne die Vorsilbe ge-.

empfehlen   *empfohlen*
belohnen   *belohnt*
studieren   *studiert*
probieren   *probiert*

Verben mit den Verbzusätzen **ab-, an-, auf-, aus-, bei-, ein-, fest-, her-, hin-, los-, mit-, vor-, weg-, zu-, zusammen-, zurück-** etc. bilden das Partizip Perfekt/Partizip II, indem die Vorsilbe **ge-** zwischen Verbzusatz und Verbstamm eingeschoben wird.

abholen   *ab**ge**holt*
austrinken   *aus**ge**trunken*
zusammenbleiben   *zusammen**ge**blieben*

Wortlehre

Übung 17 Bilde die Partizipien der angegebenen Verben.

Infinitiv	Partizip Präsens/Partizip I	Partizip Perfekt/Partizip II
schwimmen	schwimmend	geschwommen
lesen		
springen		
leiden		
vergleichen		
lachen		
spielen		
entscheiden		
faszinieren		
schlafen		

Übung 18 Setze die kursiv gesetzten Verben wenn möglich zunächst ins Partizip Präsens und in einem zweiten Satz ins Partizip Perfekt. Achtung: Der Satzbau der Sätze verändert sich.

Beispiele:

Sprich mit ihr – Hable con ella, der neue Film des spanischen Regisseurs Pedro Almodóvar, *begeistert* in Spanien, Italien und Frankreich ein Millionenpublikum.

Sprich mit ihr – Hable con ella, der neue in Spanien, Italien und Frankreich ein Millionenpublikum *begeisternde* Film, ist das Werk des spanischen Regisseurs Pedro Almodóvar.

Sprich mit ihr – Hable con ella, der neue Film des spanischen Regisseurs Pedro Almodóvar, *hat* in Spanien, Italien und Frankreich ein Millionenpublikum *begeistert*.

1. Der schüchterne Krankenpfleger Benigno *liebt* die schöne Balletttänzerin Alicia. Diese liegt nach einem Autounfall im Koma und Benigno widmet ihrer Pflege all seine Arbeitskraft und seine gesamte Freizeit.
2. Benigno *verfällt* in einen wahnhaften Liebesrausch, obwohl er Alicia nicht einmal kennt.

3. Eine Tageszeitung *beauftragt* den Journalisten Marco, Spaniens erfolgreichste Stierkämpferin zu interviewen. (nur Part. Perf.)
4. Er verliebt sich in die stolze Stierkämpferin Lydia, die nach einem Unfall in der Arena ebenfalls im Koma *liegt*. (nur Part. I)
5. Marco *verharrt* an Lydias Krankenbett und ist nicht fähig, mit ihr zu kommunizieren.
6. Er lernt Benigno kennen. Zwischen den beiden Männern, die ein gemeinsames Schicksal *verbindet*, entwickelt sich eine tiefe Freundschaft.
7. Nach dem Tod Lydias *begibt* Marco sich auf eine längere Auslandsreise, die er unterbricht, als er erfährt, dass sein Freund Benigno im Untersuchungsgefängnis sitzt ...

Der Gebrauch der Partizipien

Das **Partizip Perfekt/Partizip II,** das auch als **3. Stammform** bezeichnet wird, dient vorrangig der Bildung der zusammengesetzten **Tempora der Vergangenheit**.
Es bildet mit den Hilfsverben **sein** bzw. **haben** das **Perfekt** (sie hat gelacht, wir haben gespielt, ihr seid gelaufen etc.) und das **Plusquamperfekt** (sie hatte gelacht, wir hatten gespielt, ihr wart gelaufen etc.).
Verwendet wird das **Partizip Perfekt/Partizip II** außerdem für die **Bildung des Futur II** (sie wird gelaufen sein, du wirst gespielt haben etc.) und des **Infinitiv Perfekt** (gelacht haben, gespielt haben, gelaufen sein etc.).

Das **Partizip Perfekt/Partizip II** und das **Partizip Präsens/ Partizip I** können sowohl wie ein **Adjektiv** bzw. **Attribut** (attributiver Gebrauch) als auch wie ein **Nomen/Substantiv** (nominaler Gebrauch) oder wie ein **Adverb** (adverbialer Gebrauch) verwendet werden.

*Die **gestohlene** Ware wurde wiedergefunden.* (attributives Partizip Perfekt)
*Die **spielenden** Kinder veranstalteten ein großes Chaos.* (attributives Partizip Präsens)
*Die **Verletzten** wurden medizinisch versorgt.* (nominalisiertes Partizip Perfekt)
*Ein **Auszubildender** verdient im ersten Jahr relativ wenig.* (nominalisiertes Partizip Präsens)
***Enttäuscht** willigte sie in seinen Vorschlag ein.* (adverbiales Partizip Perfekt)
***Schmunzelnd** willigte sie in seinen Vorschlag ein.* (adverbiales Partizip Präsens)

Werden die Partizipien adjektivisch/attributiv gebraucht, so folgen sie der **Deklination des Adjektivs;** in ihrer nominalen Funktion folgen sie der **Deklination des Nomens/Substantivs** und werden großgeschrieben. Werden sie **adverbial** gebraucht, so sind sie **unveränderlich**.

Wortlehre

Übung 19 Unterstreiche die Partizipien in dem folgenden Textauszug und bestimme, ob es sich um das Partizip Präsens/Partizip I oder das Partizip Perfekt/Partizip II handelt.

Beispiel: Als er das Kind aus dem durchlöcherten, abgenutzten alten Sacke zog, zeigte es sich freilich, dass es ein jämmerlicher, Mitleid erregender Krüppel war. (Part. II/Part. II/Part. I)

Der Glöckner von Notre-Dame

Im Jahr 1467 findet Claude Frollo, der Erzdechant von Notre-Dame ein seltsames Wesen ...

Zutiefst erschüttert betrachtete Claude Frollo das kleine vom Schicksal gezeichnete Wesen. (_____/_____)
Der arme, kleine Teufel hatte über dem linken Auge eine ungeheure, eiternde Warze, sein rechtes Auge verschwand hinter fuchsroten, struppig gewachsenen Augenbrauen. (_____/_____)
Sein plumper Kopf saß in verformten, schiefen Schultern, das stark gewölbte Rückgrat fand in einer Hühnerbrust sein Gegenstück und seine Beine waren krumm. (_____/_____)
Die missgebildeten Beine konnten sich nur an den Knien berühren und machten von vorn gesehen den Eindruck von zwei Sicheln. (_____/_____)
Füße und Hände waren von erschreckender Größe.
Trotz seiner Missgestalt rief das Geschrei dieses Menschleins doch eine beängstigende Vorstellung von Kraft und Mut hervor.(_____)
Die Hässlichkeit des Kindes steigerte Claudes Mitgefühl und er gelobte sich, Gott um Hilfe bittend, es zu erziehen. (_____)
Er taufte das angenommene Kind und nannte es Quasimodo, sei es zum Gedächtnis des Tages, an dem er es gefunden hatte, sei es, um durch diesen Namen die unvollkommene Körperbildung des armen kleinen Geschöpfes zu bezeichnen. (_____/_____)

(Nach: Victor Hugo: Der Glöckner von Notre-Dame. Leipzig 2001, S. 190/191)

Übung 20 Setze die richtigen Formen der Partizipien ein und bestimme, ob es sich um das Partizip Präsens bzw. Partizip Perfekt handelt. Klassifiziere diese als attributiv/nominal/adverbial. Benutze die folgenden Abkürzungen:

Partizip Präsens = Part. I
Partizip Perfekt = Part. II

Beispiel: Das verliebte (Part. II, attr.) Fragezeichen und sein Rufzeichen waren sehr glücklich miteinander (verlieben).

Die Satzzeichentragödie

1. Doch der frisch _____ (trennen) Punkt und der stets _____ (meckern) Beistrich, der eifersüchtige Bindestrich und der von der Liebe _____ (enttäuschen) Strichpunkt unkten: „Nie kann das gut gehen! Einer kerzengerade und einer doppelt krumm gebogen, das passt nicht zusammen."

Infinite Verbformen

2. Sie redeten so lange auf die _____ (lieben) ein, bis die beiden es sich zu Herzen nahmen und _____ (frustrieren) dachten: „Wenn das so ist, dann muss ich mich anpassen. Für meine große Liebe bin ich zu allem fähig."

3. Ganz heimlich schlich das Rufzeichen zum Schriftsetzer. _____ (erstaunen) verbog dieser es auf ein Fragezeichen.

4. Das Fragezeichen schlich ebenfalls heimlich zum Schriftsetzer. _____ (schmunzeln) streckte er es auf ein Rufzeichen.

5. Durchs Verbiegen wurde aus dem Rufzeichen natürlich ein sehr kleines Fragezeichen und durchs Strecken aus dem Fragezeichen ein sehr großes Rufzeichen. Als die so _____ (entstellen) einander wiedersahen, fingen sie an zu weinen.

6. _____ (schluchzen) beteuerte das nunmehr große Rufzeichen: „Ich kann keinen lieben, der viel größer ist als ich." Dann gingen sie auseinander.

7. Der Punkt, der Beistrich, der Bindestrich und der Strichpunkt frohlockten _____ (bestätigen): „Wir haben es ja von Anfang an gewusst!"

(Nach: Christine Nöstlinger, Jutta Bauer: Ein und alles. Weinheim und Basel: Beltz & Gelberg 1992)

Der Infinitiv

Die einzelnen **Formen des Infinitivs** weisen keine Unterscheidung bezüglich des Modus (Indikativ/Konjunktiv) und des Numerus bzw. der Person auf, tragen aber die **Merkmale Tempus und Handlungsart (Aktiv/Passiv)**. Aufgrund dieser Merkmalsdifferenzierung unterscheidet man die folgenden Infinitivformen.

S. 62
Aktiv

Infinitiv Präsens Aktiv:	*lieben, laufen*
Infinitiv Perfekt Aktiv:	*geliebt haben, gelaufen sein*
Infinitiv Futur I Aktiv:	*lieben werden, laufen werden*
Infinitiv Futur II Aktiv:	*geliebt haben werden, aufgestanden sein werden*

S. 62
Passiv

Infinitiv Präsens Vorgangspassiv:	*geliebt werden*
Infinitiv Perfekt Vorgangspassiv:	*geliebt worden sein*
Infinitiv Präsens Zustandspassiv:	*geschlossen sein*
Infinitiv Perfekt Zustandspassiv:	*geschlossen gewesen sein*

Der Gebrauch des Infinitivs

Der **Infinitiv ohne zu** (einfacher/reiner Infinitiv) steht nach den **Modalverben dürfen, können, sollen, wollen, müssen, mögen** sowie den Verben **hören, lassen, sehen, helfen, heißen, bleiben, gehen, lehren, lernen, fühlen, fahren** und im **Futur I** und den zusammengesetzten Formen des **Konjunktiv II**.

S. 30ff.
Modalverben

*Ich **muss** jetzt **lernen**.*
*Sie **geht** Basketball **spielen**.*

Wortlehre

60

▶ **S. 47**
Futur I

*Er **bleibt** morgens gerne lange im Bett **liegen**.*
*Wir **werden** bald nach Marokko **fliegen**.*
*Philipp **würde** gern Italienisch **sprechen**.*

Der **Infinitiv mit zu** steht nach den **meisten Verben/Verbgruppen**.
Hierzu gehören die Verben, die eine **persönliche Haltung** (Wunsch, Aufforderung, Gefühl, Absicht etc.) ausdrücken.

▶ **S. 67ff.**
**Konjunktiv
II**

*Ich freue mich, dich **zu sehen**.*

Der **Infinitiv mit zu** steht nach Verben, die den **Fortgang/das Ende einer Handlung** (anfangen, beginnen, fortfahren, weitermachen, beabsichtigen, aufhören etc.) bezeichnen.

*Er hört auf, sonntags morgens **zu joggen**, und beginnt, Squash **zu spielen**.*

Alle Verben (es ärgert mich, es wundert mich, es scheint mir, es gefällt mir, es freut mich etc.) und Adjektive (es ist möglich, es ist unmöglich, es ist notwendig, es ist verständlich etc.), die **unpersönlich konstruiert** (= es + Verb bzw. es + Adjektiv) werden, verlangen den **Infinitiv mit zu**.

*Es ist unmöglich, immer ehrlich **zu sein**.*
*Es gefällt mir, Radio **zu hören**.*

▶ **S. 91f.**
**Verb-
zusammen-
setzung**

Handelt es sich um **trennbare Verben**, so steht die Präposition **zu zwischen Verbzusatz und Verbstamm**.

*Sie hat keine Lust, ihn ab**zu**holen.*

Der **Infinitiv** kann als Nomen/Substantiv gebraucht werden. **Nominalisiert** und somit **großgeschrieben** wird der Infinitiv aufgrund des **bestimmten/unbestimmten Artikels im Neutr. Sg.**, einer **Präposition + Artikel**, eines **Pronomens im Neutr. Sg.** sowie eines **Adjektivattributes**.

***Das** tägliche Simsen kostet viel Geld.*
***Beim** Laufen kann man gut Stress abbauen.*
***Dein** Schmatzen macht mich wahnsinnig.*
***Lautes** Lachen befreit.*

**Übung
21**   **Groß oder klein? Streiche den jeweils falschen Anfangsbuchstaben durch.**

Beispiel: Bevor sie schlafen geht, liebt sie es, noch ein wenig zu C/chatten.
Bevor sie schlafen geht, liebt sie es, noch ein wenig zu chatten.

1. Es gefällt mir, durch das nächtliche C/chatten andere Menschen und Meinungen kennenzulernen.
2. Nächtliches C/chatten ist zwar billiger als das C/chatten am Tage, aber dennoch ein teures Vergnügen.
3. Pauline ist froh, nicht mehr in Berlin zu L/leben, da zeitintensives B/bahnfahren nun wegfällt.
4. Sie S/schwimmt sehr gern, da sie beim S/schwimmen den Alltagsstress vergisst.

Infinite Verbformen

61

5. Er muss ständig A/aufräumen. Sein A/aufräumen nervt sie so, dass sie überlegt, ob getrennte Wohnungen nicht besser seien.
6. Karin und Georg lieben es zu R/reisen. Ihr gemeinsames R/reisen bindet sie aneinander und lässt ihre Beziehung nicht langweilig werden.
7. Sie versucht, sich das R/rauchen abzugewöhnen, da es ungesund ist.
8. Sein breites G/grinsen machte sie nervös.

Übung 22 Schreibe das folgende Rezept neu auf, indem du aus den infiniten Verbformen, wie im Beispiel, finite Verbformen machst. Es gibt mehrere Möglichkeiten.

Beispiel: Hühnerbrustfilets waschen, in etwa 4 cm große Stücke schneiden, salzen und in Mehl wenden.
Zunächst werden die Hühnerbrustfilets gewaschen, in etwa 4 cm große Stücke geschnitten, gesalzen und in Mehl gewendet.

Hühnerbrüstchen in Sherry

1. Olivenöl (kalt gepresst) in einer großen Pfanne erhitzen. Hühnerstücke darin bei starker Hitze von allen Seiten anbraten, salzen, pfeffern und herausnehmen.
2. Olivenöl abgießen, den Bratsatz mit Sherry loskochen und mit Hühnerbrühe aufgießen. Knoblauch schälen und dazupressen. Thymianzweig hinzufügen und die Sauce im offenen Topf um etwa ein Drittel einkochen.
3. Hühnerbruststücke in der Sauce bei schwacher Hitze etwa 10 Min. ziehen lassen. Oliven in feine Scheiben schneiden und nach 5 Min. dazugeben. Mit Weißbrot und einem trockenen Sherry servieren.

Übung 23 Bilde aus folgenden Nebensätzen Infinitivsätze.

Beispiel: Ich freue mich darauf, dass wir noch einmal gemeinsam nach Marokko fliegen.
Ich freue mich, noch einmal gemeinsam mit dir nach Marokko zu fliegen.

1. Sie muss sich beeilen, damit sie den Zug noch erreicht.
2. Da sie ein ärztliches Attest vorweisen kann, beantragt sie, dass sie die Prüfung nachholen kann.
3. Renate hat versprochen, dass sie sich demnächst nur noch unwesentlich verspäten wird.

Genus Verbi (Pl. Genera Verbi, Verbgenera): Aktiv und Passiv

Beim Verb werden zwei **Zustandsformen** oder **Handlungsarten** unterschieden, das **Aktiv** und das **Passiv**. Beim Aktiv (auch Tatform) geht das Geschehen vom Subjekt aus. Beim Passiv (auch Leideform) handelt das Subjekt selbst nicht aktiv, mit ihm geschieht etwas. Das Aktiv ist die wichtigste Handlungsform.

*Die Schülerin **liest** ein Buch.* (Aktiv)
*Das Buch **wird** (von der Schülerin) **gelesen**.* (Passiv)

Übung 24 Entscheide, welche Handlungsform vorliegt.

Beispiel: Angelika kocht das Mittagessen.   AKTIV

1. Das Freibad wird renoviert.
2. Das Baby wird gebadet.
3. Der Text wird noch neu formatiert.
4. Der Gärtner schneidet die Obstbäume.
5. Die Lehrerin korrigiert die Klassenarbeiten.
6. Die Klassenarbeiten werden korrigiert.

Die deutsche Bezeichnung „Tatform" für das Aktiv ist nicht immer zutreffend:
Der Hund schläft.   (Keine
Sie wohnt in Paderborn.   Tätigkeiten)

Auch wenn das Subjekt sinngemäß leidet, liegt Aktiv vor:
Er erträgt eine schwere Krankheit.

Auch für das Passiv trifft die deutsche Bezeichnung „Leideform" nicht immer zu:
Der Sportler wird geehrt.   (Kein
Die Kinder werden gelobt.   Leiden)

Die Bildung des Passivs

Im Passiv gibt es zwei Geschehensarten: das Vorgangspassiv (auch Handlungspassiv oder Werden-Passiv) und das Zustandspassiv (auch Sein-Passiv).

Das **Vorgangspassiv** bezeichnet ein Geschehen. Es wird gebildet aus einer **Personalform von „werden" und dem Partizip II des Verbs**.

Aktiv:
*Der Bote **überbringt** einen Brief.*

Passiv:
*Der Brief **wird** (vom Boten) **überbracht.***

Der „Täter" kann, muss aber nicht genannt werden. Wird er nicht genannt, spricht man auch vom „täterlosen" Passiv.

Das **Zustandspassiv** bezeichnet einen erreichten Zustand oder das Ergebnis einer Handlung. Es wird gebildet aus einer **Personalform von „sein" und dem Partizip II des Verbs.**

*Der Brief **ist** (vom Boten) **überbracht.***

Übung 25 Entscheide, ob Vorgangs- oder Zustandspassiv vorliegt. Verwende die Abkürzungen VP oder ZP.

Beispiel: Das Bernsteinzimmer ist seit langer Zeit verschollen. ZP

1. Gegen den Entführer wird ermittelt.
2. Die Wäsche wird gewaschen.
3. Die Kinder waren bereits gebadet.
4. Der Gegner ist besiegt.
5. Die Bücherei ist am Mittwoch geschlossen.
6. Die Bücherei wird um 10.00 Uhr geöffnet.

Aktiv und Passiv in den sechs Zeitformen

Tempus	Aktiv 1. Pers. Sing. u. Plural	Passiv (Vorgangspassiv) 1. Pers. Sing. u. Plural
Präsens	ich trage wir tragen	ich werde getragen wir werden getragen
Präteritum	ich trug wir trugen	ich wurde getragen wir wurden getragen
Perfekt	ich habe getragen wir haben getragen	ich bin getragen worden wir sind getragen worden
Plusquamperfekt	ich hatte getragen wir hatten getragen	ich war getragen worden wir waren getragen worden
Futur I	ich werde tragen wir werden tragen	ich werde getragen werden wir werden getragen werden
Futur II	ich werde getragen haben wir werden getragen haben	ich werde getragen worden sein wir werden getragen worden sein

Wortlehre

BESONDERHEIT Aktiv und Passiv

1. Das Zustandspassiv wird fast nur im Präsens und Präteritum benutzt. Die anderen Formen sind möglich, aber wenig gebräuchlich.
   Ich bin gut angezogen.
   Ich war gut angezogen.

2. Beim Vorgangspassiv ist der Gebrauch des Plusquamperfekts und des Perfekts selten.
   Die Kinder waren gerufen worden.
   Die Kinder sind gerufen worden, danach sind sie zur Oma gebracht worden.
   Statt des Perfekts wird hier auch das Präteritum benutzt:
   Die Kinder wurden gerufen und danach zur Oma gebracht.

3. Ebenso selten ist der Gebrauch der Futur-II-Form.
   Er wird gerufen worden sein.

4. Bei den Formen des Futur Aktiv und Präsens Passiv kann es schnell zu Verwechslungen kommen:
   Futur Aktiv: *Er wird morgen unterrichten.*
   Präsens Passiv: *Sie wird jetzt unterrichtet.*

Stilistische Anmerkungen zum Passiv

Formulierungen im Passiv wirken häufig **schwerfällig.** Das Aktiv wirkt lebendiger, anschaulicher und z.B. bei Verwendung in Geschäftsbriefen auch persönlicher.

Passiv: *Bei Barzahlung wird ein Rabatt von 3 % gewährt.*
Aktiv: *Wenn Sie bar bezahlen, gewähren wir Ihnen einen Rabatt von 3 %.*
(Der Kunde wird persönlich angesprochen und der Satz wirkt insgesamt anschaulicher.)

Im direkten Vergleich wird klar, dass der Gebrauch des Passivs auch zu **umständlichen Formulierungen** führen kann.

Passiv: *Es wird Ihnen von uns versichert, dass das Produkt biologisch abbaubar ist.*
Die Handtasche wird von der Dame vermisst.
Aktiv: *Wir versichern Ihnen, dass das Produkt biologisch abbaubar ist.*
Die Dame vermisst ihre Handtasche.

Das Passiv wird benutzt, wenn
– der Handelnde unbekannt ist,
– nicht erwähnt werden soll/möchte, (*Dem Roten Kreuz wurden 5.000 € gespendet.*)

Genus Verbi (Pl. Genera Verbi, Verbgenera): Aktiv und Passiv

65

- – unerheblich ist, *(Der Stau wurde aufgelöst.)*
- – der Vorgang oder die betroffene Sache (oder der betroffene Mensch) und nicht der Handelnde hervorgehoben werden soll *(Die Urkunden wurden verteilt, der Sieger wurde geehrt.)*.

Übung 26 Bestimme in jedem Satz Aktiv und Passiv. Forme die Sätze anschließend in die jeweils andere Handlungsart um.

Beispiel: Die 200 Euro werden von mir gezahlt. (Passiv) → Ich zahle die 200 Euro. (Aktiv)

1. Anja wurde von ihrem Lehrer ermahnt.
2. Der Sachverhalt wird von der Polizei überprüft werden.
3. Ich rufe.
4. Sie fotografierten.
5. Ihr habt die Rechnung eingereicht.
6. Wir können das Mandat nicht übernehmen.
7. Die Bilder werden von der Galerie Art und Design ausgestellt.
8. Die Kinder werden aus verschiedenen Pappbauteilen ein Haus bauen.

Übung 27 Unterstreiche in der folgenden Spielanleitung die Passiv-Formen.

Beispiel:

Jeder Spieler erhält fünf Karten. Die übrigen Karten <u>werden</u> mit dem Gesicht nach unten auf den Tisch <u>gelegt</u> und bilden den Kartenstock.

Die oberste Karte wird herumgedreht und neben den Kartenstock auf den Tisch gelegt. Sie bildet den Ablegestapel. Ist diese Karte eine Aktionskarte, wird sie unter den Stapel gelegt. Die nächste Karte wird aufgedeckt, und wenn eine Zahlkarte gezogen wurde, bildet diese die erste Karte des Ablegestapels. Anstatt ihre Karten offen vor sich zu legen, halten die Kinder ihre Karten in der Hand.

Übung 28 Vervollständige die Übersicht:

Beispiel: Präsens   Es (das Museum) wird geschlossen.

		Vorgangspassiv		
1.	Präteritum	Es _____ geschlossen		
2.	Perfekt	Es _____ geschlossen _____	
3.	Plusquamperfekt	Es _____ geschlossen _____	
4.	Futur I	Es _____ geschlossen _____	
5.	Futur II	Es _____ geschlossen _____ _____	

Wortlehre

Übung 29 Der folgende Geschäftsbrief enthält einige Passivformulierungen. Unterstreiche die Passiv-Formen und ersetze diese durch stilistisch bessere Aktiv-Formen. Fehlende Pronomen (z.B. wir) sollen eigenständig ergänzt werden.

Sehr geehrte Frau Sonntag,

Ihre Bestellung wird schnellstens bearbeitet.

Derzeit ist die Ware aber nicht lieferbar, daher wird sie von uns erst im Mai geliefert. Ihnen wird aber ein Sonderrabatt von 3 % gewährt.

Mit freundlichen Grüßen

Der Modus der Verben

Indikativ, Konjunktiv, Imperativ und ihre allgemeine Funktion

Die deutsche Sprache kennt die folgenden drei Aussagearten (Modi): **Indikativ, Konjunktiv** und **Imperativ.** Der Konjunktiv tritt in zwei unterschiedlichen Formen auf: **Konjunktiv I** und **Konjunktiv II**.
Durch die Modusformen kann man die Aussage eines Satzes verändern bzw. färben.

Mit dem **Indikativ** stellt man einen Sachverhalt als **tatsächlich** und **wirklich** dar. Er wird am häufigsten gebraucht.
Ich fahre in den Sommerferien in den Urlaub.

Den **Imperativ** gebraucht man, um eine **Bitte**, eine **Aufforderung/einen Befehl** auszusprechen.
Hört alle zu!

Der **Konjunktiv I** wird in der **indirekten Rede** gebraucht. Manchmal verwendet man ihn auch, um einen Wunsch, eine Aufforderung oder eine Bitte auszudrücken.
*Andrea behauptete, Frank **könne** vier Sprachen fließend sprechen.*
*Man **trinke** jeden Tag zwei Liter Wasser.*

Der **Konjunktiv II** stellt eine Aussage als **nicht möglich**, als **irreal** dar.
*Wenn ich Millionärin **wäre**, **bräuchte** ich nie mehr zu arbeiten.*

Der Modus der Verben

Übung 30 Bestimme die Modusformen der unterstrichenen Verben, indem du auf die Linien ein I für den Indikativ, ein KI für den Konjunktiv I, KII für den Konjunktiv II und ein IP für den Imperativ einträgst.

Beispiel: Hätte ich doch auf dich gehört.   KII

1. Mir wäre einiges erspart geblieben. _____
2. Aber aus Fehlern lernt man ja bekanntlich. _____
3. Die Zeugin gab zu Protokoll, sie habe die Täter nur flüchtig gesehen. _____
4. Den Tätern gelang zunächst die Flucht. _____
5. Hätten sie nicht einen dummen Fehler begangen, wären sie immer noch in Freiheit. _____
6. Ich habe viel zu wenige Urlaubstage. _____
7. Wenn ich mehr Urlaub hätte, würde ich noch mehr verreisen. _____
8. Aber meine Chefin behauptet, mehr freie Tage könne sie ihren Mitarbeitern nicht geben. _____
9. Leider ist meine Lieblings-CD verschwunden. _____
10. Mein Bruder beteuert, er habe sie nicht gehört. _____
11. Glaubt ihr das? _____

Der Konjunktiv II

Die Funktion des Konjunktiv II

Der **Konjunktiv II** drückt aus, dass ein **Geschehen/Sachverhalt nicht** als **wirklich,** sondern nur als sich in der **Gedankenwelt abspielend** angesehen wird. Der Sprecher will eine Aussage als etwas nur **Vorgestelltes, Gewünschtes, Gedachtes** oder **Mögliches** verstanden wissen.
Will der Sprecher ausdrücken, dass es sich um Gedanken/Vorstellungen handelt, die **nicht mehr Wirklichkeit** werden können, so verwendet er den **Konjunktiv II der Vergangenheit.** Man bezeichnet diesen Konjunktiv als **Irrealis der Vergangenheit**, da das Gedachte nicht mehr in Wirklichkeit umgesetzt werden kann.

*Wenn sie genug Geld **gehabt hätte, hätte** sie sich eine Eigentumswohnung **gekauft.*** (Irrealis der Vergangenheit)

Weist der **Kontext bzw. das Vorwissen** einen Sachverhalt, der sich auf die Gegenwart bezieht, als **unerfüllbar/unmöglich** aus, so verwendet der Sprecher den **Konjunktiv II der Gegenwart.** Man bezeichnet diesen Konjunktiv als **Irrealis der Gegenwart**.

*Wenn ich reich **wäre,** machte ich eine Weltreise.* (Irrealis der Gegenwart)

Will der Sprecher ausdrücken, dass es sich um Gedanken/Vorstellungen handelt, die **zum Sprechzeitpunkt noch Wirklichkeit** werden können, so verwendet er ebenfalls den **Konjunktiv II der Gegenwart.** Wie wahrscheinlich die

Wortlehre

Erfüllbarkeit des Gedachten ist, wird nicht verdeutlicht; wichtig ist, dass grundsätzlich die Möglichkeit der Erfüllbarkeit besteht. Deshalb wird diese Verwendung des **Konjunktiv II** auch als **Potenzialis** bezeichnet.

*Ich **ginge** heute Abend gerne ins Kino./Ich **würde** heute Abend gerne ins Kino **gehen**.* (Potenzialis)

Der Konjunktiv II zum Ausdruck der Höflichkeit und Vermutung

Der **Konjunktiv II** bringt oftmals eine Sprecherhaltung zum Ausdruck, die **vorsichtig-andeutend** und **zurückhaltend-unaufdringlich** ist.

Ich hätte gerne noch einen Espresso. (höfliche Bitte / Aufforderung)
Könntest du mir die CD bis morgen ausleihen? (höfliche Frage)
Paula könnte einen späteren Zug genommen haben. (Vermutung)
An deiner Stelle würde ich umziehen. (Ratschlag / Vorschlag)

Der Konjunktiv II in Bedingungssätzen

Bedingungssätze (Konditionalsätze) sind Nebensätze, in denen der **Nebensatz** die **Bedingung/Voraussetzung** für die im **Hauptsatz dargestellte Folge** angibt. Eingeleitet werden sie meistens durch die Konjunktionen **wenn** und **falls**. Aufgrund des unterschiedlichen Grades der Erfüllbarkeit von Bedingung und Folge unterscheidet man **drei Arten von Konditionalsätzen**.

⮕ S. 227
Konditionalsatz

Hält der Sprecher sowohl die Bedingung als auch die im Hauptsatz dargestellte Folge für **erfüllbar,** so verwendet er den **Indikativ**.

*Wenn Mathilda **lernt**, **kann** sie die Versetzung noch schaffen.*

Ist die Verwirklichung der Bedingung und der im Hauptsatz dargestellten Folge zum Sprechzeitpunkt **möglich,** so verwendet der Sprecher den **Konjunktiv II der Gegenwart (Potenzialis)**.

*Wenn Mathilda **lernte/lernen würde**, **könnte** sie die Versetzung noch schaffen.*

Weist die Einschätzung eines Sprechers eine Bedingung und die im Hauptsatz dargestellte Folge als **unerfüllbar/irreal** aus, so verwendet er zumeist den **Konjunktiv II der Vergangenheit (Irrealis der Vergangenheit)**.

*Wenn Mathilda **gelernt hätte**, **hätte** sie die Versetzung noch **schaffen können**.*

Werden eine Bedingung und die im Hauptsatz dargestellte Folge durch den **Kontext bzw. das Vorwissen** als **unerfüllbar/irreal** eingeschätzt, so kann man auch den **Konjunktiv II der Gegenwart (Irrealis der Gegenwart)** verwenden.

*Wenn ich reich **wäre**, **machte** ich eine Weltreise.*

Der Konjunktiv II in Wunschsätzen

Der Konjunktiv II kann ebenfalls ausdrücken, dass es sich um **nicht erfüllbare/irreale Wünsche** handelt. Irreale Wunschsätze sind **verkürzte irreale Bedingungssätze**; gedanklich ausgespart ist die im Hauptsatz der irrealen Bedingungsgefüge dargestellte Folge der Bedingung.

Hätte ich doch nur mehr Geld! *(Wenn ich Geld hätte, dann...)*
Würde sie doch nur die Wahrheit *sagen*!
Wenn er doch jetzt da *wäre*!

Übung 31 Unterstreiche zunächst die Formen des Konjunktiv II und bilde dann Bedingungsgefüge (Hauptsatz + Nebensatz/Konditionalsatz). Du kannst gekünstelt wirkende Formen durch würden + Infinitiv ersetzen. Achte auf die Kommas. Im Gedicht fehlen sie.

Beispiel: Wenn ich ein Baum wäre, wüchse ich dir in die hohle Hand/würde ich dir in die hohle Hand wachsen ...

Ulla Hahn
Bildlich gesprochen

Wär' ich ein Baum ich wüchse
dir in die hohle Hand
und wärst du das Meer ich baute
dir weiße Burgen aus Sand.

Wärst du eine Blume ich grübe
dich mit allen Wurzeln aus
wär' ich ein Feuer ich legte
in sanfte Asche dein Haus.

Wär' ich eine Nixe ich saugte
dich auf den Grund hinab
und wärst du ein Stern ich knallte
dich vom Himmel ab.

(Aus: Ulla Hahn: Bildlich gesprochen. Dhv Der Hörverlag 1998)

Übung 32 Potenzialis oder Irrealis? Schreibe jeweils hinter die folgenden Sätze, welche Form vorliegt.

Beispiel: Wenn mir zu warm wäre, würde ich das Fenster öffnen. (Potenzialis)

1. Hätte ich damals einen Bausparvertrag abgeschlossen, dann hätte ich heute keine Probleme, einen Kredit zu erhalten. (_____)
2. Schriebe ich in der Zwischenprüfung eine gute Note, wäre mein Chef zufrieden. (_____)
3. Wäre ich Annika gewesen, hätte ich mich nicht eingemischt. (_____)
4. Gewänne ich im Lotto, machte ich eine Weltreise. (_____)
5. Ließe ich meine Haare schneiden, sähe ich wieder schicker aus. (_____)

Wortlehre

6. Die Ernte wäre besser ausgefallen, wenn es nicht den ganzen Sommer so geregnet hätte.(_____)
7. Wenn er regelmäßiger trainiert hätte, hätte er die Schwimmmeisterschaften gewinnen können. (_____)

Die Bildung des Konjunktiv II

Die Bildung des Konjunktiv II der Gegenwart der regelmäßigen/schwachen Verben

▶ S. 35
regelmäßige/
schwache
Verben

Der **Konjunktiv II der Gegenwart** (Irrealis der Gegenwart, Potenzialis) der **regelmäßigen/schwachen Verben** wird gebildet, indem an die **2. Stammform (Präteritum)** des Verbs die Personalendungen **-e, -est-, -e, -en, -et, -en** angefügt werden. Als Kennzeichen des Konjunktivs dient das Modusmorphem -e, das in allen Endungen enthalten ist.

Da die 2. Stammform auch als Ableitungsbasis für das Präteritum dient, besteht **Formengleichheit** zwischen den Formen des **Präteritums** und des **Konjunktiv II der Gegenwart**.

Indikativ Präteritum	Konjunktiv II der Gegenwart	Ersatzformen
ich malte	ich malte	ich würde malen
du maltest	du maltest	du würdest malen
er, sie, es malte	er, sie, es malte	er, sie, es würde malen
wir malten	wir malten	wir würden malen
ihr maltet	ihr maltet	ihr würdet malen
sie/Sie malten	sie/Sie malten	sie/Sie würden malen

▶ S. 81
Umschreibung der
Konjunktivformen mit
„würde"

Um die Formen des Konjunktiv II von denen des Indikativ Präteritum unterscheiden zu können, werden **Ersatzformen** gewählt, die in der Umschreibung von **würden + Infinitiv** bestehen.

Übung 33 Konjugiere die Verben sagen, rechnen und lachen im Konjunktiv II der Gegenwart. Bilde auch die Ersatzformen.

Der Modus der Verben

71

Die Bildung des Konjunktiv II der Gegenwart der unregelmäßigen/starken Verben

Handelt es sich um ein **unregelmäßiges/starkes Verb** mit einem **umlautfähigen Stammvokal (a> ä, o> ö, u> ü)**, so wird der **Vokal der 2. Stammform** umgelautet und die Personalendungen **-e, -est, -e, -en, -et, -en** werden angefügt. Somit ist jede Konjunktiv-II-Form eine grammatisch eigenständige Form, die sich von den Formen des Indikativ Präteritum unterscheidet und nicht ersetzt werden muss.

2. Stammform: *ich gab*   umgelautet zu   *ich gäbe*

ich gäbe	*wir gäben*
du gäbest	*ihr gäbet*
er, sie, es gäbe	*sie/Sie gäben*

➠ S. 35ff.
unregel-
mäßige/
starke
Verben

Handelt es sich um ein **unregelmäßiges/starkes Verb ohne umlautfähigen Stammvokal,** so werden an die 2. Stammform des Verbs die Personalendungen **-e, -est, -e, -en, -et, -en** angefügt und man erhält in der 1. und 3. Pers. Plural mit dem Indikativ Präteritum identische Formen. Diese Formengleichheit wird durch die Ersatzform würden + Infinitiv ausgeglichen.

Indikativ Präteritum	Konjunktiv II der Gegenwart	Umschreibung mit würden + Infinitiv
ich rief	*ich riefe*	
du riefst	*du riefest*	
er, sie, es rief	*er, sie, es riefe*	
wir riefen	*wir riefen*	*wir würden rufen*
ihr rieft	*ihr riefet*	
sie/Sie riefen	*sie/Sie riefen*	*sie/Sie würden rufen*

Somit lautet die vollständige Konjugation des Verbs rufen im **Konjunktiv II der Gegenwart:**

ich riefe	*wir würden rufen*
du riefest	*ihr riefet*
er, sie, es riefe	*sie/Sie würden rufen*

Übung 34   Ergänze die Tabelle. Verwende die Ersatzform nur bei Formengleichheit.

Infinitiv	Präteritum	Konjunktiv II	Umschreibung
liegen	ich lag	ich läge	
träumen	du träumtest		du würdest träumen
nehmen	ihr nahmt		
	wir bekommen		
	er war		
	ich liebte		
	du hieltest		

Wortlehre

Übung 35 Unterstreiche die Konjunktiv-II-Formen.

Eugen Roth
Der eingebildet Kranke

Er müsste nun, mit viel Verdruss,
ins Bett hinein. (was er nicht muss!)
Er hätte, spräch der Doktor glatt,
ein Darmgeschwür. (was er nicht hat!)
Er soll verzichten jammervoll
aufs Rauchen ganz. (was er nicht will!)
Und werde, heißt es unbeirrt,
doch sterben dran. (was er nicht wird!)
Der Mensch könnt als gesunder Mann
recht glücklich sein. (was er nicht kann!)
Möcht' glauben er nur einen Tag,
dass ihm nichts fehlt. (was er nicht mag!)
(Aus: Der Wunderdoktor. München 1950, S. 72)

Beispiel:
Ein Griesgram denkt mit trüber List,
Er wäre krank. (was er nicht ist!)

Übung 36 Ergänze die Tabelle. Verwende die Ersatzform bei Formengleichheit.

Infinitiv	Indikativ Präteritum	Konjunktiv II der Gegenwart
laufen	ich lief	ich liefe
hoffen	ich hoffte	ich würde hoffen
sprechen		
finden		
zeichnen		
schlafen		
kommen		
trainieren		
bringen		
verlassen		

Die Bildung des Konjunktiv II der Vergangenheit (Irrealis der Vergangenheit)

Der **Konjunktiv II** bildet nur eine **Vergangenheitsform** und unterscheidet nicht zwischen Präteritum, Perfekt und Plusquamperfekt.

Der Modus der Verben

Indikativformen	Konjunktiv II der Vergangenheit
ich fand	
ich habe gefunden	*ich hätte gefunden*
ich hatte gefunden	

Der **Konjunktiv II der Vergangenheit** wird aus der **Personalform der Hilfsverben sein/haben** im **Konjunktiv II der Gegenwart** (wären + hätten) und dem **Partizip Perfekt/Partizip II** des betreffenden Verbs gebildet.

Konjunktiv II der Vergangenheit	
*ich **hätte** gewonnen*	*ich **wäre** gelaufen*
*du **hättest** gewonnen*	*du **wär(e)st** gelaufen*
*er, sie, es **hätte** gewonnen*	*er, sie, es **wäre** gelaufen*
*wir **hätten** gewonnen*	*wir **wären** gelaufen*
*ihr **hättet** gewonnen*	*ihr **wäret** gelaufen*
*sie/Sie **hätten** gewonnen*	*sie/Sie **wären** gelaufen*

Die Bildung des Konjunktiv II der Zukunft

Der **Konjunktiv II der Zukunft** wird aus der **Personalform des Hilfsverbs werden** im **Konjunktiv II** (würden) und dem **Infinitiv** des betreffenden Verbs gebildet.

ihr würdet sagen
ich würde denken

Der **Konjunktiv der vollendeten Zukunft** wird aus der **Personalform des Hilfsverbs werden** im **Konjunktiv II** (würden) und dem **Infinitiv Perfekt** des betreffenden Verbs gebildet.

Konjunktiv II der vollendeten Zukunft	Konjunktiv II der vollendeten Zukunft
ich würde gefunden haben	*ich würde gelaufen sein*
du würdest gefunden haben	*du würdest gelaufen sein*
er, sie, es würde gefunden haben	*er, sie, es würde gelaufen sein*
wir würden gefunden haben	*wir würden gelaufen sein*
ihr würdet gefunden haben	*ihr würdet gelaufen sein*
sie/Sie würden gefunden haben	*sie/Sie würden gelaufen sein*

Wortlehre

Übung 37 Ergänze die folgende Tabelle. Verwende die Ersatzformen nur bei Formengleichheit.

Infinitiv	Konjunktiv II der Gegenwart	Konjunktiv II der Vergangenheit	Konjunktiv II der Zukunft	Konjunktiv II der vollendeten Zukunft
geben	ich gäbe	ich hätte gegeben	ich würde geben	ich würde gegeben haben
	ihr verlöret			ihr würdet verloren haben
		du hättest gefragt		
haben	du hättest			
			er würde laufen	
				wir würden geschwommen sein
gehen			ihr würdet gehen	
		sie hätten gewusst		

Der Konjunktiv I

Die Funktion des Konjunktiv I

Der **Konjunktiv I** wird grundsätzlich in der indirekten Rede verwendet. Dazu wird er am häufigsten gebraucht.

*Die Journalistin berichtete, die Eröffnung der Olympiade **sei** immer wieder beeindruckend.*

Außerhalb der indirekten Rede spielt er nur eine sehr untergeordnete Rolle. So wird er in z. T. veralteten Formen auch zum Ausdruck eines **Wunsches**, einer **Bitte** oder einer **Aufforderung** gebraucht.

*Man **nehme** drei Eier und **schlage** sie zu einer schaumigen Masse.*
***Gehe** er doch zum Teufel!*

Der Modus der Verben

75

Übung 38 Unterstreiche in dem folgenden Rezept alle Formen des Konjunktiv I.

Beispiel: Man vermische Mehl und Salz miteinander.

Frische Eiernudeln

Man vermische Mehl und Salz miteinander. Anschließend schütte man das Gemisch auf einem großen Nudelbrett zu einem Kegel auf und drücke in die Mitte eine Mulde. Dann verquirle man die Eier leicht mit zwei Teelöffeln Pflanzenöl und gieße sie in den Krater. Man nehme eine Gabel und arbeite das Mehl nach und nach von der inneren Kraterwand in den Teig ein. Man schlage dabei leicht und gleichmäßig in eine Richtung, damit sich keine Luftblasen bilden. Mit der anderen Hand stütze man die Außenwand so lange gut ab, bis die Flüssigkeit gut verarbeitet ist. Dann knete man das Ganze erneut mit der Hand durch. So forme man den Teig zu einer lockeren Kugel. Dann drücke man ihn mit dem Handballen flach und knete ihn zehn Minuten durch. Zum Schluss decke man ihn ab und lasse ihn mindestens 15 Minuten, höchstens aber drei Stunden ruhen.

Die indirekte Rede

In der direkten Rede wird eine Äußerung wörtlich wiedergeben (angeführt). Urheber der Äußerung und Adressat stehen in einer direkten Beziehung.

Peter sagt zu Rainer: „Ich suche gerade einen Praktikumsplatz."

Die **indirekte Rede** dagegen wird benutzt, um zu verdeutlichen, dass ein Sprecher lediglich die Äußerung eines anderen Sprechers wiedergibt.

Rainer sagt zu Bettina, dass Peter gerade einen Praktikumsplatz suche.

Die indirekte Rede wird durch ein **Verb des Sagens, Meinens, Denkens oder Fühlens eingeleitet** und durch ein Komma abgetrennt.

⟹ S. 225
Objektsatz

Sie erscheint als Nebensatz und kann sowohl ohne als auch mit Konjunktion stehen, wenn die direkte Rede ein Aussage- oder Aufforderungssatz ist.

*Lotte sagt, **dass** ihr das Praktikum sehr viel Spaß gemacht habe.*
Lotte sagt, das Praktikum habe ihr sehr viel Spaß gemacht.

⟹ S. 211f.
Interrogativ-satz

Ist die direkte Rede ein **Fragesatz**, so ist die Wiedergabe in der indirekten Rede nur durch einen eingeleiteten Nebensatz (indirekter Fragesatz) möglich. Ergänzungsfragen werden mit dem Fragewort eingeleitet.

*Sie fragte: „**Warum** kommst du immer zu spät?"*
*Sie fragte, **warum** er immer zu spät **komme**?*

Entscheidungsfragen leitet man mit der Partikel *ob* ein.

Er fragte sie: „Gehst du morgen mit mir ins Schwimmbad?"
*Er fragte sie, **ob** sie morgen mit ihm ins Schwimmbad gehe.*

⟹ S. 89f.
Imperativ

Steht die direkte Rede im **Imperativ**, gebraucht man in der indirekten Rede das Modalverb sollen.

*Sie befahl: „**Lass** das endlich sein!"*
*Sie befahl, er **solle** das endlich sein lassen.*

Wortlehre

76

BESONDERHEIT **Indirekte Rede und Gebrauch des Indikativs**

Wird die indirekte Rede mit der Konjunktion *dass*, einem Fragewort oder der Partikel *ob* eingeleitet, kann auch der Indikativ verwendet werden.

Lotte sagt, **dass** *ihr das Praktikum viel Spaß* **gemacht hat.**
Paul fragt sich, **wo** *der Fehler* **liegt.**
Elisabeth rätselt, **ob** *sie zu Weihnachten einen Computer* **bekommt.**

Übung 39 Unterstreiche in dem folgenden Zeitungsartikel die direkte Rede blau und die indirekte Rede rot.

Plötzlich steht Steinbrück als Frauenfeind da. Düsseldorfer „Baby-Affäre" ist Politikum

Von Wilfried Goebels

Düsseldorf. Die „Baby-Affäre" in der Düsseldorfer Staatskanzlei bewegt die Gemüter und wird zunehmend zum Politikum. Beim rot-grünen Metrorapid-Gipfel hatte die Grünen-Abgeordnete Barbara Steffens ihren zwei Monate alten Sohn David im Kinderwagen in den Verhandlungsraum geschoben. Ministerpräsident Peer Steinbrück (SPD) hatte darauf mit den Worten „Muss das sein?" seinen Unmut über die Störung der schwierigen Beratungen über das Milliarden-Projekt bekundet. Darauf hatte die grüne Mutter empört die Runde mit ihrem Kind verlassen und betont: „Kinder müssen überall dabei sein können."

Während die mit dem CDU-Politiker Helmut Diegel liierte Barbara Steffens im „Fall David" eine zentrale Frage in der Vereinbarkeit von Familie und Beruf sieht, ist die öffentliche Meinung gespalten. In der Staatskanzlei wird berichtet, dass fast 80 Prozent der Zuschriften dem Ministerpräsidenten zustimmten und Bedenken äußerten, ob ein zwei Monate altes Kind nach 20 Uhr in einer verräucherten Runde sitzen solle. Außerdem wird kritisiert, dass Steffens ihr Kind in die Medien gezerrt habe, um öffentlich mit Klein-David Politik zu machen. Schlagzeile im Kölner „Express": „Herr Ministerpräsident, sind Sie ein Frauenfeind?"

Selbst in der grünen Landtagsfraktion wird hinter vorgehaltener Hand Kritik am Steffens-Auftritt geäußert. In E-Mails, die bei der grünen Partei eingehen, wird geraten, sich „gefälligst ein Kindermädchen zu suchen". Mit zwei Abgeordnetendiäten für Steffens und Diegel (zusammen über 12.000 Euro im Monat) müsse das wohl möglich sein. „Manche Alleinerziehende, die bei Aldi an der Kasse sitzt, muss die Betreuung auch regeln", klagt einer über den „Hohn", dass eine gut verdienende Politikerin solche Töne anschlage. In anderen Berufen sei es auch unmöglich, ein Kind mit in Konferenzen zu nehmen. Ein Genosse unkt böse über das „Armutszeugnis, dass das schwarz-grüne Paar Diegel/Steffens politische Beschlüsse treffen will, aber schon überfordert ist, den eigenen Haushalt zu organisieren."

Steinbrück hat Barbara Steffens inzwischen einen dicken Strauß Blumen geschickt mit dem Hinweis, dass er sie nicht habe verletzen wollen.

(In: Westfälische Nachrichten vom 8.2.2003)

Der Modus der Verben

Pronominalverschiebung in der indirekten Rede

Bei der **Umwandlung von direkter Rede in die indirekte Rede** können sich die **Pronomen ändern.** Dies betrifft insbesondere die Personalpronomen und Possessivpronomen.

*Sie sagte: „**Ich** bin müde."*
*Sie sagte, **sie** sei müde.*

*Sie behauptete: „**Wir** sind viel besser als die gegnerische Mannschaft."*
*Sie behauptete, **sie** seien viel besser als die gegnerische Mannschaft.*

Die **1. Person Singular / Plural der direkten Rede** wird in **der indirekten Rede zur 3. Person Singular / Plural.**

Um Missverständnisse zu vermeiden, empfiehlt es sich manchmal, statt des Personalpronomens ein Nomen/Substantiv einzusetzen.

*Er beteuert: „**Sie** haben damit nichts zu tun."*
*Er beteuert, **seine Freunde** hätten damit nichts zu tun.*

Ebenso kann sich das **Possessivpronomen** ändern.

*Er sagte: „**Mein** Hund ist kinderlieb."*
*Er sagte, **sein** Hund sei kinderlieb.*

*Er sagte: „**Unsere** Kinder sind die liebsten auf der Welt."*
*Er sagte, **ihre** Kinder seien die liebsten auf der Welt.*

Übung 40 Ersetze die fett gedruckten Pronomen und achte dabei auf die Pronominalverschiebung.

Beispiel: Er sagte: Mein Hobby, das Drachenfliegen, ist sehr gefährlich.
Er sagte, <u>sein</u> Hobby, das Drachenfliegen, sei sehr gefährlich.

1. Sie fragte: „Weshalb wird **mein** Mandant verdächtigt?"
   Sie fragte, weshalb _____ Mandant verdächtigt werde.
2. Er forderte den Mann auf: „Lassen Sie **mich** in Ruhe!"
   Er forderte den Mann auf, dass er _____ in Ruhe lassen solle.
3. Vera fragt Michael: „Kommst _____ mit in das Theaterstück?"
   Vera fragt Michael, ob **er** mit in das Theaterstück komme.
4. Sie berichtete: „**Ich** fahre am Dienstag mit dem Zug nach Hamburg."
   Sie berichtete, dass _____ am Dienstag mit dem Zug nach Hamburg fahre.
5. Sie bekräftigte: „**Ich** werde ihn zu **dir** schicken."
   Sie bekräftigte, dass _____ ihn zu _____ schicken werde.
6. Meike fragt Ute: „Von wem hast _____ dieses Buch bekommen?"
   Meike fragt Ute, von wem **sie** dieses Buch bekommen habe.

Verschiebung der Raum- und Zeitangaben

Auch Raum- und Zeitangaben müssen je nach Situation, auf die sie sich beziehen, geändert werden, damit das Verständnis gewahrt bleibt. Denn beide An-

Wortlehre

gaben sind in der direkten Rede auf den ursprünglichen Sprecher ausgerichtet.

Sie behauptet: „Löwen habe ich **hier** nicht gesehen."
Sie behauptet, dass sie Löwen **dort/an diesem Ort** nicht gesehen habe.

Der Lehrer sagt zu seinem Schüler: „Du musst die Klassenarbeit **morgen** nachschreiben."
Der Lehrer sagt zu seinem Schüler, er müsse die Klassenarbeit **am folgenden/nächsten Tag** nachschreiben.

Übung 41 Ersetze die unterstrichenen Raum- und Zeitangaben und achte dabei auf mögliche Verschiebungen.

Beispiel: Judith erzählte: „<u>Morgen</u> habe ich meine letzte Prüfung".
Judith erzählte, dass sie am nächsten Tag ihre letzte Prüfung habe.

1. Konrad hat mir am Montag gesagt: „<u>Gestern</u> ist <u>hier</u> eine Ausstellung eröffnet worden."
   Konrad sagt, dass _____ eine Ausstellung eröffnet worden sei.
2. Stefanie bekräftigte: Ich kann <u>hier</u> nichts mehr machen.
   Stefanie bekräftigte, sie könne _____ nichts mehr machen.
3. Philipp berichtete: <u>Heute</u> habe ich nur gelernt.
   Philipp berichtete, er habe _____ nur gelernt.
4. Maria erzählt: „Ich habe <u>jetzt</u> keine Lust mehr, mir weiter diese Ausstellung anzusehen."
   Maria erzählt, dass sie _____ keine Lust mehr habe, sich die Ausstellung weiter anzusehen.

Besonderheiten zum Gebrauch der indirekten Rede: Konjunktiv I oder II

In der indirekten Rede können sowohl die Formen des Konjunktiv I als auch des Konjunktiv II verwendet werden. Allerdings gilt der Konjunktiv I als Normalmodus in der indirekten Rede.
Folgende Hinweise sind zu beachten:

➔ S. 81
Ersatzformen

- Unterscheiden sich die Konjunktiv-I-Formen vom Indikativ, verwendet man diese. Ansonsten greift man auf den Konjunktiv II zurück.

➔ S. 70ff.
Bildung des
Konj. II

Meike und Ute beteuerten, sie **hätten** (statt: haben) keine Zeit, um beim Umzug zu helfen.

- Werden in der direkten Rede Formen des Konjunktiv II gewählt, bleiben sie auch in der indirekten Rede bestehen.

Theresa schimpfte: „Ich **hätte** die Aufführung noch pünktlich **erreicht**, wenn das Auto vor mir schneller **gefahren wäre**."

Theresa schimpfte, sie **hätte** die Aufführung noch pünktlich **erreicht**, wenn das Auto vor ihr schneller **gefahren wäre**.

- Der Konjunktiv II wird auch gebraucht, wenn der Sprecher zum Ausdruck bringen möchte, dass er die Aussage, die er wiedergibt, für nicht zutreffend hält.

*Christian behauptete, die Sonne **würde** sich um die Erde **drehen**.*
Ohne diese Wertung würde der Satz wie folgt lauten:
*Christian behauptete, die Sonne **drehe** sich um die Erde.*

Die Zeitverhältnisse in der indirekten Rede

Der Konjunktiv I kennt im Gegensatz zum Indikativ nur die folgenden drei Zeitformen (Zeitverhältnisse): Gleichzeitigkeit, Vorzeitigkeit und Nachzeitigkeit.

Tempus	Indikativ	Zeitverhältnis	Konjunktiv I
Präsens	er, sie, es geht	Gleichzeitigkeit	er, sie, es gehe
Präteritum Perfekt Plusquamperfekt	er, sie, es ging er, sie, es ist gegangen er, sie, es war gegangen	Vorzeitigkeit	er, sie, es sei gegangen
Futur I Futur II	er, sie, es wird gehen er, sie, es wird gegangen sein	Nachzeitigkeit	er, sie, es werde gehen/ werde gegangen sein

Die Wahl der Konjunktivform in der indirekten Rede hängt davon ab, in welchem zeitlichen Verhältnis indirekte Rede und übergeordneter Hauptsatz stehen. Liegt das Geschehen, das in der indirekten Rede wiedergegeben wird, zeitlich vor dem, was im Hauptsatz ausgedrückt wird (Vorzeitigkeit), verläuft es parallel (Gleichzeitigkeit) oder aber ist es noch gar nicht geschehen (Nachzeitigkeit)?

Die Trainerin sagt (sagte, hat gesagt, wird sagen),
– *sie **sei** krank **gewesen** und **habe** deshalb das Training **ausfallen lassen**.* **(Vorzeitigkeit)**
– *das Training **könne** jetzt nachgeholt werden, sie **fühle** sich wieder besser.* **(Gleichzeitigkeit)**
– *morgen **werde** sie wieder gänzlich gesund **sein**.* **(Nachzeitigkeit)**

Übung 42 Forme die direkte Rede in die indirekte Rede um. Welches Zeitverhältnis liegt in allen Sätzen vor?

Er sagt: „Ich schreibe gerade einen Brief."
Er sagte: „Ich schreibe gerade einen Brief."
Er hat gesagt: „Ich schreibe gerade einen Brief."
Er hatte gesagt: „Ich schreibe gerade einen Brief."

Wortlehre

Übung 43 Entscheide, in welchem Verhältnis indirekte Rede und übergeordneter Hauptsatz stehen, indem du ein V für Vorzeitigkeit, ein G für Gleichzeitigkeit oder ein N für Nachzeitigkeit hinter den Satz schreibst.

Beispiel: Rika sagt, sie werde heute ihr Seminar vorbereiten.

1. Mirko behauptet, er werde morgen einen neuen Tennisschläger mitbringen.
2. Stefan sagte, er habe den ganzen Nachmittag für die Hausaufgaben gebraucht.
3. Maria meint, sie sei schon sehr weit bei der Einübung des Tanzes.
4. Franz erzählt, gestern sei der Lehrer sehr schlecht gelaunt gewesen.
5. Frau Müller sagt, sie harke gerade das Laub zusammen.
6. Paula hat geglaubt, Arminia Bielefeld werde nicht in die zweite Bundesliga absteigen.
7. Vera erzählt, sie habe gestern eine anstrengende Tour mit ihren Inlineskatern gemacht.
8. Rainer bestätigte, dass der Urlaub ausgesprochen schön gewesen sei.

Die Bildung des Konjunktiv I

Die Bildung des Konjunktiv I (Gleichzeitigkeit)

Der Konjunktiv I wird von dem Infinitiv des Verbs bzw. vom Präsens Indikativ abgeleitet. Als Kennzeichen des Konjunktivs dient das **Modusmorphem e**, das in allen Endungen enthalten ist: **-e, -est, -e, -en, -et, -en**.

Präsens Indikativ	Konjunktiv I (Gleichzeitigkeit)
ich fahre	ich fahr-e
du fährst	du fahr-est
er, sie es fährt	er, sie es, fahr-e
wir fahren	wir fahr-en
ihr fahrt	ihr fahr-et
sie fahren	sie fahr-en

(Farbig markierte Formen sind im Indikativ und Konjunktiv identisch.)

Der Konjunktiv I unterscheidet sich heute nur noch in der 2. und 3. Person Singular und in der 2. Person Plural vom Indikativ Präsens. Die anderen Formen (1. Person Singular, 1. Person Plural und 3. Person Plural) stimmen überein.

Übung 44 Konjugiere die folgenden Verben im Konjunktiv I und im Indikativ Präsens. Unterstreiche anschließend die Formen, die identisch sind, farbig.

geben, sagen, laufen

Der Modus der Verben

Ersatzformen

Sind die Indikativ- und Konjunktivformen gleichlautend, benutzt man Ersatzformen, damit die Sprecherabsicht ganz deutlich wird. Man benötigt also **für die 1. Person Singular, die 1. Person Plural und die 3. Person Plural Ersatzformen.** Als Ersatzformen dienen in der Regel die Formen des **Konjunktiv II.**

Indikativ	Konjunktiv I	Ersatzform im Konjunktiv II
ich komme	ich komme ⟶	ich käme, ich würde kommen
wir kommen	wir kommen ⟶	wir kämen, wir würden kommen
sie kommen	sie kommen ⟶	sie kämen, sie würden kommen

Die Umschreibung der Konjunktivformen mit „würde"

In der Alltagssprache wird der Konjunktiv II häufig mit einem Gefüge aus **würden + Infinitiv** umschrieben. Das gilt auch, wenn der Konjunktiv II als Ersatzform in der indirekten Rede verwendet wird.
Allerdings wirkt die Umschreibung mit **würden** weniger elegant, sodass man in der Schriftsprache auf diese oftmals verzichtet.
*Sie sagten, dass sie morgen **zurückkämen**.* (Ersatzform für die Form des Konjunktiv I, die nicht vom Indikativ zu unterscheiden ist: sie kommen zurück)
statt
*Sie sagten, dass sie morgen **zurückkommen würden**.*

Vermeiden sollte man, dass die Form mit **würden + Infinitiv** zweimal hintereinander gebraucht wird.
*Sie kündigten an, dass sie sofort **abfliegen würden**, wenn das Wetter es **zulassen würde**.* (Dieser Satz sollte vermieden werden.)
*Sie kündigten an, dass sie sofort **abflögen**, wenn das Wetter es **zulassen würde**.*
*Sie kündigten an, dass sie **sofort abfliegen würden**, wenn das Wetter es **zuließe**.*

Der Gebrauch der **würde-Formen** hilft, Missverständnisse zu vermeiden. Das trifft dann zu, wenn die Formen des Konjunktiv II sich nicht von denen des Indikativ Präteritum unterscheiden.
*Wenn es **schneite**, führe er mit der Bahn.*
*Wenn es **schneien würde**, führe er mit der Bahn.*

In einigen Fällen klingt die Form des Konjunktiv II zu ungebräuchlich oder geziert, auch dann greift man auf ein Gefüge aus **würden + Infinitiv** zurück. Dieses gilt besonders für Konjunktiv-II-Formen, die mit einem Umlaut gebildet werden.

Wortlehre

*Meine Eltern sagten mir am Telefon, sie **genössen** ihren Urlaub sehr.*
*Meine Eltern sagten mir am Telefon, sie **würden** ihren Urlaub sehr **genießen.***

Man benutzt die Form aus **würden + Infinitiv** auch, wenn Konjunktiv-II-Formen schwanken. Dies ist z. B. bei folgenden Formen der Fall:

beföhle/befähle, empföhle/empfähle, gewönne/gewänne, gölte/gelte, ränne/rönne, schwömme/schwämme, stähle/stöhle, stünde/stände

Übung 45 Bilde zunächst zu den Formen des Indikativs den Konjunktiv I. Entscheide anschließend, ob Indikativ und Konjunktiv identisch sind und daher eine Ersatzform im Konjunktiv II nötig ist. Bilde diese gegebenenfalls.

Indikativ Präsens	Konjunktiv I	Konjunktiv II als Ersatzform für den Konjunktiv I
ich schlafe	ich schlafe	ich schliefe/ich würde schlafen
du singst	du singest	Eine Ersatzform ist nicht nötig, da sich die Formen unterscheiden.
wir empfehlen		
sie rufen		
ich gebe		
ihr bringt		
er, sie, es lobt		
wir sprechen		
du bekommst		
sie lernen		
ich lache		
er, sie, es arbeitet		
ich schreibe		
wir nehmen		
sie schneiden		
sie denken		

Der Modus der Verben

Die Bildung des Konjunktiv I (Vorzeitigkeit)

Für den **Konjunktiv I** gibt es **nur eine Vergangenheitsform.** Diese wird gebildet aus dem **Hilfsverb haben oder sein und dem Partizip II.**
Die Unterscheidung in Präteritum, Perfekt und Plusquamperfekt kennt der Konjunktiv also nicht.

Indikativ	Konjunktiv
er fand er hat gefunden er hatte gefunden	er habe gefunden

Da die erste Person Singular, die erste Person Plural und die dritte Person Plural von haben im Indikativ und Konjunktiv identisch sind, muss hier die Ersatzform, also der Konjunktiv II (hätte/hätten), eingesetzt werden.

Übung 46 Forme die folgenden Sätze in die indirekte Rede um.

Beispiel: Nachdem Thomas seine Schulaufgaben erledigt hatte, ging er zum Handballtraining.
Der Vater berichtet, Thomas sei zum Handballspiel gegangen, nachdem er seine Schulaufgaben erledigt habe.

1. Petra war über ihr gutes Abschneiden im Abitur sehr erfreut.
   Petra sagt, ...
2. Simone ist in den Sommerferien in Marokko gewesen und war sehr begeistert von der Freundlichkeit der Menschen.
   Simone berichtet, ...
3. Rainer hat lange überlegt, welche Ausbildung die richtige für ihn ist.
   Rainer sagt, ...
4. Konrad putzte den ganzen Tag die Wohnung, da er seine Mutter zu Besuch erwartete.
   Konrad gibt zu, ...
5. Charis kochte Samstagabend für ihre Freunde und war zufrieden, als alle ihre Kochkünste lobten.
   Charis erzählt, ...
6. Meike hat lange überlegt, wohin sie in den Urlaub fahren soll. Zunächst wollte sie nach Südafrika, letztendlich hat sie sich aber für Amrum entschieden.
   Meike berichtet, ...

Die Bildung des Konjunktiv I (Nachzeitigkeit)

S. 81
Ersatzform

Der Konjunktiv für die Nachzeitigkeit setzt sich zusammen aus dem **Konjunktiv I des Hilfsverbs werden und dem Infinitiv des Verbs.** Lauten die Formen des Indikativs und des Konjunktiv I gleich, weicht man auf die Ersatzform „würde", den Konjunktiv II, aus.

*Carla sagt, sie **werde** morgen auf die Geburtstagsparty gehen.*
*Jule sagt, die Freundinnen **würden** (statt werden) auch kommen.*

Wortlehre

Übung 47 Bilde jeweils den Konjunktiv I, markiere die Formen, die mit dem Indikativ identisch sind, farbig und bilde in diesem Fall die Ersatzform.

Indikativ	Konjunktiv I	Konjunktiv II als Ersatzform
ich werde spielen du wirst spielen er, sie, es wird spielen ihr werdet spielen sie werden spielen	ich werde spielen	ich würde spielen

Übung 48 Forme den folgenden Text in die indirekte Rede um.
Beispiel: Andreas sagte, ihre neue Wohnung werde bestimmt sehr schön werden ...

Unsere neue Wohnung wird bestimmt sehr schön werden. Bis sie fertig ist, wird sie uns aber erst einmal sehr viel Arbeit kosten. Denn wir werden sehr viele Renovierungsarbeiten selber machen. Nur die ganz schwierigen Arbeiten werden wir den Handwerkern überlassen. Ich werde morgen einen Kurs beginnen, der mir die Grundlagen des Handwerkens beibringen wird. Ich bin gespannt, ob sich diese Mühe auszahlen wird. Ich glaube, dass es uns bestimmt helfen wird, unsere Traumwohnung zu schaffen.

Die Konjugation der Hilfsverben sein, haben und werden im Konjunktiv I und II

Das Verb „sein" im Konjunktiv

	Konjunktiv I	Konjunktiv II
Gegenwart (Gleichzeitigkeit)	ich sei du sei(e)st er, sie, es sei wir seien ihr seiet sie seien	ich wäre du wärest er, sie, es wäre wir wären ihr wäret sie wären
Vergangenheit (Vorzeitigkeit)	ich sei gewesen du sei(e)st gewesen er, sie, es sei gewesen wir seien gewesen ihr seiet gewesen sie seien gewesen	ich wäre gewesen du wärest gewesen er, sie, es wäre gewesen wir wären gewesen ihr wäret gewesen sie wären gewesen
Zukunft (Nachzeitigkeit)	(ich würde sein*) du werdest sein er, sie, es werde sein (wir würden sein*) (ihr würdet sein*) (sie würden sein*)	ich würde sein du würdest sein er, sie, es würde sein wir würden sein ihr würdet sein sie würden sein

* zeigt an, dass es sich um die Ersatzform aus dem Konjunktiv II handelt.

Der Modus der Verben

85

Das Verb „haben" im Konjunktiv

	Konjunktiv I	Konjunktiv II
Gegenwart (Gleichzeitigkeit)	(ich hätte*) du habest er, sie, es habe (wir hätten*) ihr habet (sie hätten*)	ich hätte du hättest er, sie, es hätte wir hätten ihr hättet sie hätten
Vergangenheit (Vorzeitigkeit)	(ich hätte gehabt*) du habest gehabt er, sie, es habe gehabt (wir hätten gehabt*) ihr habet gehabt (sie hätten gehabt*)	ich hätte gehabt du hättest gehabt er, sie, es hätte gehabt wir hätten gehabt ihr hättet gehabt sie hätten gehabt
Zukunft (Nachzeitigkeit)	(ich würde haben*) du werdest haben er, sie, es werde haben (wir würden haben*) (ihr würdet haben*) (sie würden haben*)	ich würde haben du würdest haben er, sie, es würde haben wir würden haben ihr würdet haben sie würden haben

Das Verb „werden" im Konjunktiv

	Konjunktiv I	Konjunktiv II
Gegenwart (Gleichzeitigkeit)	(ich würde*) du werdest er, sie, es werde (wir würden*) (ihr würdet*) (sie würden*)	ich würde du würdest er, sie, es würde wir würden ihr würdet sie würden
Vergangenheit (Vorzeitigkeit)	ich sei geworden du sei(e)st geworden er, sie, es sei geworden wir seien geworden ihr seiet geworden sie seien geworden	ich wäre geworden du wärest geworden er, sie, es wäre geworden wir wären geworden ihr wäret geworden sie wären geworden
Zukunft (Nachzeitigkeit)	(ich würde werden*) du werdest werden er, sie, es werde werden (wir würden werden*) (ihr würdet werden*) (sie würden werden*)	ich würde werden du würdest werden er, sie, es würde werden wir würden werden ihr würdet werden sie würden werden

---

* zeigt an, dass es sich um die Ersatzform aus dem Konjunktiv II handelt.

Wortlehre

Übung 49 Füge in die Tabelle die richtigen Formen des Konjunktiv I ein. Unterstreiche die Formen, die mit dem Indikativ gleichlauten, und ergänze diese mit der jeweiligen Ersatzform.

Zeitverhältnis	Person	geben	laufen	sein
Gleichzeitigkeit	1. Sg.			
	2. Sg.			
	3. Sg.			
	1. Pl.			
	2. Pl.			
	3. Pl.			
Vorzeitigkeit	1. Sg.			
	2. Sg.			
	3. Sg.			
	1. Pl.			
	2. Pl.			
	3. Pl.			
Nachzeitigkeit	1. Sg.			
	2. Sg.			
	3. Sg.			
	1. Pl.			
	2. Pl.			
	3. Pl.			

Der Modus der Verben

87

Übung 50 Setze diesen Text aus der indirekten Rede in die direkte Rede.

Beispiel: Politiker: „Sie werden doch gewiss ziemlich häufig von lästigen Besuchern in Anspruch genommen."

Ein Mittel gegen lästige Besucher

Ein Politiker machte einem Industriellen in einer wichtigen Angelegenheit einen Besuch in dessen Büro: Während des Gesprächs meinte er, der Industrielle werde gewiss ziemlich häufig von lästigen Besuchern in Anspruch genommen. Dieser antwortete, dies sei leider der Fall, doch es gebe auch erprobte Mittel, diese Besucher wieder loszuwerden.

Der Politiker bezweifelte, dass dies in der Praxis möglich sei. Daraufhin erklärte der Industrielle, die bewährteste Methode sei, sich durch die Sekretärin an eine dringende Verabredung erinnern zu lassen. Der Erfolg sei hundertprozentig, die Gäste müssten sich dann wohl oder übel verabschieden. Kurz darauf erschien die Sekretärin und sagte mit unbewegter Miene, sie gestatte sich, daran zu erinnern, dass es für den Industriellen Zeit werde aufzubrechen, da in 45 Minuten der große Empfang im Hotel Kaiserblick beginne.

Der Politiker nahm die Angelegenheit humorvoll auf, erhob sich und verabschiedete sich lächelnd.

Übung 51 Forme die folgende direkte Rede in die indirekte Rede um.

Beispiel: Indirekte Rede:
Der Zeuge gibt an, dass der Lärm losgehe, wenn er zwischen 19 und 20 Uhr nach Hause komme.

Der Zeuge gibt an: „Wenn ich zwischen 19 und 20 Uhr nach Hause komme, geht der Lärm los. Frau Schuhmann, die direkt über mir wohnt, singt Arien, Herr Meier in der Wohnung rechts neben mir spielt Klavier und der Sohn des Mieters unter mir spielt Schlagzeug. Diesen Lärm halte ich nicht länger aus. Nachts guckt die Mutter des Vermieters lange und laut Fernsehen, weil sie schwerhörig ist. Sein Kind schreit alle zwei Stunden und reißt mich durch das Gebrüll aus dem Schlaf. Der Wecker des Studenten von links nebenan klingelt jeden Morgen um sechs Uhr eine halbe Stunde lang. Dabei sehe ich ihn nie vor zehn Uhr das Haus verlassen. Auch am Wochenende habe ich keine Ruhe. Der Hausmeister mäht grundsätzlich am Samstag in der Mittagszeit den Rasen. Und am Sonntag stört das Läuten der Kirchenglocken meine Ruhe."

Übung 52 Schreibe den Text um, indem du die direkte Rede (fett gedruckt) in indirekte Rede umwandelst.

Beispiel:
Berlin (dpa) – Fünf bis zehn Prozent der deutschen Schüler verweigern sich nach Angaben des VBE (Verband Bildung und Erziehung) der Schule. Etwa eine halbe Million Schüler gelten als „schulmüde". Der VBE wies auch darauf hin, dass unter jugendlichen Straftätern überwiegend einstige Schulschwänzer seien.

Wortlehre

Der Schulexperte des VBE, Heinz Wagner, sagte der deutschen Presseagentur, dass zunehmend Zehn- und Elfjährige die Schule schwänzen würden. Diese Altersgruppe stehe am Übergang von ...

Schulschwänzer werden immer jünger

Berlin (dpa) – Fünf bis zehn Prozent der deutschen Schüler verweigern sich nach Angaben des VBE (Verband Bildung und Erziehung) in der Schule. Etwa eine halbe Million Schüler gelten als „schulmüde". Der VBE wies auch darauf hin, dass unter jugendlichen Straftätern überwiegend einstige Schulschwänzer seien. **„Zunehmend schwänzen Zehn- und Elfjährige die Schule",** sagte der Schulexperte des VBE, Heinz Wagner, der Deutschen Presse-Agentur. **Diese Altersgruppe steht am Übergang von der Grundschule in eine weiterführende Schule, und dies ist die schwierigste Phase für viele Schüler. Die Kinder, die nicht auf das Gymnasium gehen, geben häufig innerlich auf."** Wagner forderte eine längere gemeinsame Grundschulzeit. **„Dann gibt es diesen harten, brutalen Riss bei den Zehnjährigen nicht."**

Ein Kinder- und Jugendpsychologe vom Universitätsklinikum Aachen, Michael Simons, sagte der Deutschen Presse-Agentur: **„Es ist ganz wichtig, zuerst die Ursache der Verweigerung herauszufinden, aber danach sofort wieder auf den Schulbesuch zu drängen. Wenn die Schule weiterhin gemieden wird, verstärkt sich nur das Problem."**

Simons unterscheidet zwei Haupttypen von Schulschwänzern. **„Es gibt Kinder, die unter einer echten Angststörung leiden, und welche, die einfach keine Lust auf die Schule haben und lieber in Kaufhäusern herumhängen. (...) Oft hilft Kindern, sich die Angst als Monster vorzustellen, das sie in Mutproben bekämpfen können."**

Bei den „Null-Bock"-Schülern muss die Therapie nach Simons Worten hingegen meist bei den Elternhäusern ansetzen: **„Es geht darum, klare Erwartungen an die Kinder zu formulieren, Grenzen zu setzen und auf die Einhaltung zu achten."**

Der VBE-Schulexperte Wagner plädierte dafür, mehr Planstellen für Schulsozialarbeiter zu schaffen. **„Um Kinder und Jugendliche vor dem Abgleiten und schulischen Misserfolgen zu bewahren, sind neben einem günstigen Schulklima häufig familienunterstützende Maßnahmen notwendig."**

(Entnommen aus: 15.Mai 2003 URL: http://www.spiegel.de/unispiegel/studium/0,1518,248360,00.html, leicht gekürzt)

Der Imperativ

Der Imperativ ist die Verbform, die eine Aufforderung ausdrückt. Je nach Kontext kann das ein **Befehl**, eine **Anweisung**, ein **Wunsch** oder eine **Bitte** sein. Die Formen des Imperativs gibt es nur in der **2. Person Singular und Plural**.

S. 33ff. finite Verbformen

Der Imperativ Singular wird regelmäßig gebildet mit der 1. Stammform (1. Pers. Sing. Präs. Ind.):

Geh(e)! (von gehen, ich geh-e)
Spring(e)! (von springen, ich spring-e)

Er wird mit -e, kann aber auch ohne -e gebildet werden.

S. 37 Wechsel von e zu i/ie

Bei einer Reihe von unregelmäßigen Verben wird das -e des Präsensstamms zu i (ie):

(ich lese) *lies!*
(ich nehme) *nimm!*
(ich gebe) *gib!*

Weitere Verben mit unregelmäßigem Imperativ sind z.B.: werfen, bergen, sterben, verderben, essen, messen, sprechen, vergessen, helfen, quellen, schelten, sehen

Der Imperativ Plural stimmt in der Form mit der 2. Person Plural des Indikativ Präsens überein:

Geht! (ihr geht)
Springt! (ihr springt)
Gebt! (ihr gebt)
Sprecht! (ihr sprecht)

S. 34 Personalform des Verbs

Um Personen, die man siezt, zu etwas aufzufordern, wird die **Höflichkeitsform** verwendet, wobei das Pronomen Sie nachgestellt wird:

Gehen Sie! Sprechen Sie!

Um Aufforderungen zum Ausdruck zu bringen, gibt es aber zahlreiche **weitere sprachliche Möglichkeiten,** meist in Verbindung mit der entsprechenden Intonation, z.B.:
– 2. Person Singular/Plural Präsens, als Ausruf *(Du gehst jetzt!)* oder als Frage *(Kommt ihr jetzt?)*
– 1. Person Plural Präsens *(Wir dehnen und strecken kräftig Arme und Beine!)*
– 2. Person Singular/Plural Futur, als Ausruf *(Ihr werdet euch hüten!)* oder als Frage *(Wirst du jetzt still sein?)*
– 3. Person Singular Präsens Konjunktiv *(Man nehme 3 Eier ...)*
– Infinitiv *(Aufpassen!, Einsteigen!)*
– Partizip Perfekt *(Aufgepasst! Stillgestanden!)*
– Elliptisch verwendete einzelne Substantive *(Vorsicht!)*
– Passivsatz *(Jetzt wird aber geschlafen!)*

Wortlehre

90

– Gliedsatz *(Dass ihr mir ja Acht gebt!)*
– Verwendung von Modalverben *(Du könntest mal eben zum Bäcker gehen. Sie sollten mal wieder zum Frisör gehen!)*

Wenn die Aufforderung ohne Nachdruck gesprochen wird, steht entsprechend der Satzart am Ende ein Punkt oder auch ein Fragezeichen.

Übung 53 Bilde den Imperativ Singular und Plural zu folgenden Verben:

helfen, treffen, geben, merken, aufpassen, zerbrechen, bitten, anmalen, anstecken, ausmessen, vergessen, werben, wandeln, handeln, basteln, schreiben, hoffen, vergeben

Beispiel: essen → Imperativ Singular: Iss!; Imperativ Plural: Esst!

Übung 54 Schreibe das unten stehende Kochrezept um. Forme dabei die Infinitive in den Imperativ um: zuerst in den Imperativ Singular, dann in die Höflichkeitsform.

Beispiel:
Gemüse klein schneiden → Imperativ Singular: Schneide das Gemüse klein.
Höflichkeitsform: Schneiden Sie das Gemüse klein.

– das Gemüse klein schneiden
– die Zwiebeln würfeln
– diese in eine Pfanne geben
– und in Olivenöl anbräunen lassen
– Eier verquirlen
– mit Salz und Pfeffer abschmecken
– Masse über das Gemüse gießen
– und stocken lassen

Übung 55 Schreibe die Sätze um, indem du die Imperative durch andere Möglichkeiten ersetzt, die eine Aufforderung zum Ausdruck bringen.

Beispiel: Hole tief Luft. → Tief Luft holen!

1. Geh mir aus der Sonne!
2. Mach deine Hausaufgaben!
3. Beeilt euch ein bisschen!
4. Macht nicht so viel Lärm!
5. Verwenden Sie nur die beste Qualität.
6. Hör einfach nicht hin.
7. Sehen Sie sich vor!
8. Schließt die Augen und stellt euch vor, ihr ginget am Meer spazieren.
9. Hör auf zu schlürfen!
10. Gib mir bitte das Salz.

Verbzusammensetzung

Trennbar und nicht trennbar zusammengesetzte Verben

Die **Grundbedeutung von Verben** kann durch eine Kombination mit **Verbzusätzen verändert** werden.

*Sie **geht** ins Schwimmbad.*
*Er **vergeht** vor Sehnsucht.*

Verbzusätze haben entweder die Funktion, die **Richtung** (**ein**steigen, **aus**steigen, **hinunter**gehen, **auf**stehen etc.) oder die **Aktionsart** anzugeben.
Wird die **Aktionsart** bezeichnet, so unterscheidet man Verbzusätze/Verben, die den **Beginn** (**auf**wachen, **an**fangen, **ent**stehen etc.) oder das **Ende** (**ver**blühen, **ver**kümmern, **auf**geben, **aus**trinken etc.) eines Geschehens ausdrücken.
Es gibt keine feste Zuordnung von Verbzusatz und Bedeutung.

Man unterscheidet folgende Kombinationselemente:

➔ S. 18
Präfix

Als **Präfixe** (**be-, ent-, ge-, ver-, miss-, emp-, er-,** und **zer-**) bezeichnet man **unbetonte** und **nicht trennbare** Wortbildungselemente, die **keine eigenständige Bedeutung** haben und nicht allein verwendet werden können.
*Er **begreift** die Frauen nicht.*

Halbpräfixe (**ab-, an-, auf-, aus-, ein-, um-, zu-, durch-, hinter-, nach-, wider-, zurück-** etc.) sind Elemente in der Verbbildung, deren **eigenständige Bedeutung** im Vergleich zu den gleichlautenden Adverbien/Präpositionen **abgeschwächt** bzw. nicht mehr vorhanden ist.
*Sie greift die Äußerungen ihrer Vorrednerin nochmals **auf**.*

Kompositionsglieder (insbesondere die Adverbien **hin-, her-, da-** und ihre Komposita **hinein-, hinaus-, hinzu-, herunter-, heran-,** aber auch **abwärts-, auseinander-, dazwischen-** etc.) hingegen sind Wortbildungselemente, deren **eigenständige Bedeutung** in der Verbzusammensetzung **erhalten bleibt**.
*Sie greift in die Chipstüte **hinein**.*

Übung 56 Kombiniere die folgenden Verben jeweils mit einem Präfix, einem Halbpräfix und einem Kompositionsglied und schreibe passende Sätze auf.

Beispiel: nehmen

Die Staatsanwaltschaft *vernimmt* die Zeugen.
Sie hat durch ihre Aktiengeschäfte viel Geld *eingenommen*.
Nimm doch bitte die Tasche vom Stuhl *herunter*!

Wortlehre

gehen, geben, trauen, laufen, tragen, rufen, fahren, drehen, setzen, stellen	be-, ent-, ge-, ver-, miss-, emp-, er-, zer-, ab-, an-, auf-, aus-, ein-, einher-, empor-, abwärts-, auseinander-, dazwischen-, entgegen-, um-, zu-, durch-, hinter-, nach-, hin-, her-, da-, daneben-, hinein-, hinaus-, herein-, hinzu-, hinunter-, herunter-, heran-

Trennbar zusammengesetzte Verben

Als **trennbar** bezeichnet man Verben, deren **Verbzusatz** im **Präsens** und im **Präteritum getrennt** vom konjugierten Verb am **Satzende** steht und beim Sprechen **betont** wird. Trennbar zusammengesetzte Verben nennt man unechte Komposita.

*Er holt seine Freundin vom Bahnhof **ab**.*
*Er holte seine Freundin vom Bahnhof **ab**.*
*Er hat seine Freundin vom Bahnhof **ab**geholt.*

Trennbare Verbzusätze sind z.B.:

ab-, an-, auf-, aus-, bei-, da(r)-, dabei-, dafür-, dagegen-, daher-, dahin-, daneben-, daran-, darein-, darum, -davon, dazu-, dazwischen-, ein-, einher-, empor-, entgegen-, entlang-, entzwei-, fort-, fest-, gegen-, gegenüber, hin-, her-, inne-, los-, mit-, nach-, nieder-, um-, vor-, weg-, weiter-, zu-, zurecht-, zurück-, zusammen-, zwischen- etc.

Nicht trennbar zusammengesetzte Verben

Nicht **trennbar** nennt man Verben, deren Zusatz in jeder Verbform eine **nicht trennbare Einheit mit dem Stammverb** bildet, **keine selbstständige Bedeutung** aufweist und beim Sprechen **nicht betont** wird.
Nicht trennbar zusammengesetzte Verben bezeichnet man als echte Komposita.

*Er **ver**steht die deutsche Grammatik nicht.*
*Er hat die deutsche Grammatik nie **ver**standen und wird sie niemals **ver**stehen.*

Nicht trennbare Verbzusätze sind z.B.:

be-, emp-, ent-, er-, ge-, miss-, ver-, zer- etc.

Sowohl trennbar als auch nicht trennbar gebrauchte Verbzusätze

Die **Verbzusätze durch-, hinter-, über-, um-, unter-, voll-, wider-** und **wieder-** sind sowohl trennbar als auch nicht trennbar. Bilden die Verbzusätze **nicht trennbar** zusammengesetzte Verben, so weisen diese **echten Komposita häufig abstrakte Bedeutungen** auf. Die **konkrete Bedeutung** der Verbzusätze hingegen bleibt in den **trennbar zusammengesetzten** Verben erhalten.

Verbzusatz	trennbar	nicht trennbar
durch	Er bricht den Stab durch.	Er durchbricht das Schweigen.
über	Die Fähre setzt über.	Dieser Roman wurde noch nicht übersetzt.
hinter	Er lässt seine Vergangenheit hinter sich.	Er hinterlässt ihr nichts als Schulden.
um	Er stellt die Möbel um.	Sie umstellen die gegnerische Mannschaft.
unter	Es regnet und er stellt sich unter.	Er unterstellt ihr, dass sie ihn nicht gewarnt habe.
voll	Die Kinder schmierten die Tapeten voll.	Er vollendete ihr Lebenswerk.
wider	Die Sonne spiegelt sich im Wasser wider.	Dieses Argument kann man nicht widerlegen.
wieder	Wir kommen morgen wieder.	Er wiederholte seine Forderung energisch.

Übung 57 Entscheide, ob es sich um trennbar, nicht trennbar oder sowohl trennbar als auch nicht trennbar zusammengesetzte Verben handelt. Verwende folgende Abkürzungen:
t = trennbar, nt = nicht trennbar, t/nt = sowohl trennbar als auch nicht trennbar

Beispiel: anmelden (t)

erzählen ( ), verstehen ( ), aufhören ( ), einkaufen ( ), verursachen ( ), herausbringen ( ), zerstören ( ), entwerfen ( ), hinauswerfen ( ), missfallen ( ), mitnehmen ( ), weitergeben ( ), einladen ( ), bereithalten ( ), umgehen ( ), wiederholen ( ), übersehen ( ), überlaufen ( ), untergehen ( ), unterschreiben ( ), vollbringen ( ), widersprechen ( ), widerrufen ( ), widerspiegeln ( ), wiedergeben ( ), durchschauen ( ), durchsuchen ( ), umfahren ( ), hinterfragen ( )

Wortlehre

Der Artikel (Geschlechtswort, Begleiter)

➠ S. 96ff.
Nomen

Der Artikel ist immer **Begleiter eines Nomens/Substantivs** und kennzeichnet dessen Geschlecht (Genus). Man unterscheidet den **unbestimmten und den bestimmten Artikel**.

ein Mann, eine Frau, ein Kind (unbestimmte Artikel)
der Mann, die Frau, das Kind (bestimmte Artikel)

Verwendungsweise

Der **unbestimmte Artikel** wird verwendet, wenn **etwas Einzelnes** benannt wird oder wenn ein beliebiges **einzelnes Exemplar einer Art** (oder Gattung) bezeichnet wird.

Auf dem Teich schwimmt eine Ente. (ein Exemplar der Gattung)
Der Händler reichte mir eine Zeitung. (z.B. eine Frankfurter Rundschau dieses Tages)

Der **bestimmte Artikel** wird verwendet, wenn das begleitete Nomen/Substantiv etwas **Einzelnes, eindeutig Gemeintes, Bekanntes** benennt oder etwas **Allgemeines** bezeichnet.

Die Rose hat eine besonders schöne Farbe. (diese ganz bestimmte Blume)
Die Rose bezaubert die Menschen schon seit Jahrhunderten. (die Rose im Allgemeinen)

Übung 1 Welcher Artikel wurde verwendet? Unterstreiche und kennzeichne die bestimmten Artikelformen mit b.A. und die unbestimmten mit u.A.

Beispiel: Auf <u>der</u> Straße geht <u>eine</u> Frau. (der = b.A., eine = u.A.)

1. Das Haus steht auf einem Hügel.
2. Die Haustür hat eine Klappe für Briefe und kleine Pakete.
3. Ein Computer ist der größte Wunsch der Schüler.
4. Das Regal hat einen neuen Anstrich bekommen.
5. Der Garten hat besonders schöne Blumenbeete und einen großen Apfelbaum.

Einige Nomen/Substantive können mit unterschiedlichen Artikeln gebraucht werden, wobei einer zwar korrekt, aber weniger gebräuchlich ist.

der/das Liter; der/das Spind; der/die Wulst

Einige Nomen/Substantive wechseln mit dem Artikel aber auch ihre Bedeutung.

der See (Binnensee) – die See (das Meer)
der Gehalt (Inhalt) – das Gehalt (Einkommen)
der Mast (Schiffsbaum) – die Mast (Mästung)

Die Deklination des bestimmten und des unbestimmten Artikels

	Maskulinum		Femininum		Neutrum		alle Genera
	Singular		Singular		Singular		Plural *
Nominativ	der	ein	die	eine	das	ein	die
Genitiv	des	eines	der	einer	des	eines	der
Dativ	dem	einem	der	einer	dem	einem	den
Akkusativ	den	einen	die	eine	das	ein	die

➠ S. 162
Präposition

BESONDERHEITEN Verschmelzung von Artikel und Präposition

Die Artikelformen *dem, den, das* und *der* können mit einigen Präpositionen verschmelzen. Dieses ist häufig in Redewendungen, festen Verbindungen oder in der Umgangssprache der Fall. Oftmals sind die Verschmelzungen nicht mehr auflösbar.

jemanden beim Wort nehmen   ←   *jemanden bei dem Wort nehmen*
    [Verschmelzung]   [Auflösung (ungebräuchlich, d.h. nicht
                                      mehr auflösbar)]

Weitere Beispiele für Verschmelzungen sind:
am Mittwoch, *am* Möhnesee, *aufs* Land reisen, *im* Vertrauen, *im* Herbst, *untern* Tisch fallen lassen, *ums* Eck gehen, *hinters* Licht führen, *vom* Lande kommen, *übers* Knie brechen, etwas ist *zum* Lachen, *zur* Schule usw.

Merke: Bei der Verschmelzung mit dem Artikel *das* wird kein Apostroph gesetzt!

      durchs Wasser

---

* Unbestimmte Artikel haben keine Pluralformen; hier steht das Nomen im Plural für sich: *ein Kind – Kinder*

Wortlehre

Übung 2 Bestimme das Geschlecht der folgenden Nomen/Substantive. Beachte, dass einige von ihnen unterschiedliche Artikel und damit auch unterschiedliche Bedeutungen haben können.

S. 98ff.
Nomen (Genus)

Beispiel: der Band (= Buch), mask. und das Band (= Schnur), neutr.

Gehalt, Zink, September, Leiter, Steuer, Blümchen, Liebe, Marie, Fahne, Acht, Erziehung, Donnerstag, Chinin, MS Astoria, Fichte, Größe, Tau, Tor, Lesen, Osten

Übung 3 Wo ist der Artikel versteckt? Löse die folgenden Verschmelzungen aus Präposition und Artikel auf.

Beispiel: *aufs* Land → auf das Land

im Wald, beim Haus, durchs Wasser, ans Gartentor, am Bahnhof, zum Spaß, zur Zeit

Das Nomen (Substantiv, Hauptwort, Namenwort)

Wörter, die Lebewesen, Sachen, Pflanzen, Vorgänge, Eigenschaften, Gefühle und Namen benennen, bezeichnet man als Nomen (Pl. Nomen/Nomina) oder Substantive. Sie werden mit einem großen Anfangsbuchstaben geschrieben.
Mensch, Hund, Fenster, Tulpe, Untersuchung, Haltbarkeit, Liebe, Marie

Übung 1 Unterstreiche im folgenden Text die Nomen/Substantive.

Beispiel: In einer <u>Höhle</u>...

Der kleine Hobbit

In einer Höhle in der Erde, da lebte ein Hobbit. Nicht in einem schmutzigen, nassen Loch, in das die Enden von irgendwelchen Würmern herabbaumelten und das nach Schlamm und Moder roch. Auch nicht etwa in einer trockenen Kieshöhle, die so kahl war, dass man sich nicht einmal niedersetzen oder gemütlich frühstücken konnte. Es war eine Hobbithöhle, und das bedeutet Behaglichkeit. [...]

(Aus: John Ronald R. Tolkien: Der kleine Hobbit. München: Deutscher Taschenbuchverlag 1974)

Genus, Numerus und Kasus

Nomen/Substantive unterscheiden sich in **Konkreta,** die alles bezeichnen, was man mit den Sinnen wahrnehmen kann, und **Abstrakta,** die alles benennen, was nicht mit den Sinnen wahrgenommen werden kann.
Es ist aber nicht immer möglich, alle Nomen/Substantive eindeutig als Abstraktum oder Konkretum zu bestimmen.

Konkreta (Sg. das Konkretum):
Eigennamen: *Julia, Brandenburg, Rhein, Schmidt, Müller*
Gattungsbezeichnungen: *Kind, Blume, Acker*
Sammelbezeichnungen: *Wald, Vieh, Anzahl, Spielzeug*
Stoffbezeichnungen: *Gold, Wolle*

Abstrakta (Sg. das Abstraktum):
Eigenschaften: *Intelligenz, Gewicht, Blässe, Fantasie, Geduld*
Vorstellungen: *Ethik, Sitte*
Zeitabschnitte: *Winter, Minute, Jahrtausend*
Gefühle: *Liebe, Ärger, Ekel*
Wissenschaften: *Mathematik, Astronomie*
Allgemeine Vorgänge: *Sammlung, Kauf, Erhebung, Ermittlung*

Manche Nomen/Substantive sind nicht eindeutig zuzuordnen:
Das Wort *Ekel* bezeichnet ein menschliches Gefühl und ist daher ein Abstraktum. Es ist aber auch möglich, dass eine Person so bezeichnet wird: *Er ist ein **richtiges Ekel.*** Dann ist *Ekel* ein Konkretum.

Weitere Beispiele sind:
Grund (Abstraktum: Ursache; Konkretum: Boden), *Jugend* (Abstraktum: Zeitabschnitt des Lebens; Konkretum: junge Leute)

Übung 2 Benenne Konkreta und Abstrakta.

Beispiel: Zeitung = Konkretum

Füller, Arm, Freundlichkeit, Stadt, Untreue, Straße, Auto, Glaube, Armband, Glocke, Trauer, Kirche, Mädchen, Zinn, Hütte, Salz, Gebirge, Wasser, New York, Buche, Federvieh, Lennart, Kummer, Physik, Schreibtisch, Entsetzen, Abitur, Bild, Finger, Wirkung, Computer

Genus, Numerus und Kasus

Das Nomen/Substantiv ist deklinierbar und wird durch **Genus, Numerus und Kasus** bestimmt.

Das Genus
(grammatisches Geschlecht, Pl. Genera)

Das grammatische Geschlecht eines Nomens/Substantivs erkennt man am bestimmten Artikel. Es gibt drei Formen des Genus: Maskulinum (= männlich), Femininum (= weiblich) und Neutrum (= sächlich).

Maskulinum: *der* Baum, *der* Schrank, *der* Hund, *der* Vater
Femininum: *die* Blume, *die* Schublade, *die* Henne, *die* Mutter
Neutrum: *das* Heu, *das* Zimmer, *das* Krokodil, *das* Kind

Grammatisches und natürliches, d.h. biologisches Geschlecht passen häufig nicht zueinander.

- *das Mädchen* (Nach dem Artikel ist das Genus Neutrum, das natürliche Geschlecht ist aber weiblich.)
- *die Kerze* (Nach dem Artikel Femininum, das natürliche Geschlecht ist aber sächlich.)

Es gibt kein Regelsystem, nach dem das Genus der Nomen/Substantive festgelegt ist. Nur bei Nomen/Substantiven bestimmter Sachgruppen und bestimmter Endungen kann man allgemeine Aussagen zum Genus machen.

Bei **Personenbezeichnungen, Tierbezeichnungen und Personennamen** stimmen in der Regel grammatisches und natürliches Geschlecht überein:
- *der Vater, die Schwester, die Hausfrau, der Hausmann* (Ausnahmen: *das Weib, das Mädchen* u.a.)
- *die Kuh, der Stier, der Esel, die Eselin* (Bezeichnungen für Jungtiere sind meist Neutra: *das Küken, das Ferkel*)
- *die Julia, der Thomas* (Ausnahmen sind Verkleinerungsformen auf -chen: *das kleine Julchen*)

Bei **Sachbezeichnungen** sind nur für einige Wortgruppen Hinweise möglich.

Maskulina sind:
- Jahreszeiten, Monate, Tage: *der Winter, der Januar, der Montag*
- Himmelsrichtungen, Winde, Niederschläge: *der Süden, der Monsun, der Regen*
- Bezeichnungen für Erd- und Gesteinsarten: *der Ton, der Sand*
- einige Geldbezeichnungen: *der Dollar, der Euro*, aber: *die Mark, die Krone*

Feminina sind:
- Baumbezeichnungen und viele Blumenbezeichnungen: *die Eiche, die Kastanie, die Tulpe, die Rose*
- Substantivierungen von Zahlen: *die Fünf, die Acht*

Neutra sind:
- die meisten Bezeichnungen für Metalle, chemische Elemente und Medikamente: *das Eisen, das Kupfer, das Helium, das Aspirin*
- die Verkleinerungsformen auf -chen, -lein, und -le: *das Kleidchen, das Ringlein, das Häusle*

Genus, Numerus und Kasus

- ursprünglich nichtsubstantivische Wörter, die substantiviert werden: *das Gewünschte, das Drum und Dran, das Ihre, das Du*
- Kollektivbegriffe und abwertende Bezeichnungen für Gesamtvorgänge mit dem Präfix Ge-: *das Gebirge, das Gewässer, das Gebrüll, das Getier*

Eigennamen und Gattungsbezeichnungen haben bezüglich ihres Genus sehr unterschiedliche Regelungen:
- Geografische Namen: Länder- und Gebietsnamen sind im Allgemeinen Neutra, seltener Feminina oder Maskulina: *das schöne Nordrhein-Westfalen, das moderne Afrika,* aber: *die Türkei, die Schweiz, der Sudan, der Irak*
- Namen der Sterne und Sternbilder: Diese haben dasselbe Genus wie das Wesen oder Ding, nach dem sie benannt sind: *der Mond, die Venus, die Milchstraße, der Pluto*
- Schiffsnamen: Diese sind zumeist Feminina, auch dann, wenn ein männlicher Personenname zugrunde liegt: *die Europa, die Nautilus, die Titanic, die Bismarck*
- Kraftfahrzeuge: Bei Krafträdern ist das Genus weiblich: *die Yamaha, die Harley-Davidson.* Bei Kraftwagen ist das Genus männlich: *der Passat, der Volvo, der BMW, der Ford*
- Hotels, Cafés, Kinos: Diese sind zumeist Neutra: *das Adlon, das Mövenpick, das Kinopolis*

Abkürzungswörter und Kurzwörter richten sich im Genus nach ihrem Grundwort: *die ZPO (die Zivilprozessordnung), das HGB (das Handels-Gesetzbuch).*

Substantivierte Buchstaben sind Neutra: *das B, das Y*

Das Genus von **Zusammensetzungen** wird durch den letzten Bestandteil (Grundwort) bestimmt: *der Hausbau*
Das Genus von *das Haus* ist sächlich; das Genus von *der Bau* ist aber männlich.

Auch an zahlreichen **Endungen** kann man das Genus eines Nomens/Substantivs erkennen.

Die Endungen leiten sich häufig aus dem Lateinischen oder Griechischen her; viele Fremdwörter sind so gebildet.

Maskulina:

Endung	Beispiele
-ich	*Teppich, Kranich …*
-ig	*König, Honig …*
-ling	*Däumling, Prüfling … (aber: die Reling)*
-s	*Schnaps, Knirps …*
-and	*Konfirmand, Doktorand …*
-ant	*Garant, Informant …*
-är	*Pensionär, Aktionär …*
-ast	*Fantast, Gymnasiast …*
-eur/-ör	*Friseur/Frisör, Ingenieur, Likör …*
-(i)ent	*Interessent, Inspizient …*
-ier	*Bankier, Routinier … (aber: das Dossier, das Kollier)*

Wortlehre

-iker	*Fanatiker, Grafiker ...*
-ikus	*Musikus, Pfiffikus ...*
-ismus	*Egoismus, Idealismus ...*
-ist	*Artist, Pianist ...*
-or	*Motor, Rektor ...*

Feminina:

Endung	Beispiele
-ei	*Bäckerei, Metzgerei ...*
-in	*Freundin, Lehrerin ...*
-heit	*Schönheit, Faulheit ...*
-keit	*Munterkeit, Eitelkeit ...*
-schaft	*Freundschaft, Brüderschaft ...*
-ung	*Belastung, Achtung ...*
-a	*Kamera, Aula ...*
-ade	*Ballade, Marmelade ...*
-age	*Garage, Etage ...*
-aille	*Kanaille, Journaille ...*
-aise, -äse	*Marseillaise, Majonäse ...*
-ance	*Renaissance, Mesalliance ...*
-äne	*Fontäne, Quarantäne*
-anz	*Allianz, Arroganz ...*
-elle	*Frikadelle, Bagatelle ...*
-ette	*Etikette, Tablette ...*
-euse	*Friseuse, Balletteuse ...*
-ie	*Fantasie, Lotterie ... (aber: das Genie)*
-(i)enz	*Audienz, Frequenz ...*
-(i)ere	*Garderobiere, Bonbonniere ... (aber: der Gondoliere)*
-ik	*Musik, Politik ...*
-ille	*Kamille, Pupille ...*
-ine	*Maschine, Margarine ...*
-ion/-ation	*Explosion, Situation ...*
-isse	*Kulisse, Narzisse ...*
-(i)tät	*Qualität, Realität ...*
-itis	*Bronchitis, Neurodermitis ...*
-ive	*Alternative, Defensive...*
-ose	*Neurose, Osmose ...*
-sis/se	*Basis, Dosis, Genese, Analyse*
-ur	*Natur, Kultur ...*
-üre	*Broschüre, Bordüre ...*

Neutra:

Endung	Beispiele
-chen, -lein, -le	*Mädchen, Häuslein, Mariele ...*
-icht	*Dickicht, Röhricht ...*
-tel	*Drittel, Viertel ...*
-tum	*Eigentum, Heldentum ... (aber: der Irrtum, der Reichtum)*
-eau/-o	*Plateau, Büro ...*

Genus, Numerus und Kasus

-ett	*Bankett, Amulett …*
-in	*Benzin, Insulin …*
-ing	*Meeting, Training …*
-(i)um	*Album, Gremium …*
-ma	*Dogma, Komma, Klima …*
-ment	*Argument, Fundament … (aber: der Zement)*
	Appartement, Engagement

Übung 3 Die folgenden Wörter können unterschiedliche Genera haben. Bilde Sätze, die die verschiedenen Bedeutungen präzisieren.

Beispiel: Bund → Gestern schlossen sie den Bund der Ehe. Ein so großes Bund Lauch ist mir zu viel.

Steuer, Kiefer, Kunde, Erbe, Leiter

Der Numerus (grammatische Zahl des Nomens/Substantivs)

Der **Numerus** eines Nomens/Substantivs verdeutlicht, ob das Bezeichnete einmal oder mehrmals vorhanden ist. Man unterscheidet demnach: **Singular** (Einzahl) und **Plural** (Mehrzahl).
Singular (= Einzahl): *die Maus, das Kind, der Tisch*
Plural (= Mehrzahl): *die Mäuse, die Kinder, die Tische*

➡ S. 94f. Artikel
➡ S. 109ff. Pronomen
➡ S. 122ff. Adjektiv

Der Plural wird markiert durch die **Endungen** der Nomen/Substantive bzw. den Umlaut. Möglich sind auch **verschiedene Kombinationen,** d.h., der Plural wird **durch eine Endung und einen Umlaut** angezeigt.

Endung *(e)*	Endung *(en)*	Endung *(er)*	Umlaut	Umlaut + *(e)*	Umlaut + *(er)*
Hunde Regale	Frauen Blumen	Kinder Bilder	Väter Gärten	Flüsse Röcke	Wälder Häuser

Außerdem können Wörter, die das Nomen/Substantiv begleiten (z.B. Artikel, Pronomen, Adjektive) den Plural anzeigen.
die Besen, viele Besen, bunte Besen

Der Kasus (grammatischer Fall)

Im Satzzusammenhang kann ein Nomen/Substantiv in vier verschiedenen Kasus (Fällen) erscheinen: **Nominativ, Genitiv, Dativ** und **Akkusativ.**
Diese kann man erfragen.
Bildet man zu einem Nomen/Substantiv die vier Kasus, wird dieser Vorgang als **Deklination** bezeichnet.

Wortlehre

102

Kasus (Fall)	Kasusfrage	Beispiel
1. Fall: Nominativ	*Wer oder was?*	*der Mann, Pl. die Männer*
2. Fall: Genitiv	*Wessen?*	*des Mannes, Pl. der Männer*
3. Fall: Dativ	*Wem?*	*dem Mann, Pl. den Männern*
4. Fall: Akkusativ	*Wen oder was?*	*den Mann, Pl. die Männer*

Der Kasus kann am einfachsten bestimmt werden, wenn man mit dem ganzen Satz nach dem Nomen/Substantiv fragt.

*Der Buchhändler besucht **die Frankfurter Buchmesse.***
(Wen oder) was besucht er? Die Frankfurter Buchmesse = Akkusativ

Übung 5 Unterstreiche den Ausdruck „Rollerfahrer" und bestimme den Kasus durch entsprechendes Erfragen.

Beispiel: <u>Ein Rollerfahrer</u> fährt die Straße entlang. (Wer oder was fährt die Straße entlang? Nominativ)

Der Rollerfahrer will nach rechts abbiegen und gibt mit der Hand ein Zeichen. Eine Frau will die Straße überqueren. Sie übersieht das Zeichen des Rollerfahrers, läuft ihm in die Bahn und stürzt. Zum Glück erhebt sie sich schnell wieder und zeigt dem Rollerfahrer schimpfend ihren beschmutzten Mantel. Ein gerade vorbeikommender Polizist schreibt den Rollerfahrer auf.

BESONDERHEIT Nomen

Einige Nomen/Substantive haben keinen Plural.

Stoffe:	*Gold, Sand, Kohle* usw.
Sammelbegriffe:	*Obst, Vieh, Menschheit* usw.
Eigenschaften:	*Mut, Treue, Gehorsam* usw.
Eigennamen:	*Paderborn, Pader, Westfalen* usw.

Einige Nomen haben hingegen nur den Plural:

Personengruppen:	*Leute, Eltern, Geschwister* usw.
Zeitabschnitte:	*Ferien, Flitterwochen* usw.
Geografische Begriffe:	*Alpen, Karpaten, Niederlande* usw.
Krankheiten:	*Windpocken, Masern, Röteln* usw.
Sonstiges:	*Kosten, Spesen* usw.

Genus, Numerus und Kasus

103

Einige Nomen/Substantive können mit **verschiedenen Artikeln** benutzt werden und haben ein schwankendes Genus. Die **Bedeutung** bleibt aber **gleich:**

der/das Barock, der/das Biotop, der/das Bonbon, der/das Curry, der/das Dotter, der/das Gummi, der/das Liter, der/das Sims, der/das Virus, der/das Zepter:

Einige Nomen/Substantive haben zwar das **gleiche Genus,** aber eine **unterschiedliche Bedeutung.**

der Ball (Spielgerät, Tanzveranstaltung)
der Boxer (Tier, Sportler)
die Birne (Obst, Beleuchtung)
der Fingerhut (Pflanze, Nähgerät)
die Fliege (Tier, Kleidungsstück)
der Flügel (Körperteil vom Tier, Musikinstrument)
das Horn (Körperteil vom Tier, Musikinstrument)
der Hahn (Tier, Wasserhahn)
die Raupe (Tier, Fahrzeug)
der Schimmel (weißes Pferd, Pilz)
das Schloss (Gebäude, Verschluss)
der Ton (Bodenart, Schall)
der Zylinder (Kopfbekleidung, Teil des Motors)

Einige Nomen/Substantive lauten zwar **gleich** und haben auch das **gleiche Genus,** haben aber **im Plural eine unterschiedliche Art der Bildung und damit eine unterschiedliche Bedeutung.**

Singular: *die Bank*
Plural: *die Bänke* (Sitzgelegenheiten)
            die Banken (Geldinstitute)
            (Weitere Beispiele siehe Übersicht S. 104)

Einige Nomen/Substantive lauten zwar **gleich,** haben aber ein **unterschiedliches Genus** und **eine unterschiedliche Bedeutung.**

der Bulle (Stier) – *die Bulle* (Urkunde)
der Ekel (Gefühl) – *das Ekel* (widerlicher Mensch)
der Erbe (Person) – *das Erbe* (Nachlass)
der Harz (Gebirge) – *das Harz* (Pflanzenabsonderung)
der Heide (Ungläubiger) – *die Heide* (Landschaft)
der Kunde (Käufer) – *die Kunde* (Nachricht)
der Mast (Schiffsteil) – *die Mast* (Fütterung)
der See (Binnensee) – *die See* (Meer)
der Tau (Niederschlag) – *das Tau* (Seil)
der Teil (vom Ganzen) – *das Teil* (Anteil)
der Weise (Person) – *die Weise* (Melodie)

Wortlehre

Einige Nomen/Substantive haben verschiedene Pluralformen mit jeweils unterschiedlicher Bedeutung:

Singular	Plural	Singular	Plural
die Bank	die Bänke (Sitzgelegenheiten) die Banken (Geldinstitute)	der Strauß	die Strauße (Tiere) die Sträuße (Blumen)
der Mann	die Männer (Personen allgemein) die Mannen (Gefolgsleute)	das Tuch	die Tücher (einzelne Stoffstücke) die Tuche (Stoffarten)
die Mutter	die Mütter (Elternteil) die Muttern (Schrauben)	das Wort	die Wörter (einzelne) die Worte (Wörter im Sinnzusammenhang)
der Rat	die Räte (Institutionen) die Ratschläge (Vorschläge)		

Übung 4 Jemand, der die deutsche Sprache noch nicht so gut beherrscht, hat folgende Sätze formuliert. Verbessere die Fehler.

Beispiel: Die Bänke haben den Kreditsatz wieder erhöht. → die <u>Banken</u> ...

Die Aussteller hatten die Tische mit wundervollen Straußen geschmückt.
Vor dem Kindergarten warteten schon viele Muttern auf ihre Kinder.
In der Wäscherei werden viele Tuche gewaschen.
Beim Elternabend erschienen nicht nur Frauen, sondern auch Mannen.

Die verschiedenen Deklinationen der Nomen/Substantive

Starke, schwache und gemischte Deklination

Es gibt drei Arten der Deklination: **stark, schwach** (bzw. unregelmäßig) und **gemischt**.

Die verschiedenen Deklinationen der Nomen/Substantive

105

Ein maskulines Nomen/Substantiv wird stark dekliniert, wenn es im Genitiv Singular ein -s oder -es bekommt.

des Mannes, des Weg(e)s

Ein maskulines Nomen/Substantiv folgt der schwachen Deklination, wenn es im Singular bis auf den Nominativ und im Plural durchgehend ein -n oder -en erhält.

	Singular	Plural
Nominativ:	der Held	die Helden
Genitiv:	des Helden	der Helden
Dativ:	dem Helden	den Helden
Akkusativ:	den Helden	die Helden

Der gemischten Deklination folgen die Wörter, die im Singular stark, im Plural schwach dekliniert werden.

	Singular	Plural
Nominativ:	der Doktor	die Doktoren
Genitiv:	des Doktors	der Doktoren
Dativ:	dem Doktor	den Doktoren
Akkusativ:	den Doktor	die Doktoren

Ein feminines Nomen/Substantiv hat im Singular keine Endung. Folgt es der starken Deklination, endet es im Plural auf -e mit Umlaut, nur im Dativ zeigt es -(e)n.

	Singular	Plural
Nominativ:	die Nuss	Die Nüsse
Genitiv:	der Nuss	der Nüsse
Dativ:	der Nuss	den Nüssen
Akkusativ:	die Nuss	die Nüsse

Feminine Nomen/Substantive nach der schwachen Deklination enden im Plural durchgängig auf -(e)n.

	Singular	Plural
Nominativ:	die Frau	die Frauen
Genitiv:	der Frau	der Frauen
Dativ:	der Frau	den Frauen
Akkusativ:	die Frau	die Frauen

Neutrale Nomen/Substantive gehen grundsätzlich im Singular nach der starken Deklination, haben also ein -s im Genitiv. Im Plural beugen sie entweder stark auf -e oder -er

	Singular	Plural
Nominativ:	das Auge	die Augen
Genitiv:	des Auges	der Augen
Dativ:	dem Auge	den Augen
Akkusativ:	das Auge	die Augen

mit Umlaut oder schwach auf -en ohne Umlaut. Wörter, die im Singular stark und im Plural schwach dekliniert werden, rechnet man zur gemischten Deklination.

Wortlehre

Die Deklination von Fremdwörtern

Deklination einer Auswahl gebräuchlicher Fremdwörter

Genitiv Singular und Nominativ Plural auf -en	Genitiv Singular auf -s und Nominativ Plural auf -e		im Singular ohne Endung, im Nominativ Plural auf -n	im Singular ohne Endung, im Nominativ Plural auf -en
der Abonnent	der Admiral	das Archiv	die Akademie	die Bibliothek
der Agent	der Ballon	das Ballett	die Allee	die Delegation
der Akrobat	der Defekt	das Duell	die Bestie	die Demonstration
der Architekt	der Dekorateur	das Exemplar	die Debatte	die Expedition
der Artist	der Detektiv	das Experiment	die Demokratie	die Fraktion
der Astronom	der Dialekt	das Fundament	die Epidemie	die Garnitur
der Bandit	der Effekt	das Ideal	die Epoche	die Generation
der Brillant	der Export	das Inserat	die Garantie	die Hypothek
der Dirigent	der General	das Instrument	die Hymne	die Infektion
der Egoist	die Generale	das Komplott	die Idee	die Klinik
der Fantast	auch: Generäle	das Magazin	die Industrie	die Kreatur
der Favorit	der Katalog	das Medikament	die Katastrophe	die Nation
der Gratulant	der Konflikt	das Modell	die Sekte	die Notiz
der Hydrant	der Monolog	das Organ	die Sympathie	die Opposition
der Komet	der Ozean	das Original	die Szene	die Pension
der Monarch	der Passagier	das Patent	die Schablone	die Portion
der Optimist	der Prospekt	das Problem	die Sparte	die Qualität
der Paragraf	der Redakteur	das Programm	die Sphäre	die Ration
der Patient	der Talar	das Projekt	die Theorie	die Reform
der Patriot	der Tarif	das Referat	die Trophäe	die Region
der Philosoph	der Termin	das Symbol	die Type	die Republik
der Poet	der Viadukt	das System	die Zentrale	die Zensur
der Sozialist		das Temperament	die Zeremonie	
der Spekulant		das Testament	die Zisterne	
der Vagabund				

	im Genitiv Singular -s und	
im Nom. Plural ohne Endung	**im Plural -s**	**im Plural -en**
der Artikel	das Hotel	der Inspektor
das Exempel	der Karton	das (auch: der) Juwel
das Kapitel	der Salon	der Doktor
der Orden	das Silo	der Typ
der Partner	der Scheck	
das Theater	der Tank	
	der Waggon	

Die Bildung der Nomen/Substantive

Besondere Deklinationsformen weiterer Fremdwörter

das **Album** – des Albums – die Alben	das **Gymnasium** - des Gymnasiums - die Gymnasien	das **Material** – des Materials – die Materialien	der **Rhythmus** – des Rhythmus' – die Rhythmen
der **Atlas** – des Atlas/des Atlasses – die Atlasse/die Atlanten	das **Individuum** - des Individuums – die Individuen	das **Mineral** – des Minerals – die Mineralien	das **Schema** – des Schemas – die Schemata
der **Charakter** – des Charakters – die Charaktere	das **Komma** – des Kommas – die Kommata/die Kommas	das **Ministerium** – des Ministeriums – die Ministerien	das **Stadion** – des Stadions – die Stadien
das **Datum** – des Datums – die Daten	das **Konto** – des Kontos – die Kontos/die Konten/die Konti	das **Museum** – des Museums – die Museen	das **Stadium** – des Stadiums – die Stadien
das **Drama** – des Dramas – die Dramen	das **Laboratorium** – des Laboratoriums – die Laboratorien	der **Palast** – des Palastes – die Paläste	das **Studium** – des Studiums – die Studien
der **Etat** – des Etats – die Etats	das **Lexikon** – des Lexikons – die Lexikons/die Lexika	die **Praxis** – der Praxis – die Praxen	das **Thema** – des Themas – die Themen/die Themata
die **Firma** – der Firma – die Firmen	die **Madonna** – der Madonna – die Madonnen	das **Prinzip** – des Prinzips – die Prinzipien	das **Visum** – des Visums – die Visa
das **Genie** – des Genies – die Genies		das **Relief** – des Reliefs – die Reliefs/die Reliefe	das **Zentrum** – des Zentrums – die Zentren
der **Globus** – des Globus/des Globusses – die Globen/die Globusse			

Übung 6 Stark, schwach (bzw. unregelmäßig) oder gemischt? Bestimme bei den folgenden Nomen/Substantiven die Deklination.

Beispiel: Baum: starke Deklination (des Baum*es*)

Baum, Fahrer, Nacht, Wurst, Nase, Haar, Lamm, Auge, Pastor, Doktor, Motor

Die Bildung der Nomen/Substantive

➠ S. 18
Präfix, Suffix

Nomen/Substantive können auf verschiedene Weise gebildet werden: durch **Zusammensetzungen**, durch **Nominalisierung/Substantivierung** von Verben, Adjektiven und weiteren Wortarten, durch **vorangestellte Wortbausteine** (Präfixe) und **angehängte Wortbausteine** (Suffixe).

Zusammensetzungen: Das zweite Glied der Zusammensetzung ist der Grundbegriff, der durch das erste Glied genauer bestimmt wird. Man spricht auch von **Grundwort und Bestimmungswort**.

Wortlehre
108

Fachwerkhaus → Haus ist hier das Grundwort, es kann aber durch ein Bestimmungswort noch näher erklärt werden, wie hier durch *Fachwerk*. Möglich sind auch andere Bestimmungswörter, wie *Hoch(-haus)*, *Ackerbürger(-haus)* usw.

Als Bestimmungswort können unterschiedliche Wortarten (Nomen/Substantive, Adjektive ...) dienen.

Fensterglas	*Lesebuch*	*Rotlicht*	*Durchlauf*
Tellerwäscher	*Waschmaschine*	*Gelbfilter*	*Vorwurf*
Bilderrahmen	*Lachsack*	*Buntglas*	*Ansicht*

Nominalisierung/Substantivierung von Verben und Adjektiven

das Lesen	*das Schwarz*
das Putzen	*das Weite*
das Singen	*das Ferne*

➠ **S. 18**
Präfix

Vorangestellte Wortbausteine (Präfixe)

ge-: *Gelände, Gemeinde, Gelingen* u.a.
un-: *Unheil, Unglück, Undank* u.a.
miss-: *Missernte, Missbrauch, Missbildung* u.a.

➠ **S. 18**
Suffix

Angehängte Wortbausteine (Suffixe)

-heit:	*Christenheit, Bescheidenheit*
-keit:	*Heiterkeit, Schlechtigkeit*
-tum:	*Altertum*
-schaft:	*Leidenschaft*
-ung:	*Ernährung, Stärkung*
-nis:	*Hindernis*
-sal:	*Rinnsal*
-chen:	*Blümchen, Kindchen*
-el:	*Stängel, Bündel*

Übung 7 Bilde zusammengesetzte Nomen/Substantive und unterstreiche das Grundwort.

Beispiel: Wasser, das man trinken kann = Trink<u>wasser</u>

der Mond, der nur halb zu sehen ist; der Garten vor dem Haus; ein Buch für das Fach Deutsch; eine Uhr, die man in der Tasche trägt; Flecke von Schimmel; ein Weg für Fußgänger; ein Messer, mit dem man Obst schneidet

Übung 8 Verbinde folgende Grundwörter mit passenden Bestimmungswörtern:

Beispiel: Schlüssel: Haustürschlüssel

Schlüssel, Finger, Dach, Kette, Fenster, Schirm, Zimmer, Schiff, Baum

Die Bildung der Nomen/Substantive

Übung 9 Tausche bei den folgenden Wörtern Grundwort und Bestimmungswort aus. Beschreibe, wie in dem folgenden Beispiel, die Änderung des Wortsinns

Beispiel: Kernobst = Obst mit Kernen wie Äpfel, Pfirsiche usw., aber Obstkern = der Kern im Obst

Blumentopf
Kräutertee
Nachbarhaus
Bohnenkaffee
Giftschlange

Übung 10 Schreibe aus dem folgenden Text die unterstrichenen Nomen/Substantive heraus und bestimme Kasus, Numerus und Genus.

Beispiel: Mädchen = Nominativ, Singular, Neutrum

Berlin 1920 bis 1930: „Anspruchsvolle Mädchen"

„Die Mädchen sind so anspruchsvoll geworden", hört man allerorten von den jüngeren, älteren und ganz alten Damen. Und dann sagen die älteren und die ganz alten Damen: „Sehen Sie nur das anspruchsvolle Mädchen, die seidenen Strümpfe, und alle acht Tage geht die zum Friseur und lässt sich die Haare brennen. Wir trugen selbstgestrickte oder baumwollene Strümpfe, und häufiger Besuch des Friseurs war das Zeichen eines gesicherten Wohlstands oder galt als unsolide. Von seidenen Strümpfen gar nicht zu reden." Und trotz alledem und trotz allem Gerede sind die Mädchen bescheidener geworden, wie alle Lebensansprüche überhaupt geringer geworden sind. Die Zweizimmerwohnung, allerhöchstens die Dreizimmerwohnung, ist die übliche Basis für das junge Ehepaar. Wenige und kleine Möbel sind nicht nur Mode, sondern ebenfalls ein Ausdruck für die Bescheidenheit der Zeit. Mit einer Couch und einem Gummibaum ist man schon komplett. [...]

(Aus: Gabriele Tergit: Atem einer anderen Welt. Berliner Reportagen. Frankfurt/Main: Suhrkamp Taschenbuch Verlag, 1994, S. 45)

Das Pronomen (Fürwort)

Das Pronomen (Pl. Pronomina) steht meistens stellvertretend **für** ein Nomen (= Substantiv), daher auch die deutsche Bezeichnung **Fürwort**.

*Die **Mutter** holt ihren **Sohn** ab.* → ***Sie** holt **ihn** ab.*

Pronomen können auch ein Nomen/Substantiv begleiten, auf dieses hinweisen, danach fragen oder sich darauf beziehen.

*Mein Auto ist **dieses**. **Wer** möchte es **sich** ansehen?*

Wortlehre

Die unterschiedlichen Pronomen im Überblick

Personalpronomen (persönliches Fürwort)	ich, du ...
Possessivpronomen (besitzanzeigendes Fürwort)	mein, dein ...
Demonstrativpronomen (hinweisendes Fürwort)	dieser, jener ...
Relativpronomen (bezügliches Fürwort)	der, welcher ....
Reflexivpronomen / rückbezügliches Fürwort)	sich, mich ...
Interrogativpronomen (fragendes Fürwort)	wer? was? ...
Indefinitpronomen (unbestimmtes Fürwort)	jemand, man ...

Das Personalpronomen (persönliches Fürwort)

S. 34
Personalformen des Verbs

Das Personalpronomen steht **stellvertretend** für eine Person oder Sache.
Der Lehrer übergibt das Abschlusszeugnis. → *Er übergibt es.*

Mit den Personalpronomen werden auch die Personalformen eines Verbes gebildet (ich gehe, du gehst ...) Es gibt im Singular und im Plural je drei Personen:

	Sg.	Pl.
die sprechende Person (1. Person)	ich	wir
die angesprochene Person (2. Person)	du	ihr
die besprochene Person (3. Person)	er, sie, es	sie

> **BESONDERHEIT** Vertrauliche und höfliche Anrede

Die Personalpronomen du und ihr stellen die vertrauliche Form der Anrede dar. Die höfliche Form der Anrede ist die Form *Sie*.

Das Possessivpronomen (besitzanzeigendes Fürwort)

Die Deklination der Personalpronomen

		Nominativ	Genitiv	Dativ	Akkusativ
Singular	1	ich	meiner	mir	mich
	2	du	deiner	dir	dich
	3	er, sie, es	seiner, ihrer, seiner	ihm, ihr, ihm	ihn, sie, es
Plural	1	wir	unser	uns	uns
	2	ihr	euer	euch	euch
	3	sie	ihrer	ihnen	sie
höfliche Anrede		Sie	Ihrer	Ihnen	Sie

Übung 1 Ersetze in den folgenden Sätzen Personen und Sachen/Gegenstände durch ein passendes Personalpronomen.

Beispiel: Der Schüler vergisst seine Sportsachen. → Er vergisst sie.

1. Das Haus gehört schon lange der Familie Bayerhammer.
2. Die Bäuerin verkauft Gemüse.
3. Das Unternehmen entlässt viele Mitarbeiter.
4. Die Erzieherin liest das Buch vor.
5. Das Bild hängt schon lange schief.
6. Das Auto gehört dem Mann.

Das Possessivpronomen (besitzanzeigendes Fürwort)

Das Possessivpronomen gibt die Zugehörigkeit von Sachen oder Personen an. Zumeist steht es **vor** dem Nomen/Substantiv, auf das es sich bezieht.

mein Haus   *unser Haus*
dein Haus   *euer Haus*
sein Haus   *ihr Haus*

Es gibt zu jedem Personalpronomen ein passendes Possessivpronomen.

Personalpronomen *wir* → Possessivpronomen *unser, unsere*

Wortlehre

Die Deklination der Possessivpronomen

Personal-pron.	Kasus	Singular			Plural
		Maskulinum	Femininum	Neutrum	Mask., Fem., Neutr.
1. Pers.	Nominativ	mein (Hund)	meine (Maus)	mein (Pferd)	meine (Hunde, Mäuse, Pferde)
ich	Genitiv	meines	meiner	meines	meiner
	Dativ	meinem	meiner	meinem	meinen
	Akkusativ	meinen	meine	mein	meine
2. Pers.	Nominativ	dein	deine	dein	deine
du	Genitiv	deines	deiner	deines	deiner
	Dativ	deinem	deiner	deinem	deinen
	Akkusativ	deinen	deine	dein	deine
3. Pers.	Nominativ	sein	seine	sein	seine
er, es	Genitiv	seines	seiner	seines	seiner
	Dativ	seinem	seiner	seinem	seinen
	Akkusativ	seinen	seine	sein	seine
3. Pers.	Nominativ	ihr	ihre	ihr	ihre
sie	Genitiv	ihres	ihrer	ihres	ihrer
	Dativ	ihrem	ihrer	ihrem	ihren
	Akkusativ	ihren	ihre	ihr	ihre
1. Pers.	Nominativ	unser	unsere	unser	unsere
wir	Genitiv	unseres	unserer	unseres	unserer
	Dativ	unserem	unserer	unserem	unseren
	Akkusativ	unseren	unsere	unser	unsere
2. Pers.	Nominativ	euer	eure	euer	eure
ihr	Genitiv	eures	eurer	eures	eurer
	Dativ	eurem	eurer	eurem	euren
	Akkusativ	euren	eure	euer	eure
3. Pers.	Nominativ	ihr	ihre	ihr	ihre
sie	Genitiv	ihres	ihrer	ihres	ihrer
	Dativ	ihrem	ihrer	ihrem	ihren
	Akkusativ	ihren	ihre	ihr	ihre

Zu den Possessivpronomen gibt es ebenfalls eine Höflichkeitsform, die groß-geschrieben wird.

*Wir werden uns um **Ihr** Anliegen kümmern.*

Übung 2 Setze passende Possessivpronomen in die Lücken. Es sind jeweils mehre-re Varianten möglich. Wähle davon zwei aus.

Beispiel: Übermorgen hat <u>meine/eure</u> Schwester Geburtstag.

1. Am Wochenende nehme ich _____ Fahrrad und fahre zu _____ Tante.
2. _____ Regale müssen aufgebaut werden.
3. _____ Haus ist im Besitz _____ Onkels.
4. _____ neues Kleid liegt noch in _____ Plastiktüte.
5. Der Pullover _____ Freundes liegt noch auf _____ Kommode.

Das Demonstrativpronomen (hinweisendes Fürwort)

Demonstrativpronomen **weisen** auf eine Person, einen Gegenstand oder Sachverhalt **hin.** Sie stehen entweder als Begleiter **vor einem Nomen/Substantiv** oder auch **für ein Nomen/Substantiv.**

Diese Tapete gefällt mir am besten.
Diese gefällt mir am besten.

Man unterscheidet folgende Demonstrativpronomen:
der, die, das; dieser, diese dieses; jener, jene, jenes; solcher, solche, solches; solch ein, solch eine, solch ein; derselbe, dieselbe, dasselbe; derjenige, diejenige, dasjenige; selbst, selber

1. der, die, das
Als Demonstrativpronomen werden „der, die, das" besonders betont und unterscheiden sich so vom Artikel.
***Der** (Mann) hat den Diebstahl begangen.*

2. dieser, diese, dieses
Die Demonstrativpronomen weisen betonter auf etwas hin, als „der, die, das".
***Diese** Schülerin ist ungewöhnlich still.*

3. jener, jene, jenes
Diese Demonstrativpronomen werden benutzt, wenn der Sprecher von einer Person oder Sache Abstand halten will oder diese örtlich oder zeitlich weit entfernt liegen.
*Mit **jenen** Gaunern habe ich nichts gemeinsam.*
*In **jener** fernen Stadt machte er seine Geschäfte.*

4. solcher, solche, solches – solch ein, solch eine, solch ein
Mit diesen Demonstrativpronomen wird auf die besondere Art einer Person oder Sache hingewiesen.
***Solche** Lebensmittel sollten nicht mehr verzehrt werden.*
***Solch eine** Mitarbeiterin habe ich mir immer gewünscht.*

Wortlehre

114

5. derselbe, dieselbe, dasselbe
Diese Demonstrativpronomen weisen auf eine bekannte oder bereits genannte Person oder Sache hin.
*Er trägt immer **dieselbe** Uniform.*
*Wir möchten wieder von **derselben** Verkäuferin bedient werden.*

6. derjenige, diejenige, dasjenige
Mit diesen Demonstrativpronomen wird sehr häufig eine Person oder Sache gekennzeichnet, die im weiteren Satzzusammenhang näher erklärt wird. Zumeist folgt dann ein Relativsatz.
*Ich suche **denjenigen**, der gestern Zeuge des Unfalls war.*

⟩⟩ **S. 221**
Relativsatz

7. selbst, selber
Diese Demonstrativpronomen werden nur in Verbindung mit Personalpronomen oder Nomen/Substantiven gebraucht.
*Wir **selbst** glauben nicht an seine Schuld.*
*Annika **selber** muss die Angelegenheit erklären.*

Die Deklination des Demonstrativpronomens (mit einem Nomen/Substantiv)

Kasus	Singular			Plural
	Maskulinum	**Femininum**	**Neutrum**	**Mask., Fem., Neutr.**
Nominativ	dieser Weg	diese Wiese	dieses Land	diese Wege, Wiesen, Länder
Genitiv	dieses Weges	dieser Wiese	dieses Landes	dieser Wege, Wiesen, Länder
Dativ	diesem Weg	dieser Wiese	diesem Land	diesen Wegen, Wiesen, Ländern
Akkusativ	diesen Weg	diese Wiese	dieses Land	diese Wege, Wiesen, Länder

Übung 3 Bilde Sätze mit folgenden Demonstrativpronomen: dieselbe, derjenige, selbst, jenes, dieser, solche.

Beispiel: Heute hat mich dieselbe Verkäuferin bedient wie gestern.

Das Relativpronomen (bezügliches Fürwort)

S. 221 Relativsatz
S. 226 Attributsatz

Das Relativpronomen bezieht sich auf ein Nomen/Substantiv im übergeordneten Satz. Es leitet einen Nebensatz (Relativsatz/Attributsatz) ein, der durch Komma vom Hauptsatz abgetrennt ist. Als Relativpronomen werden *der, die, das; welcher, welche, welches; wer, was* benutzt.

Das Pronomen bezieht sich
- auf ein **Nomen/Substantiv** des übergeordneten Satzes,
- auf ein **Pronomen** des übergeordneten Satzes,
- auf den **gesamten übergeordneten Satz**.

*Das Buch, **das** du mir geliehen hast, ist spannend.* (Bezug auf ein Nomen/Substantiv)
*Das, **was** du mir gesagt hast, bringt mich nicht weiter.* (Bezug auf ein Pronomen)
*Er hat genau gehört, **was** du gesagt hast.* (Bezug auf den gesamten Satz)

Die Deklination des Relativpronomens der, die, das

Das Relativpronomen **der, die, das** wird anders dekliniert als der Artikel.

Kasus	Singular			Plural
	Maskulinum	Femininum	Neutrum	alle Genera
Nominativ	der	die	das	die
Genitiv	dessen	deren	dessen	deren
Dativ	dem	der	dem	denen
Akkusativ	den	die	das	die

Übung 4 Setze die Formen des Relativpronomens ein.

Beispiel: Das Außenministerium, das heute die neue Vorgehensweise vorstellte, wurde von der Opposition kritisiert.

Politikverdrossenheit
1. Der Bürgermeister, _____ wir gewählt haben, ist auch Vorsitzender in vielen Vereinen.
2. Der Abgeordnete, _____ die Eigentumswohnung in Berlin gehörte, kam nur noch selten, um seinen Wahlkreis zu besuchen.

Wortlehre

3. Das ist der Fraktionsvorsitzende, _____ man gestern eine Verstrickung in die Spendenaffäre nachweisen konnte.
4. Die Städte, _____ viele Theater finanzieren müssen, beschließen oftmals, den Kulturetat einzufrieren oder zurückzufahren.
5. Den Städten, _____ Sehenswürdigkeiten aufwändig restauriert werden müssen, fehlt oftmals das Geld für andere wichtige Maßnahmen.

Übung 5 Das Relativpronomen muss sich immer eindeutig auf ein vorangegangenes Nomen/Substantiv, Pronomen oder einen Satz beziehen. Im Folgenden sind die Bezüge nicht eindeutig. Verbessere die Sätze.

Beispiel: Die Leitung unserer neuen Filiale hat Frau Demir übernommen, die eine Verkaufsfläche von 500 m² hat. → Die Leitung unserer neuen Filiale, die eine Verkaufsfläche von 500 m² hat, hat Frau Demir übernommen.

1. Die Übersicht erhalten Sie von unserer Frau Buddensiek, die gerade erst entwickelt wurde.
2. Peter hat seinen Chef schon angerufen, der vorsichtshalber um schriftliche Bestätigung bat.
3. Der Fotokopierer steht im Flur, der gerade neu gekauft wurde.
4. Das Kind hat ein Bild gemalt, das gerne mit Farbe kleckst.
5. Der Hund wedelte schuldbewusst mit dem Schwanz, der sein Herrchen gebissen hatte.

Das Reflexivpronomen (rückbezügliches Fürwort)

Das Reflexivpronomen bezieht sich im Allgemeinen **zurück** auf das Subjekt des Satzes, das über die **handelnde Person** oder den genannten Gegenstand informiert.

➔ S. 22f.
reflexive Verben

*Renate zieht **sich** an.* (sich = Reflexivpronomen)

Es ist auch möglich, dass sich das Reflexivpronomen auf ein Akkusativobjekt zurückbezieht.

*Die Forderung des Rechtsanwaltes brachte den Vermieter außer **sich**.*

➔ S. 24
reziproke Verben

Wenn in einem Satz mehrere Handelnde vorkommen, kann durch die entsprechenden Formen des Reflexivpronomens oder *einander* auch eine **gegenseitige Bezüglichkeit** ausgedrückt werden.

*Die beiden Busfahrer wichen **einander** aus.*

Die Deklination des Reflexivpronomens

Reflexivpronomen erscheinen im Satzzusammenhang überwiegend im Dativ oder Akkusativ. Der Genitiv kommt selten vor. Der Nominativ entfällt.

Kasus	Singular		
	1. Person	2. Person	3. Person
Nominativ	–	–	–
Genitiv	meiner	deiner	seiner selbst (ihrer selbst)
Dativ	mir	dir	sich
Akkusativ	mich	dich	sich

Kasus	Plural		
	1. Person	2. Person	3. Person
Nominativ	–	–	–
Genitiv	unser	euer	ihrer selbst
Dativ	uns	euch	sich
Akkusativ	uns	euch	sich

Übung 6 Ergänze die folgenden Sätze:

Beispiel: Ich gönne es mir.

Du gönnst es _____.
Er/sie/es gönnt es _____.
Wir gönnen es _____.
Ihr gönnt es _____.
Sie gönnen es _____.

Das Interrogativpronomen (fragendes Fürwort)

Mit Interrogativpronomen werden Fragen nach einer Person, einer Sache oder einem Vorgang eingeleitet. Sie können als
– **Stellvertreter** für ein Nomen/Substantiv *(Wer gibt mir seinen Taschenrechner?)*

Wortlehre

118

➠ S. 211f.
Interrogativ-
satz

– oder als **Begleiter** vor einem Nomen/Substantiv stehen. *(Welchen Taschen-rechner empfehlen Sie?)*

Man unterscheidet folgende Interrogativpronomen:
– wer? was?
– welcher? welche? welches? (welch ein? welch eine? welch ein?)
– was für ein? was für eine?

1. Das Pronomen **wer** fragt nach Lebewesen.

Wer kommt mit ins Freibad?

2. Das Pronomen **was** fragt nach Gegenständen, Handlungen oder Vorgängen.

Was habt ihr heute im Freibad gemacht?

3. Mit den Pronomen **welcher, welche, welches** wird nach Personen oder Sachen gefragt, die zu einer Gruppe gehören.

Welche Kinder waren mit im Freibad?

4. Bei Ausrufen verwendet man auch das Pronomen **welcher, welche, welches.** Zwischen Pronomen und Nomen/Substantiv tritt dann häufig ein unbestimmter Artikel.

Welch ein (welches) Vergnügen!

5. Mit dem Pronomen **was für ein** fragt man nach der Beschaffenheit eines Gegenstandes oder eines Lebewesens.

Was für ein Material ist für die Herstellung des Badeanzugs verwendet worden?

➠ S. 158
Interrogativ-
adverbien

Andere Fragewörter wie z.B. wann?, weshalb?, wie?, wo? usw. sind **keine Interrogativpronomen,** denn sie ersetzen kein Nomen/Substantiv. Diese Fragewörter bezeichnet man als Frageadverbien.

Die Deklination des Interrogativpronomens wer?, was?

Kasus	Singular und Plural		
	Maskulinum	**Femininum**	**Neutrum**
Nominativ	wer?	wer?	was?
Genitiv	wessen?	wessen?	wessen?
Dativ	wem?	wem?	wem?
Akkusativ	wen?	wen?	was?

Die Deklination des Interrogativpronomens welcher?, welche?, welches?

Kasus	Singular			Plural
	Maskulinum	Femininum	Neutrum	
Nominativ	welcher?	welche?	welches?	welche?
Genitiv	welchen?	welcher?	welchen?	welcher?
Dativ	welchem?	welcher?	welchem?	welchen?
Akkusativ	welchen?	welche?	welches?	welche?

Übung 7 Formuliere Fragen nach den unterstrichenen Satzteilen.

Beispiel: Sie wusste, … → Wer wusste, dass mein Leben im Sommer nicht mehr nur um sie, die Schule und das Lernen kreiste?

Im Sommer

[…] Sie wusste, dass mein Leben im Sommer nicht mehr nur um sie, die Schule und das Lernen kreiste. Immer öfter kam ich, wenn ich am späten Nachmittag zu ihr kam, aus dem Schwimmbad. Dort trafen sich die Klassenkameradinnen und -kameraden, machten zusammen Schulaufgaben, spielten Fuß- und Volleyball und Skat und flirteten. Dort fand das gesellschaftliche Leben der Klasse statt, und es bedeutete mir viel, dabei zu sein und dazuzugehören. Dass ich, je nach Hannas Arbeit, später als die anderen kam oder früher ging, war meinem Ansehen nicht abträglich, sondern machte mich interessant. […]
(Aus: Bernhard Schlink: Der Vorleser, Zürich: Diogenes Verlag 1995)

Das Indefinitpronomen (unbestimmtes Fürwort)

Indefinitpronomen bezeichnen ganz allgemein und unbestimmt Personen oder Sachen. Der Sprecher benutzt sie, wenn er ein Lebewesen, eine Sache, eine Gruppe usw. nicht genauer bezeichnen will oder kann oder wenn er eine begrenzte Menge unbestimmt charakterisieren will. Indefinitpronomen sind entweder Stellvertreter oder Begleiter eines Nomens/Substantivs.

Man sagt, er sei ein guter Schreiner. (Stellvertreter)
Sämtliche Besucher gingen um 22.00 Uhr. (Begleiter)

Die wichtigsten Indefinitpronomen sind:
man, jemand, niemand, einer (in der Bedeutung man, jemand), keiner, jeder, jeglicher, mancher, einige, ein paar, all/alle, sämtliche, wenige, etliche, etwas, nichts.

Wortlehre

120

Die Deklination der Indefinitpronomen jemand, niemand, keiner

Kasus	Indefinitpronomen		
Nominativ	jemand	niemand	keiner
Genitiv	jemandes	niemandes	keines
Dativ	jemand(em)	niemand(em)	keinem
Akkusativ	jemand(en)	niemand(en)	keinen

➡ S. 138ff.
Numeralien

Häufig fällt eine Unterscheidung von Indefinitpronomen und unbestimmten Numeralien (Zahlwörtern), z.B. *viele, andere,* schwer.
Eine Unterscheidung ist dadurch möglich, dass die Indefinitpronomen nicht artikelfähig sind, d.h., man kann sie nicht mit einem Artikel benutzen.

Die vielen Sterne leuchteten. (unbestimmtes Numeral)

Einige Schüler verstanden nichts. (Indefinitpronomen; nicht möglich: *die einigen Schüler*)

Übung 8   Unterstreiche in dem folgenden Text die Indefinitpronomen.

Beispiel: <u>Alle</u> Zuhörer waren begeistert.

Das Konzert

Alle Zuhörer waren begeistert. Jedermann klatschte, ein paar jubelten geräuschvoll und mehrere riefen laut den Namen des Pianisten. Langsam erhoben sich einige, kurze Zeit später standen sämtliche Zuhörer und spendeten frenetischen Beifall. Niemand – auch die Presse nicht – äußerte ein Wort der Kritik. Mancher sprach von einem Jahrhundertereignis.

Übung 9   Schreibe den folgenden Text ab und bestimme die Pronomen.

Beispiel: Er (Pers.-Pr.) mäht ihren (Poss.-Pr.) Rasen ...

Er kommt, wann er will

Herr Bartels hilft der alten Frau Meier. Er mäht den Rasen und schneidet ihre Bäume, denn er ist der, der jünger und kräftiger ist. Das macht er einmal im Monat. An welchem Tag und wann er kommt? Das weiß niemand, denn er kommt, wann er will.

Das Indefinitpronomen (unbestimmtes Fürwort)

121

Übung 10 Unterstreiche in dem folgenden Text die Pronomen, schreibe sie heraus und bestimme sie.

Beispiel: [..] Ein Philosoph versucht, wie gesagt, <u>etwas</u> (Indefinitpronomen) ...

Sofies Welt

[...] Ein Philosoph versucht, wie gesagt, etwas zu fassen zu bekommen, was ewig und unveränderlich ist. Es hätte zum Beispiel wenig Sinn, eine philosophische Abhandlung über das Dasein einer ganz bestimmten Seifenblase zu schreiben. Erstens würde man sie wohl kaum richtig untersuchen können, ehe sie plötzlich verschwunden wäre. Zweitens wäre es wahrscheinlich schwierig, eine philosophische Abhandlung über etwas, das niemand gesehen und das wenige Sekunden existiert hat, zu verkaufen.[...]

(Aus: Jostein Gaarder: Sofies Welt, dtv-Verlag 2000, S. 106)

Übung 11 Unterstreiche in dem folgenden Text mindestens zehn Pronomen und bestimme sie.

Beispiel: Z. 1: was: Interrogativpronomen

Auf dem Weg zu einer europäischen Identität?

Was könnte die Basis einer europäischen Identität sein, sollte sich eine solche je herausbilden?
Hervorzuheben ist zunächst, wie sehr die Europäer den Glauben an die Demokratie teilen. Eine beträchtliche Mehrheit in jedem Land unterstützt die Aussage, dass sie „immer das beste politische System" ist. Ähnlich viele unterstützen Grundrechte wie Meinungs- und Religionsfreiheit, Gleichheit vor dem Gesetz und Eigentumsrechte, Informationsfreiheit und Persönlichkeitsschutz. Nur bei dem kontroversen Thema Asyl besteht kein Konsens. Besonders diejenigen Länder, die der Wucht der letzten Flüchtlings- und Einwanderungswellen ganz besonders ausgesetzt waren, sind wenig geneigt, weitere zu akzeptieren. Doch auch sie wollen mehrheitlich Ausländerrechte nicht weiter einschränken.
Ferner treten sie für Umweltschutz ein sowie für den Wohlfahrtsstaat, wie er sich im Recht auf Arbeit und in der europäischen Sozialcharta ausdrückt.
Wenn auch das vorhandene Datenmaterial nicht erschöpfend ist, so scheint es doch unter den Europäern gemeinsame Wertschätzungen zu geben, auf denen eine stärkere gemeinschaftliche Politik aufbauen könnte. Das heißt nicht, dass die nationalen „Gefühlshaushalte" in den westeuropäischen Ländern übereinstimmen. Sie unterscheiden sich z.B. bei Einstellungen zur Arbeit, zur Familie oder zu geistlichen Fragen. Dennoch kann man annähernd identische Auffassungen in wichtigen Wirtschaftsfragen und hinsichtlich der Rolle des Gemeinwesens erkennen, auf denen eine gemeinschaftliche Politik aufbauen könnte.

(Nach: Stefan Immerfall/Andreas Sobisch: Europäische Integration und europäische Identität, in: APUZ, 28.02.1997, S. 34f.)

Das Adjektiv

Die Funktion des Adjektivs

Das **Adjektiv** dient dazu, einem Wesen oder einem Gegenstand **eine Eigenschaft zuzuschreiben:**
*der **bunte** Regenbogen*
*Jonas ist **nett**.*

Es beschreibt darüber hinaus Tätigkeiten, Vorgänge und Zustände.
*Johanna wartete **ungeduldig** auf ihre Prüfungsergebnisse.*

Auch zur Kennzeichnung einer besonderen Eigenart einer Eigenschaft gebraucht man das Adjektiv.
*Der **schön** geschmückte Tannenbaum sah sehr festlich aus.*

 Unterstreiche in dem folgenden Text alle Adjektive.

Sterne

In einer klaren, mondlosen Nacht kann man mit dem bloßen Auge rund 2000 Sterne erkennen – schon mit einem guten Fernglas oder einem kleinen Teleskop dagegen Hunderttausende. Abgesehen von den Planeten wie Venus oder Jupiter sind alle diese Sterne ferne Sonnen, die so weit weg sind, dass sie nur als kleine Lichtpunkte am Nachthimmel erscheinen. Viele von ihnen sind in Wirklichkeit viel heller als unsere Sonne, andere strahlen nur wenig Licht ab. Sterne sind große, heiße Lichtkugeln. In ihrem Inneren ist die Temperatur so hoch, dass dort Kernfusion stattfinden kann. Dabei werden ungeheure Energiemengen frei.
Alle Sterne bewegen sich mit unvorstellbaren Geschwindigkeiten durchs All. Diese Bewegungen sind aber für das menschliche Auge unsichtbar. Die fernen Sonnen werden auch Fixsterne genannt, da man früher glaubte, sie seien am Himmel festgemacht (fixiert) und deshalb bewegungslos.
Sterne haben nur einen begrenzten Brennstoffvorrat und können daher nicht ewig leuchten. Ist der Vorrat verbraucht, verlöschen sie. Es können sich aber immer wieder neue Sterne bilden. Sie entstehen aus großen kosmischen Wolken aus Gas und Staub.

(Nach: Übellacker, Erich: Unser Kosmos. An den Grenzen von Raum und Zeit. Aus: Was ist was? Nürnberg: Tesloff Verlag 1999, S. 7–9)

Der Gebrauch des Adjektivs

Das Adjektiv kann in der deutschen Sprache auf unterschiedliche Art und Weise gebraucht werden. Es hat innerhalb eines Satzes unterschiedliche Erscheinungsformen und Funktionen. Man unterscheidet die folgenden Gruppen: **attributiver** Gebrauch, **prädikativer** Gebrauch, **adverbialer** Gebrauch und **nominalisierter** (substantivierter) Gebrauch.

Der attributive Gebrauch beim Nomen/Substantiv

Adjektive können zusammen mit einem Nomen/Substantiv eine Einheit bilden. Das bei einem Nomen/Substantiv **attributiv** gebrauchte Adjektiv wird in der Regel **flektiert (gebeugt).** Es steht fast immer vor dem Nomen/Substantiv und kennzeichnet dieses näher.

*Als **ausgezeichnete** Sportlerin weiß sie um die Mühen des Erfolges.*
*Der **langweilige** Kinofilm hat mir den ganzen Abend verdorben.*
*Dieser **schöne** Sommer soll nie vorübergehen.*

> **BESONDERHEIT** Unflektiertes Adjektiv

Das attributiv bei einem Nomen/Substantiv gebrauchte Adjektiv kann auch unflektiert vor oder hinter dem Nomen/Substantiv stehen. Diese Ausnahmen lassen sich zumeist auf einen alten Sprachgebrauch zurückführen, zeigen sich in feststehenden Redewendungen oder im Sprachgebrauch der Werbung.

lieb Kind, gut Freund, ruhig Blut, Schauma mild, Henkel trocken

Darüber hinaus bleiben einige Farbadjektive ungebeugt. Zur Vermeidung unflektierter Formen greift man hier aber oft auf Zusammensetzungen mit -farben/-farbig zurück.

*die **orange** Farbe / ein **orangefarbiges** Kleid*

Der attributive Gebrauch beim Adjektiv oder Adverb

Man spricht auch vom attributiven Gebrauch, wenn Adjektive Eigenschaften von Adjektiven oder Adverbien kennzeichnen. Das Adjektiv steht dann **unflektiert**.

*Es wehte den ganzen Tag ein **hässlich** kalter Wind.*
*Die Kirche liegt **weit** oben.*

Der prädikative Gebrauch beim Nomen/Substantiv

S. 198
Prädikativum

Das **prädikativ** bei einem Nomen/Substantiv gebrauchte Adjektiv bezieht sich auf das Nomen/Substantiv, steht aber in enger Verbindung zum Verb. Man bezeichnet diese Verbindung als **prädikatives Adjektiv**. Es bleibt **unflektiert**. Besonders häufig treten prädikative Adjektive in Verbindung mit dem Hilfsverb **sein** auf.

*Ihr Lachen ist **schön**.*
*Der Film ist **spannend**.*

Daneben können aber auch die Verben **werden, bleiben, wirken, finden, scheinen** prädikative Adjektive bei sich haben.

*Die Prüflinge wirkten **nervös**, als sie sich ihren Aufgaben zuwandten.*

Der adverbiale Gebrauch beim Verb

S. 199ff.
Adverbiale

Das **adverbial bei einem Verb** gebrauchte Adjektiv charakterisiert mit Verben ausgedrückte Vorgänge, Tätigkeiten, Handlungen und Zustände näher. Es steht **unflektiert** im Satz und bildet ein eigenes Satzglied.

*Carla überlegt **gründlich**.*
*Johanna liest **unermüdlich**.*

Schwebende Zugehörigkeit: prädikativ oder adverbial?

Der prädikative und der adverbiale Gebrauch des Adjektivs lassen sich nicht immer genau voneinander abgrenzen.

*Anke stellte **wütend** den Fernseher aus.*

Das Adjektiv *wütend* lässt sich auf das Subjekt *Anke* beziehen und wäre damit prädikativ gebraucht.

Wütend kann aber auch auf das Prädikat *stellte aus* bezogen werden und ist damit adverbial verwendet.

*Anke **stellte wütend** den Fernseher **aus**.*

Nominalisierte (substantivierte) Adjektive

Fast alle **Adjektive** können im Satz **als Nomen/Substantiv gebraucht** werden. Man bezeichnet sie dann als **nominalisiert** (substantiviert) und schreibt sie

Der Gebrauch des Adjektivs

125

groß. Ein nominalisiertes/substantiviertes Adjektiv lässt sich an folgenden Merkmalen erkennen:

– an einem vorausgehenden **Artikel:** *Das Schönste am Sommer sind die langen hellen Nächte.*

– an einer Präposition mit eingeschlossenem Artikel: *Sie war sich darüber **im** Klaren.*

– an einem vorangestellten **Pronomen:** *Sie gab **ihr** Bestes.*

– oder an einer **Mengenangabe:** *Trotz intensiver Recherche erbrachten die Ermittlungen **nichts** Neues.*

Übung 2 Der folgende Text enthält viele Adjektive und Partizipien, die wie ein Adjektiv gebraucht werden. Unterstreiche diese und schreibe in die Klammer, ob diese attributiv, prädikativ, adverbial oder nominalisiert gebraucht werden.

Beispiel: Der Mai in Ayemenem ist ein <u>heißer</u>, <u>brütender</u> Monat. (attributiv, attributiv)

Die Tage sind lang und feucht. (_____)
Der Fluss schrumpft und schwarze Krähen laben sich an leuchtenden Mangos in reglosen, staubgrünen Bäumen. (_____)
Jackfrüchte platzen auf. Schmeißfliegen brummen stumpfsinnig in der nach Früchten duftenden Luft. (_____ / _____)
Dann prallen sie gegen Fensterscheiben und sterben verdutzt in der Sonne. (_____)
Die Nächte sind klar, jedoch durchdrungen von Trägheit und dumpfer Erwartung. (_____)
Anfang Juni setzt dann der Südwestmonsun ein. (...) Die Landschaft wird schamlos grün. Grenzmarkierungen verwischen, wenn Tapiokazäune Wurzeln schlagen und Blüten treiben. (_____)
Ziegelmauern werden moosgrün. Pfeffersträucher winden sich an den Strommasten empor. Rabiate Kriechpflanzen sprengen den Lateritboden und schlängeln sich über die überschwemmten Straßen. (_____)
Es regnete, als Rahel nach Ayemenem zurückkehrte.
Das alte Haus auf dem Hügel trug sein steiles Giebeldach tief über die Ohren gezogen wie einen Hut. (_____)
Im wilden, wuchernden Garten wisperten und raschelten kleine Lebewesen. (_____)
Eine Rattenschlange rieb sich im Unterholz an einem glänzenden Stein. (_____)
Ein durchnässter Mungo flitzte über die mit Laub bedeckte Einfahrt. (_____)
Das Haus wirkte verlassen. (_____) (...)

(Aus: Roy, Arundhati: Der Gott der kleinen Dinge. München: Karl Blessing Verlag, 11. Aufl. 1997, S.9–10)

Wortlehre

Übung 3 Groß oder klein? Streiche den jeweils falschen Anfangsbuchstaben durch.

Beispiel: Alle Mitarbeiter und Mitarbeiterinnen müssen ihr B/~~b~~estes geben, um das Projekt zu einem ~~E~~/erfolgreichen Abschluss zu führen.

1. Zu Weihnachten wird traditionsgemäß viel S/süßes gebacken. Das Abnehmen nach den Festtagen fällt aber vielen S/schwer.
2. Das frühe Aufstehen am Morgen ist für mich äußerst U/unangenehm.
3. Das Unwetter überraschte uns auf einem Spaziergang. Wir waren erleichtert, als wir endlich im T/trockenen saßen.
4. Das S/strahlende G/gelb des Ginsters sah wunderschön aus.
5. Im G/großen und G/ganzen war das eine gelungene Vorstellung.
6. Es gibt nichts N/neues zu berichten. Der Kommissar tappt weiterhin im D/dunkeln.
7. Ihre Vermutung traf ins S/schwarze.
8. Der Vortrag war wenig S/spannend, da der Redner nichts I/interessantes zu sagen hatte.
9. Katrin gab auf einer Geburtstagsparty A/alte Geschichten zum B/besten.
10. Sie war sich darüber im K/klaren, dass sie S/schnell eine Entscheidung treffen musste.
11. Wir nutzten den W/warmen Sommertag und fuhren ins G/grüne. Dabei erlebten wir allerlei S/schönes.

Die Deklination des Adjektivs

➡ S. 104ff.
Deklination der Nomen/ Substantive

Adjektive können ihre Form verändern. Es besteht eine **Übereinstimmung** (Kongruenz) zwischen **Adjektiv** und **Nomen/Substantiv** in Bezug auf **Numerus, Genus** und **Kasus**. Adjektive werden nur **dekliniert**, wenn sie **attributiv** bei einem Nomen/Substantiv stehen. Prädikativ und adverbial gebrauchte Adjektive werden nicht flektiert.

Es gibt im Deutschen **unterschiedliche Deklinationsmuster**: die **starke** und die **schwache Deklination.** Jedes Adjektiv kann sowohl starke als auch schwache Flexionsendungen haben.

Bei einer **schwachen Deklination** steht vor dem Adjektiv ein Artikel, ein mit einer Präposition verschmolzener bestimmter Artikel oder ein Pronomen. **Numerus, Genus und Kasus** sind also **am Begleiter erkennbar**.

der klare Fluss, im klaren Fluss, diesem klaren Fluss

Geht dem Adjektiv kein Begleiter oder ein Begleiter ohne Flexionsendung voraus, spricht man von einer **starken Deklination. Veränderungen werden am Adjektiv selbst dargestellt.**

trotz ausreichender Zustimmung ...

Die Deklination des Adjektivs

Diese Regeln gelten auch für nominalisierte (substantivierte) Adjektive. Stehen mehrere Adjektive vor einem Nomen/Substantiv, sind sie je nach Deklinationsmuster kasus- und endungsgleich.

Die schwache (nominale/attribuierende) Deklination: Das Adjektiv nach einem Begleiter

		Maskulinum	Femininum	Neutrum
Singular	Nominativ	der klar-e Fluss	die klar-e Nacht	das klar-e Wasser
	Genitiv	des klar-en Flusses	der klar-en Nacht	des klar-en Wassers
	Dativ	dem klar-en Fluss(e)	der klar-en Nacht	dem klar-en Wasser
	Akkusativ	den klar-en Fluss	die klar-e Nacht	das klar-e Wasser
Plural	Nominativ	die klar-en Flüsse	die klar-en Nächte	die klar-en Gewässer
	Genitiv	der klar-en Flüsse	der klar-en Nächte	der klar-en Gewässer
	Dativ	den klar-en Flüssen	den klar-en Nächten	den klar-en Gewässern
	Akkusativ	die klar-en Flüsse	die klar-en Nächte	die klar-en Gewässer

Bei den schwachen Formen gibt es nur die Endungen **-en** und **-e**.
Im Plural gibt es nur eine Form für alle drei Genera: **-en**.

Übung 4 Dekliniere die folgenden Ausdrücke.

der schöne Regenbogen, die leuchtende Farbe, das gute Buch

Die starke (pronominale/determinierende) Deklination: Das Adjektiv ohne Artikel

		Maskulinum	Femininum	Neutrum
Singular	Nominativ	schön-er Sommer	schön-e Blume	schön-es Meer
	Genitiv	schön-en Sommers	schön-er Blume	schön-en Meeres
	Dativ	schön-em Sommer	schön-er Blume	schön-em Meer(e)
	Akkusativ	schön-en Sommer	schön-e Blume	schön-es Meer
Plural	Nominativ	schön-e Sommer	schön-e Blumen	schön-e Meere
	Genitiv	schön-er Sommer	schön-er Blumen	schön-er Meere
	Dativ	schön-en Sommern	schön-en Blumen	schön-en Meeren
	Akkusativ	schön-e Sommer	schön-e Blumen	schön-e Meere

Wortlehre

Bei den starken Formen treten die Endungen -e, -en, -em, -er und -es auf. Im Plural gibt es wie bei den schwachen Formen nur eine Form für alle drei Genera.

Übung 5 Dekliniere die folgenden Ausdrücke.

starker Sturm, hohe Welle, helles Licht

Die gemischte Deklination: Das Adjektiv nach kein, keine, kein

Die Deklination des Adjektivs nach kein, keine, kein stellt eine Mischung aus schwacher und starker Deklination dar.

		Maskulinum	Femininum	Neutrum
Singular	Nominativ	kein bunt-**er** Schuh	keine bunt-**e** Hose	kein bunt-**es** Kleid
	Genitiv	keines bunt-**en** Schuh(e)s	keiner bunt-**en** Hose	keines bunt-**en** Kleid(e)s
	Dativ	keinem bunt-**en** Schuh (e)	keiner bunt-**en** Hose	keinem bunt-**en** Kleid(e)
	Akkusativ	keinen bunt-**en** Schuh	keine bunt-**e** Hose	kein bunt-**es** Kleid
Plural	Nominativ	keine bunt-**en** Schuhe	keine bunt-**en** Hosen	keine bunt-**en** Kleider
	Genitiv	keiner bunt-**en** Schuhe	keiner bunt-**en** Hosen	keiner bunt-**en** Kleider
	Dativ	keinen bunt-**en** Schuhen	keinen bunt-**en** Hosen	keinen bunt-**en** Kleidern
	Akkusativ	keine bunt-**en** Schuhe	keine bunt-**en** Hosen	keine bunt-**en** Kleider

Übung 6 Dekliniere die folgenden Ausdrücke.

kein spannender Film, keine teure Reise, kein schönes Haus

Nichtflektierbare Adjektive

Nicht alle Adjektive werden beim attributiven Gebrauch flektiert. **Einige Farbadjektive, adjektivisch gebrauchte Grundzahlen ab zwei** und **Ableitungen auf -er** von Herkunftsbezeichnungen stehen unflektiert.

Die Steigerung des Adjektivs (Komparation)

*Das **rosa** Kleid steht ihr besonders gut.*
*Aufgrund von Reparaturarbeiten bleibt die Schule auch nach den Sommerferien für **drei** Tage geschlossen.*
*Die Türme des **Kölner** Doms werden das ganze Jahr über renoviert.*

Auch einige umgangssprachlich gebrauchte Adjektive wie prima, klasse, super usw. werden nicht flektiert.
*Du hast ein **prima** Zeugnis bekommen.*

Übung 7 Setze in den folgenden Sätzen die passende Flexionsendung ein.

Beispiel: Der Sommerschlussverkauf ist jed**es** Jahr wieder ein wichtig**es** Ereignis für Schnäppchenjäger.

Zwei anstrengend___ Wochen lang können sie nach besonders reduziert___ Waren Ausschau halten. Dieses Jahr brechen besonders schön___ Zeiten für sie an, denn nach dem verregnet___ Sommer hängen die Lager voll und zwingen den Einzelhandel zu erstaunlich groß___ Preisnachlässen. Auch die stagnierend___ Kaufkraft wird für drastisch___ Preissenkungen sorgen. Rot___ Schilder locken die Kunden in die Läden, dick___ Prozentzeichen zieren die Schaufenster, und bunt___ Prospekte, die preisgünstig___ Ware anpreisen, flattern ins Haus. Gemütlich ist das Einkaufen in dieser Zeit allerdings nicht. Voll___ Geschäfte, gestresst___ Kunden und nervös___ Verkäufer sorgen nicht für ein ungetrübt___ Einkaufserlebnis. Von Schildern wie „Schlussverkaufsware ist vom Umtausch ausgeschlossen" sollte sich keiner beirren lassen. Denn mangelhaft___ Ware darf auch im SSV umgetauscht werden. Es gelten die gleich___ Gewährungsrechte wie sonst auch. Wissen sollte man auch, dass manche Ware direkt für den Schlussverkauf produziert wird und zumeist keine hochwertig___ Ware darstellt. Man sollte also auch auf die Qualität und nicht nur auf den Preis achten.
Professionell___ Schlussverkaufskäufer/innen wissen ohnehin, dass viel___ Händler/innen schon einige Zeit vor Beginn des offiziell___ Schlussverkaufs stark reduziert___ Ware anbieten. Die Chance, auch qualitativ hochwertig___ Schnäppchen zu kaufen, ist in dieser Zeit am größten. In einig___ Geschäften findet der Sommerschlussverkauf im klassisch___ Sinne aufgrund dieser früh___ Preissenkungen gar nicht mehr statt.

Die Steigerung des Adjektivs (Komparation)

Die meisten Adjektive lassen sich steigern. Man unterscheidet dabei die folgenden Stufen: **Positiv** (Grundform), **Komparativ** (1. Steigerungsstufe/Vergleichsstufe) und **Superlativ** (2. Steigerungsstufe/Höchststufe).

Wortlehre

Der Positiv

Mit dem Positiv wird zum einen eine Eigenschaft oder ein Merkmal bezeichnet.

*Anke läuft **schnell**.*

Zum anderen wird ausgedrückt, dass **mindestens zwei Gegenstände oder Wesen in Bezug auf eine Eigenschaft oder Ähnliches gleich sind.** Bei einem Vergleich wird die Grundstufe des Adjektivs zwischen **so** und **wie** gesetzt, manchmal kann statt des **wie** auch ein **als** verwendet werden.

*Anke läuft **so** schnell **wie** Ute.*
*Der Intercity wartet **so** lange **als** möglich auf den verspäteten Zug.*

Der Komparativ

Mit dem Komparativ wird ausgedrückt, dass **zwei Gegenstände oder Wesen in Bezug auf eine Eigenschaft oder Ähnliches ungleich sind.** In der Regel folgt dem Komparativ die Vergleichspartikel[1] **als.**

*Anke läuft **schneller als** Ute.*

➡ S. 228
Modalsatz

*Der Urlaub ist noch **schöner, als** ich erwartet hatte.*

Durch **Gradangaben** wie **viel, weit, noch, erheblich, entschieden** wird der **Komparativ verstärkt, abschwächend** wirken die Angaben **weniger** und **minder**.

*Dieser Urlaub ist **viel** schöner, als ich erwartet hatte.*
*Dieses Abendkleid ist **weniger** schön als jenes.*

> **BESONDERHEIT** Einschränkende Bedeutung des Komparativs

Der Komparativ kann neben seiner steigernden Bedeutung auch eine einschränkende bzw. abschwächende Bedeutung haben. In diesem Fall bezieht er sich nicht auf die Grundstufe des betreffenden Adjektivs, sondern auf eine allgemeine Erwartungshaltung bzw. Norm.

*Er hielt eine **längere** Rede.*

Bildung und Flexion des Komparativs

Die Grundform des Adjektivs ist der Positiv. Von ihm unterscheiden sich Komparativ und Superlativ.
Der Komparativ wird in der Regel gebildet, indem man **-er** an den Positiv setzt.

nett	*nett**er***
laut	*laut**er***

---

[1] Alle nicht flektierbaren Wortarten (Adverb, Präposition, Konjunktion) werden als Partikel bezeichnet.

Die Steigerung des Adjektivs (Komparation)

Bei einigen umlautfähigen Wörtern tritt der Umlaut ein:

alt   älter
groß   größer

Bei Adjektiven, die auf **-el** enden, wird im Komparativ das **e der Endsilbe ausgelassen.**

dunkel   dunkler (nicht dunkeler)
edel   edler

Bei Adjektiven, die auf **-er** oder **-en** enden, kann das **e** in der Endsilbe beibehalten, aber auch weggelassen werden.

trocken   trockener
*   trockner*

Bei Adjektiven, die vor der Endung **-er einen Diphthong** (Doppellaut) haben, **fällt das e immer weg.**

teuer   teurer

Die Komparative werden wie ein einfaches Adjektiv flektiert.

Der Superlativ

Den Superlativ bezeichnet man als **Höchststufe,** er kennzeichnet den **höchsten Grad.** Mit dem Superlativ wird ausgedrückt, dass **von mindestens drei Gegenständen oder Wesen einem der höchste Grad einer Eigenschaft zukommt.** Dem Superlativ wird ein **am** vorangestellt, wenn er nicht Attribut zu einem Nomen/Substantiv oder Prädikativum ist.

*Dieses Buch ist **am** spannendsten.*
Dieses Buch ist von allen das spannendste. Hier steht kein *am*, da es sich um ein Prädikativum handelt.

Bildung und Flexion des Superlativs

Der **Superlativ** wird gebildet, indem man **-st** oder **-est** an den Positiv setzt. Die **einsilbigen** oder auf der **letzten Silbe betonten** Adjektive auf **d, s, sch, sk, ss, ß (Ausnahme: groß), t, x, z** und Adjektive, die auf **-los** und **-haft** enden, erhalten die Endung **-est:**

dick   dicksten
sanft   sanftesten

Die Adjektive auf **d, t** und **sch** können jedoch auch ohne **-e** stehen.

frisch   frischsten (neben: *frischesten*)

Wortlehre

Auch Adjektive, die auf einen **Diphthong** (Doppellaut) oder aber auf einen **Vokal + h** enden, erhalten zumeist die Endung **-est**.

frei   *frei**esten***
froh   *am froh**esten***

Alle anderen Adjektive enden auf **-st**:

fein   *fein**sten***
fleißig   *fleißig**sten***

Bei einigen umlautfähigen Wörtern tritt der Umlaut ein:

alt   *ältesten*
grob   *gröbsten*

Bei einigen Adjektiven gibt es Formen mit und ohne Umlaut.

gesund   *ges**ü**ndesten*
               *ges**u**ndesten*

▶ S. 126ff.
Deklination
des
Adjektivs

Die Superlative werden wie ein einfaches Adjektiv flektiert.

Der Elativ

Der Elativ, auch **absoluter Superlativ** genannt, hat dieselbe Form wie der Superlativ. Er bezeichnet einen sehr hohen Grad, **der außerhalb eines Vergleiches** liegt.

*Meine **liebste** Mutter ...*
*Jede **leiseste** Anspielung ...*

Weitere sprachliche Mittel zum Ausdruck eines sehr hohen Grades

Neben dem Superlativ und dem Elativ gibt es weitere sprachliche Mittel, um einem sehr hohen Grad Ausdruck zu verleihen, wie beispielsweise durch die Wörter **sehr, höchst, besonders, überaus, ungemein, wirklich, furchtbar, enorm, riesig**.

*In diesem Sommer hatten wir **äußerst** viel Glück mit dem Wetter.*

Auch durch **bestimmte Präfixe** und **Zusammensetzungen** lässt sich diese Wirkung erzielen:

federleicht, blutjung, erzkonservativ, goldrichtig

Nicht zuletzt lassen sich Adjektive auch durch **Vergleiche** verstärken.

*Sie ist so arm **wie eine Kirchenmaus**.*
*Er ist störrisch **wie ein Esel**.*

Die Steigerung des Adjektivs (Komparation)

Unregelmäßige Steigerungsformen

Folgende Adjektive weisen eine unregelmäßige Steigerungsform auf:

groß	größer	am größten
hoch	höher	am höchsten
nah	näher	am nächsten
viel	mehr	am meisten
gut	besser	am besten

Steigerung von Verbindungen aus zwei Adjektiven

Bei Verbindungen aus zwei Adjektiven wird jeweils nur ein Bestandteil gesteigert. Meistens steigert man den ersten Bestandteil.

Positiv	Komparativ	Superlativ
das **dicht** bevölkerte Land	das **dichter** bevölkerte Land	das **am dichtesten** bevölkerte Land

Nicht steigerungsfähige Adjektive

Manche Adjektive lassen sich **nicht steigern,** da sie bereits aufgrund ihres Wortinhalts im Positiv eine Höchststufe, etwas Endgültiges ausdrücken oder aber keine Gradabschattung möglich ist.

riesengroß, himmelweit, tot, schneeweiß, blutjung, steinreich, leer, rechteckig, rund, schriftlich, wörtlich, obdachlos, golden, ledig, stumm, kinderlos, einzig

➠ S. 138ff.
Numeralien

Auch Zahladjektive und nicht deklinierbare Farbadjektive können nicht gesteigert werden.

halb, fünffach, drei, blau, lila

> **Übung 8** Lege eine Tabelle an und bilde zu den folgenden Positiven jeweils den Komparativ und den Superlativ.

Beispiel:

Positiv	Komparativ	Superlativ
freundlich	freundlicher	am freundlichsten

klein, mutig, sanft, groß, ruhig, edel, arm, gesund, trocken, teuer, nah, stolz, bunt, heikel, hoch, gut, frisch, klug, frei, jung, sauer, rau, mutlos, lang, fromm, schlau

Wortlehre

Übung 9 Setze in die folgenden Sätze die Vergleichspartikel *wie* oder *als* ein.

Beispiel: Der Besuch beim Zahnarzt war weniger schlimm (**... als ...**) befürchtet.

1. Der Flug dauerte aufgrund der schlechten Wetterverhältnisse länger (...) angekündigt.
2. Ich bin genauso alt (...) du, aber zwei Jahre älter (...) deine Schwester.
3. Einige Walarten haben eine höhere Lebenserwartung (...) Menschen.
4. Diese CD gefällt mir genauso gut (...) jene.
5. Die Blätter einer Buche sind viel kleiner (...) die einer Kastanie.
6. Mein Karnevalskostüm war so originell (...) kein anderes auf der Party.
7. Keiner schreit so laut (...) mein Patenkind.
8. Schneller (...) Konrad rechnet keiner in unserer Klasse.
9. Die Veranstaltung war so langweilig, (...) ich vermutet hatte.
10. Die Strecke von Frankfurt nach Köln lässt sich mit dem neuen ICE viel schneller bewältigen (...) mit dem Auto.
11. Das Wetter in der Bretagne war besser, (...) wir erwartet hatten. Das Meer allerdings war genauso kalt (...) befürchtet.
12. Ich wiege leider fast so viel (...) du, obwohl ich sieben Zentimeter kleiner bin (...) du.
13. Genervt von den ewigen Diskussionen, (...) schon hundertfach geführt, brach er das Gespräch abrupt ab.

Die Bildung von Adjektiven

S. 18
Präfix, Suffix

Adjektive können folgendermaßen gebildet werden: durch **Adjektivzusammensetzung** (Determinativzusammensetzung), durch Zusatz von **Präfixen** und durch den Zusatz von **Suffixen**. Als **Präfixe** bezeichnet man Wortbildungsmorpheme, **die als selbstständiges Wort nicht vorkommen.** Sie haben also keine eigenständige Bedeutung und können nicht allein verwendet werden. Präfixe werden **dem Wort vorangestellt**.
Suffixe hingegen **fügt man hinten an ein Wort.** Auch diese Wortbildungsmorpheme kommen als **selbstständiges Wort nicht vor.** Sie haben keine eigenständige Bedeutung und können nicht allein verwendet werden.

Determinativzusammensetzungen

Nomen/Substantiv + Adjektiv

Es entstehen neue Adjektive, indem man ein Adjektiv mit einem **substantivischen Bestimmungswort** verbindet.
*gras*grün, **welt**bekannt, **butter**weich, **lebens**fremd

Die Bildung von Adjektiven

Adjektiv + Adjektiv

In der Regel werden zwei Adjektive so miteinander verbunden, dass sie ihre eigene Bedeutung wahren. Ist die Verbindung **gleichrangig** – in diesem Fall lassen sich die Adjektive mit einem **und** verbinden – spricht man von **Kopulativzusammensetzungen.** In einigen Verbindungen liegt eine graduelle Abstufung vor, bei anderen präzisiert das erste Glied das zweite.

dummdreist, schwarzrotgold, fünfzehn, hellblau, lauwarm, frühreif

Verb + Adjektiv

Bei der Zusammensetzung von Verb und Adjektiv gibt es **verschiedene Bedeutungstypen,** die durch das Bestimmungswort entstehen können: Das Bestimmungswort kann

eine **Ursache:** *röstfrisch*
eine **Folge:** *bettelarm*
einen **Geltungsbereich:** *lerneifrig*
und die **Art und Weise:** *bremselastisch*

ausdrücken.

> **Übung 10** Bestimme, um was für eine Determinativzusammensetzung es sich jeweils handelt.

Beispiel: hundemüde: Bildung erfolgt aus Substantiv und Adjektiv

blutjung, bildschön, süßsauer, treffsicher, vollschlank, riesengroß, weltoffen, fernsehmüde, federleicht, altklug, kleinlaut, brandgefährlich, klapperdürr, heilfroh, blitzschnell, dunkelrot, sternenklar, kugelrund, tropfnass, blassrosa, messerscharf, nasskalt

Adjektivbildung durch Präfixe

➨ S. 18
Präfix

Die Wortbildung mit Präfixen lässt sich in **unterschiedliche Bedeutungsgruppen** einteilen: **Verneinungen**, **Ausdrucksverstärkung**, **räumliche** oder **gliedernde Zuordnung**, **zeitliche Zuordnung**, **Ausdruck einer Haltung** und **Gleichartigkeit**.

Verneinungen durch folgende Präfixe:

un: *unsicher, unaufmerksam, ungeduldig, ungiftig, ungläubig, unachtsam, unschön*
in: *informell, inkorrekt, intolerant, indiskutabel*
a: *apolitisch, asozial, atypisch*
miss: *missverständlich, missbräuchlich, missfällig*

Wortlehre

Ausdrucksverstärkung durch folgende Präfixe:

erz: *erzkonservativ, erzfaul, erzdumm*
ur: *uralt, urgemütlich, urkomisch, urmenschlich, urplötzlich*
über: *überglücklich, übermäßig, überkorrekt, überempfindlich*
bitter: *bitterkalt, bitterböse, bitterernst*
blut: *blutjung, blutarm, blutdürstig*
tod: *todernst, todunglücklich, todblass, todbang, todelend, todesmutig*
grund: *grundanständig, grundehrlich, grundgescheit, grundverschieden*
hoch: *hochanständig, hochoffiziell*

räumliche oder gliedernde Zuordnung durch folgende Präfixe:

inner: *innerbetriebliche Mitbestimmung, innerparteilich, innerstaatlich*
intra: *intrapersonale Videokonferenz, intravenös, intramuskulär, intraokular*
außer: *außergerichtlich, außerberuflich, außerdienstlich, außerehelich, außerirdisch*
über: *überbetrieblich, überparteilich, überregional*
inter: *interkulturell, interdisziplinär, intergalaktisch, interkonfessionell*
trans: *transsexuell, transkontinental, transnational, transsibirisch, transozeanisch*
sub: *subkontinental, subantarktisch, subfossil, subkutan, subpolar*
supra: *supranational*

zeitliche Zuordnung durch folgende Präfixe:

prä: *prähistorisch, pränatal, präpubertär*
vor: *vorrevolutionär, voreiszeitlich, voreilig, vorehelich, vorhersagbar, vorklinisch*
post: *postmodern, postnatal, postoperativ, posttraumatisch*
nach: *nachträglich, nachchristlich, nacheiszeitlich*

Ausdruck einer Haltung durch folgende Präfixe:

anti: *antidemokratisch, antiliberal, antiautoritär, antifaschistisch*
pro: *prokommunistisch, proarabisch*

Übung 11 Verkehre folgende Adjektive durch ein Präfix in ihr Gegenteil. Dabei solltest du Folgendes beachten: Fremdwörter erhalten oft die verneinenden Präfixe in- und a-, und auch in der Wissenschaftssprache wird häufig das Präfix a- gebraucht. Wenn du dir nicht sicher bist, schlage in einem Lexikon nach.

Beispiel: effizient: ineffizient

verschämt, diskret, glücklich, logisch, günstig, korrekt, sicher, zufrieden, religiös, formell, abhängig, typisch, behaglich, seriös, politisch, kompetent, adäquat, sozial, aktiv, konsequent, effektiv, gebräuchlich, fair

Die Bildung von Adjektiven
137

Übung 12 Verstärke folgende Adjektive durch ein Präfix.

Beispiel: müde: todmüde

jung, bevölkert, böse, explosiv, traurig, verkehrt, faul, plötzlich, anständig, ernst, mächtig, gemütlich, verschieden, verdient, elend, übel, glücklich, ehrlich, verwandt, kalt, komisch, langweilig, erfreut, belichtet, bildlich, betagt, genau, glänzend, konservativ, schick

Adjektivbildung durch Suffixe

Neue Wörter können auch mithilfe von Suffixen (Endungen) gebildet werden. Oft entsteht durch die **Ableitungen mit Suffixen eine andere Wortart.** Durch Suffixe abgeleitete Adjektive gehen auf

➡ S. 18
Suffix

Adjektive: *kränklich, süßlich, ärmlich*
Verben: *heilbar, vorhersehbar, vergleichbar*
oder Nomen/Substantive: *traumhaft, väterlich, freudig*
zurück.
Dabei treten Adjektivableitungen aus Substantiven/Nomen am häufigsten auf.

Die drei adjektivisch verwandten Hauptsuffixe sind **-ig, -isch und -lich.** Daneben gibt es jedoch eine Vielzahl weiterer Suffixe: **-haft -sam, -bar, -abel, -iv, -ant/ent,** etc.

Übung 13 Von welchen Wörtern sind die folgenden Adjektive abgeleitet? Gib jeweils die Wortart an.

Beispiel: ausziehbar: abgeleitet von dem Verb im Infinitiv ausziehen

verlängerbar, süßlich, haftbar, besinnlich, ansprechbar, verletzlich, kränklich, instinktiv, diskutabel, ärztlich, illusionär, arbeitsam, katastrophal, praktikabel, vorhersehbar, intelligent, vergleichbar, bedrohlich, revolutionär, sinnhaft

Übung 14 Bilde weitere Ableitungen mit Suffixen, indem du die folgende Reihe fortsetzt.

Ableitung von einem Nomen/Substantiv: traumhaft, jährlich, mutlos …
Ableitung von einem Adjektiv: zärtlich, süßlich, kleinlich …
Ableitung von einem Verb: sparsam, verletzlich, bemerkbar …

Wortlehre

Numeralien

Numeralien sind **Zahlwörter,** die ihrer Form nach wie ein attributives Adjektiv gebraucht werden. Deshalb rechnet man diese Wörter zu den Adjektiven und nennt sie **Zahladjektive.** Man unterscheidet **bestimmte** und **unbestimmte Zahladjektive**.

Bestimmte Zahladjektive

Bestimmte Zahladjektive kennzeichnen einen **genauen Zahlbegriff**, der sich auch als Ziffer schreiben lässt. Man unterscheidet die folgenden Untergruppen: **Kardinalzahlen** (Grundzahlen), **Ordinalzahlen** (Ordnungszahlen), **Vervielfältigungszahlen** und **Bruchzahlen**.
Kardinalzahlen (Grundzahlen) geben an, **wie viele Gegenstände, Lebewesen u. Ä. vorhanden sind**. Kardinalzahlen werden in der Regel **nicht flektiert**. Eine Ausnahme bildet das Zahlwort **ein**. Steht es wie ein unbestimmter Artikel vor einem Nomen/Substantiv, wird es wie ein Adjektiv dekliniert.

*Katrin hat **null** Fehler in ihrem Diktat.*
*An der Jugendfreizeit nahmen **vierzig** junge Menschen teil.*
*Gedulden Sie sich noch **einen** Monat.*

Die Kardinalzahlen **zwei** und **drei** erhalten **im Genitiv die Endung -er,** wenn ihnen kein Begleiter vorausgeht.

*Die Aussage **dreier** glaubwürdiger Zeugen belasten den Angeklagten schwer.*
Aber: *Die Aussage dieser **drei** glaubwürdigen Zeugen belasten den Angeklagten schwer.*

Die Zahlwörter zwei bis zwölf können im Dativ gebeugt werden, wenn sie substantivisch gebraucht werden.

*Was **vieren** zu viel ist, schafft eine manchmal allein.* (Klein geschrieben trotz substantivischen Gebrauchs)

Die Bildung der Kardinalzahlen

Die Grundzahlwörter von 0 bis 10:
eins, zwei, drei, vier, fünf, sechs, sieben, acht, neun, zehn

Die Grundzahlwörter von 11 bis 19:
Mit Ausnahme der Zahlwörter **elf** und **zwölf** bestehen diese aus der Verbindung von **drei bis neun** mit **-zehn**.

dreizehn, vierzehn, fünfzehn, sechzehn (nicht sechszehn), *siebzehn, achtzehn, neunzehn*

Numeralien

Die Grundzahlwörter von 20 bis 90:
Diese werden mit der **Nachsilbe -zig** gebildet.

zwanzig, (nicht zweizig), dreißig (nicht dreizig), vierzig, fünfzig, sechzig, siebzig, achtzig, neunzig

Zusammengesetzte Kardinalzahlen:
Die Zahlen zwischen den Zehnern werden gebildet, indem die **Einerzahl** durch **und** mit der **Zehnerzahl** verbunden wird.

einundzwanzig, vierunddreißig, neunundachtzig

Die **Hunderterzahlen** werden durch **Verbindung der Einerzahlen mit hundert** gebildet, die **Tausenderzahlen** entsprechend mit **tausend**.

(ein)hundertdrei, vierhundertzwanzig, neuntausendvierundfünfzig, neunhunderttausend

Kardinalzahlen über 999999 sind Nomen/Substantive.

eine Million, eine Milliarde, eine Billion, eine Trillion, eine Trilliarde, eine Quadrillion, eine Quinquillion, eine Sextillion, eine Septillion, eine Oktillion

In Kombination mit kleineren Kardinalzahlen werden sie nicht zusammengeschrieben.

drei Millionen vierhundertsechzigtausend, eine Milliarde fünfhundertachtzigtausend

BESONDERHEIT Kardinalzahlen

Mit einigen Kardinalzahlen kann jedoch trotz der Angabe eines genauen Zahlenwertes eine unbestimmte Menge gekennzeichnet werden.

*Das kann ich dir mit **drei** Worten erklären.*
*Im August kann man in einigen Nächten **tausend** Sternschnuppen zählen.*
*Warte doch bitte noch **drei** Sekunden.*

Übung 15 Schreibe die folgenden Zahlen als Buchstaben.

Beispiel: 3: drei

0, 4, 11, 15, 63, 720, 1489, 23760, 742985, 1625000

Ordinalzahlen (Ordnungszahlen)

➡ S. 126ff.
Deklination des Adjektivs

Ordinalzahlen sind Adjektive, **die eine bestimmte Stelle** in einer abzählbaren Reihe **kennzeichnen.** Sie werden wie ein Adjektiv **flektiert**.

*Valentina Vladimirinowa Tereschkova war die **erste** Frau, die an einer Mission ins All teilnahm.*
*Jan Ullrich errang im Jahr 1999 den ersten Platz bei der Tour de France, im Jahr 2000 belegte er den **zweiten** Platz.*
*Als **tausendste** Besucherin der Expo bekam sie einen Gutschein.*

Die Bildung der Ordinalzahlen

Die Ordinalzahlen **1–19** werden aus der **betreffenden Kardinalzahl + te(n)** gebildet.

*der zwei**te**, die vier**te**, die zehn**te**, der ers**te**, (nicht einte), die dri**tte**, (nicht dreitte), der ach**te**, (nicht achtte), der fünfzehn**te** ...*

Ab 20 wird **-st** angehängt.

*die zwanzig**ste**, der hundert**ste**, die tausend**ste***

> **Übung 16** Unterstreiche in den Sätzen die Kardinalzahlen und markiere die Ordinalzahlen mit einer Wellenlinie.

1. Marie Curie war die erste Frau, die einen Nobelpreis erhielt. 1903 bekam sie ihn für ihre Forschungen im Bereich der Physik und 1911 wurde ihr ein zweiter Nobelpreis für ihre Leistungen auf dem Gebiet der Chemie zuerkannt.

2. Die Atomphysikerin Lise Meitner wurde als drittes Kind einer jüdischen Familie in Wien geboren, studierte Physik und promovierte als zweite Frau an der Wiener Universität im Hauptfach Physik. Mit 31 Jahren ging sie nach Berlin zu Max Planck, um an Physikvorlesungen teilzunehmen. Gemeinsam mit dem Chemiker Otto Hahn untersuchte sie die Kernspaltung und wurde 1926 Professorin und danach Leiterin der physikalisch-radioaktiven Abteilung des Kaiser-Wilhelm-Institutes in Berlin. Otto Hahn erhielt 1945 den Nobelpreis, ungeachtet der Tatsache, dass Lise Meitner mit ihm zusammengearbeitet und die erste theoretische Erklärung für die Kernspaltung geliefert hatte.

3. Laura Bassi, Experimentalphysikerin und die erste Professorin Europas, begann ihre wissenschaftliche Karriere schon früh. Im Alter von 21 Jahren verteidigte Laura Bassi in Bologna vor sieben Professoren und zwei Kardinälen mit größtem Erfolg ihre philosophische Dissertation und erhielt an der Universität Bologna 1773 einen Lehrstuhl für Philosophie. Sie lehrte Algebra, Geometrie und Experimentalphysik. Darüber hinaus hatte sie zwölf Kinder.

Vervielfältigungszahlen

➡ S. 126ff.
Deklination des Adjektivs

Vervielfältigungszahlen kennzeichnen, **wie oft etwas vorkommt oder vorhanden ist.** Sie werden gebildet aus der **Kardinalzahl** und dem Suffix **-fach**. Sie werden wie Adjektive **flektiert.**

*Lance Armstrong ist **fünffacher** Sieger der Tour de France.
Franziska von Almsick war bei den Schwimmeuropameisterschaften 2002 **mehrfache** Titelträgerin.*

Numeralien

Bruchzahlen

Mit Bruchzahlen werden Teile, Bruchstücke eines Ganzen angegeben. Sie werden gebildet aus der **Kardinalzahl** und der Endung **-tel**. Bruchzahlen werden sowohl als **Adjektive** als auch als **Nomen/Substantive** gebraucht.
In Verbindung mit Maß-, Gewichts- und Uhrzeitangaben handelt es sich bei den Zahlwörtern um nicht deklinierbare, attributiv gebrauchte Adjektive.

*Er bestellte ein **viertel** Kilogramm ungarischer Salami.*
*Sie verbesserte ihre persönliche Bestzeit um drei **hundertstel** Sekunden.*
*Sie hatten sich um drei **viertel** sieben vor dem Kino verabredet.*

Gebraucht man Bruchzahlen außerhalb dieser Verbindungen, handelt es sich um Substantive/Nomen.

*Ein **Drittel** von der Masse ist genug.*

Bruchzahlen können auch als nominalisiertes/substantivisches Bestimmungswort in Zusammensetzung mit einem Substantiv/Nomen auftreten, man schreibt sie dann zusammen.

*Sie verbesserte ihre persönliche Bestzeit um drei **Hundertstelsekunden**.*
*Sie kam eine **Dreiviertelstunde** zu spät zu ihrer Verabredung.*

BESONDERHEIT Bruchzahlen

Die Bruchzahl **Hälfte** ist immer ein Nomen/Substantiv, **halb** immer ein Adjektiv.
*Du hast die **Hälfte** der Strecke gut gemeistert. Jetzt solltest du nicht auf **halbem** Wege stehen bleiben.*

Übung 17 Welche Zahlwörter werden in den folgenden Sätzen gebraucht? Handelt es sich um eine Kardinalzahl, eine Ordinalzahl, eine Vervielfältigungszahl oder um eine Bruchzahl? Schreibe jeweils in die Klammer (K, O, V, B).

Beispiel: Der Monat November hat <u>dreißig</u> Tage. (Kardinalzahl)

1. Der erste Monat im Jahr heißt Januar. (_____)
2. Je sechs Monate bilden ein Halbjahr, je drei ein Vierteljahr. (_____)
3. Gehen Sie die dritte Straße links entlang. (_____)
4. Die Mondanziehung beträgt nur ein Sechstel der Erdanziehung. (_____)
5. Eine Astronautin kann also bei gleichem Kraftaufwand sechsmal so hoch springen wie auf der Erde. (_____)
6. Im Laufen wurde er siebenter. (_____)
7. Der Luftdruck auf hohen Berggipfeln ist nur halb so hoch wie auf Meereshöhe. (_____)
8. Im Reich Karls V. ging die Sonne nicht unter. (_____)
9. Sie ist erstens älter als du und zweitens ist sie dein Gast. (_____)
10. Du solltest diesen Text dreimal abschreiben. (_____)

Wortlehre

11. Ich werde jetzt einmal in der Woche zum Schwimmen gehen.
(_____)
12. Der Luftdruck in 20000 m Höhe beträgt weniger als ein Zehntel des Luftdrucks in Meereshöhe. (_____)
13. In einer Wassertiefe von 10000 m ist der Druck so hoch, als würde das Gewicht von sieben Elefanten auf einem Stuhl lasten. (_____)
14. Sie verbesserte ihre persönliche Bestzeit um fünf hundertstel Sekunden.
(_____)

Unbestimmte Zahladjektive

➠ S. 126ff.
Deklination des Adjektivs

➠ S. 119f.
Indefinitpronomen

Unbestimmte Zahladjektive bezeichnen **eine Anzahl oder Menge, die nicht genau angegeben werden kann.** Sie werden wie ein Adjektiv flektiert.
In Abgrenzung zu den Indefinitpronomen, die auch einen unbestimmten Zahlbegriff ausdrücken können, lässt sich **vor ein Zahladjektiv immer ein Artikel setzen** (Artikelprobe).

(die) **anderen** Länder, (die) **viele** Geduld, (die) **meiste** Zeit, (die) **zahllosen** Fehler, (die) **wenigen** Stunden, (das) **übrige** auszugebende Geld, (die) **weiteren** Titel

Übung 18 Unterscheide, ob es sich bei den kursiv gedruckten Wörtern um ein unbestimmtes Zahladjektiv oder um ein Indefinitpronomen handelt. Wende die Artikelprobe an: Wenn man das Wort mit einem bestimmten oder unbestimmten Artikel verwenden kann, handelt es sich um ein Zahladjektiv.

Beispiel: Während des Turniers fielen *ein paar* Regentropfen, aber *viele* Zuschauer hatten einen Regenschirm dabei.
ein paar: Zahladjektiv, da es mit einem (unbestimmten) Artikel steht.
die vielen: Zahladjektiv, da es mit einem Artikel stehen kann.

1. *All* die Mühe war vergebens gewesen. Sie hatte trotz des *ganzen* Lernens *unzählige* Fehler gemacht.
2. *Zahllose* Stunden hatte sie über eine Lösung nachgedacht, dann endlich fiel ihr *etwas* Gutes ein.
3. Die *beiden* Ausreißer kamen nicht weit, sie wurden schnell gefasst.
4. *Mehrere* Verbotsschilder am Tallesee weisen daraufhin, dass das Baden dort gefährlich ist.
5. Dem Vorgesetzten fallen *sämtliche* Details sofort ins Auge.
6. Alles *Übrige* kann warten.
7. In dieser Wohnung wirkt *alles* renovierungsbedürftig. Nachdem der Herd versagt hatte, brachen nun auch *mehrere* Balkonstühle zusammen.
8. Ich bräuchte *etliche* Terminkalender, um mir *alles* zu merken.
9. Sie musste eine *weitere* schwere Operation überstehen, zum Glück ist ihr *nichts* passiert.
10. Ich habe nicht mehr *genug* Eier, um Waffeln zu backen.

Numeralien

143

11. In meiner Klasse gibt es eine*iige* Zwillinge. Sie sind sehr schwer auseinanderzuhalten, denn *beide* sehen genau gleich aus.

12. Seitdem ich eine neue Espressomaschine habe, habe ich *verschiedene* Kaffeesorten ausprobiert, um die beste herauszufinden.

13. Umfragen haben ergeben, dass sich nur *wenige* Menschen für Politik interessieren.

Übung 19 Unterstreiche in den folgenden Sätzen jeweils die Zahlwörter und entscheide, ob es sich um eine Ordinalzahl oder ein unbestimmtes Zahladjektiv handelt. Schreibe die Kardinalzahlen (fett gedruckt) als Wort.

Beispiel: Die Raumstation Mir lässt sich als der <u>erste</u> wirkliche Außenposten der Menschheit im Weltall bezeichnen. (Ordinalzahl)

1. Die Mir kann zahlreiche Rekorde für sich verbuchen.
   (_____)

2. **15** Jahre war sie in Betrieb, obwohl die Station nur auf **5** Jahre hin ausgelegt war. (_____) Der Orbitalkomplex war darüber hinaus von September 1989 bis August 1999 durchgehend bewohnt.

3. Insgesamt **104** Raumfahrer besuchten die Station während dieses Zeitraumes.
   (_____)

4. **6** Raumfahrer fanden gleichzeitig Platz in der Mir.
   (_____)

5. Mehr als **23000** wissenschaftliche Versuche und Experimente wurden auf der Mir durchgeführt. (_____)

6. Es kam zu **39** bemannten Kopplungen: ein weiterer Schritt auf dem Weg zu mehr Mobilität im All. (_____)

7. Die Mir steht damit für zahlreiche positive Meldungen, in den letzten Jahren jedoch kam es zu vielen Pannen.
   (_____)

8. Computerausfälle, Materialschäden und Stromausfälle sorgten für zahlreiche Turbulenzen. Im März 2001 kam das Ende der Mir durch einen kontrollierten Absturz.

9. Dabei gingen ca. **1500** Trümmerteile mit einer Geschwindigkeit von bis zu **400** Kilometern pro Stunde über dem Südpazifik nieder.
   (_____)

10. Nicht zuletzt verdankt die moderne Raumfahrt der Mir auch unzählige Erfahrungen im Umgang mit Pannen im Weltall und Langzeitmissionen.
    (_____)

11. Die neue internationale Raumstation kann auf diese zurückgreifen und so viele Fehler vermeiden. (_____)

Wortlehre

Das Adverb

Die Funktion des Adverbs

Das Adverb gehört in die Gruppe der Partikeln, ist also **unflektierbar.** Es bestimmt die **näheren Umstände** einer Handlung oder eines Geschehens. Die Bezeichnung Adverb (= „zum Verb gehörig") ist insofern missverständlich, da es nicht nur **Verben** sondern auch **Satzinhalte, Adjektive, Substantive** und übergeordnete **Partikeln** näher bestimmen kann.
1. *Wir fuhren heimwärts.* Wohin fuhren wir? – *heimwärts*
   Das Adverb bezieht sich auf das Verb.
2. *Das Buch liegt oben.* Wo liegt das Buch? – *oben*
   Das Adverb bezieht sich auf den ganzen Satz.
3. *Münster ist eine besonders schöne Stadt.* Wie schön? – *besonders*
   Das Adverb bezieht sich auf das Adjektiv.
4. *Die Klasse dort ist meine.* Welche Klasse? – *die dort*
   Das Adverb bezieht sich auf das Nomen/Substantiv.
5. *Die Marmelade steht im Schrank unten rechts.* Wo unten? – *rechts*
   Rechts ist hier das Adverb zu *unten*, das ebenfalls ein Adverb ist.

 Übung 1 Unterstreiche im folgenden Text die Adverbien.

Beispiel: Nach gut zwei Stunden Flug ...

Was ist Europa?
Nach gut zwei Stunden Flug landet ein aus Deutschland kommender Reisender in Istanbul. Er befindet sich in der Türkei – und gleichzeitig in Europa. Er überquert dort eine schmale Meerenge, indem er über eine viele hundert Meter lange Brücke geht; anschließend ist er zwar noch immer in der Türkei – aber nicht mehr in Europa, sondern in Asien.
Unser Reisender verlässt Istanbul und begibt sich nach Russland. Von Moskau aus erreicht er mit Flugzeug oder Bahn bald den Ural, eine Bergkette im Osten. Hier klettert er die Berge hinauf. Während des Aufstiegs ist er in Russland und zugleich in Europa. Wenn er auf der anderen Seite bergab wandert, ist er zwar noch immer in Russland, nun aber nicht mehr in Europa, sondern in Asien.
Später hat sich unser Reisender nach Großbritannien begeben. Das Flugzeug von Frankfurt nach London hat dafür weniger als zwei Stunden gebraucht; wenn er wieder zurückkehrt, dann kann er inzwischen auch mit dem Zug den Tunnel unter dem Ärmelkanal benutzen.
Unser Reisender könnte auch mühelos in die anderen europäischen Länder reisen, von denen keines sehr weit entfernt ist. Folgen wir ihm also weiter nach

Italien. Auf dieser Reise hat man ihn häufig dazu eingeladen, Kaffee in einer Bar zu trinken, wo ganz kleine Tassen mit einem vorzüglichen, sehr konzentrierten und starken Kaffee gefüllt werden. Er wird in glitzernden Maschinen hergestellt, die diesen Espresso bereits in ganz Europa verbreitet haben.

Auf diese Weise hat unser Reisender in weniger als fünf Stunden Flug oder in einigen Zugstunden Länder besucht, in denen die Menschen verschiedene Sprachen sprechen, auf unterschiedliche Weise essen und sich kleiden, verschiedenen Religionen angehören und sich Türken, Russen, Engländer, Deutsche, Norweger, Polen, Italiener oder Spanier nennen – aber fast nie Europäer. Und doch sind sie Europäer. Daher fragt sich unser Reisender: Gibt es Europa eigentlich wirklich? Was heißt es, Europäer zu sein?

(Nach: Jacques Le Goff erzählt die Geschichte Europas. Campus Verlag 1997, S. 5ff.)

Der Gebrauch des Adverbs

Adverbien können **adverbial** und **attributiv** gebraucht werden.

Adverbial gebraucht ist ein Adverb, das ein Verb näher bestimmt. In dieser Funktion bezeichnet man es als **adverbiale Bestimmung**. Es bildet ein eigenes Satzglied.

➡ S. 199ff.
Adverbiale

*Ute arbeitet **dort**.*

➡ S. 204ff.
Attribut

Als **Attribut** bestimmen Adverbien Nomen/Substantive, Adjektive und andere Adverbien näher. Sie treten dann als **Teil eines Satzgliedes** auf.

*⌊Das Haus **dort**⌋ steht schon lange leer.*

*Das Chili ist ⌊**sehr** scharf⌋.*

*Der Schalter befindet sich ⌊**oben** links⌋.*

Übung 2 Entscheide, ob die unterstrichenen Adverbien adverbial (adv.) oder attributiv (attr.) gebraucht sind. Füge die entsprechende Abkürzung in die Klammern ein.

Beispiel: Frederik sprang <u>kopfüber</u> ins Wasser. (adv.)

1. Das kann ich <u>erst</u> abends erledigen. (   )
2. Das Bild <u>links</u> stammt von Picasso. (   )
3. <u>Vielleicht</u> solltest du die anderen fragen. (   )
4. Die Sonne scheint <u>nicht</u>. (   )
5. Der Fahrstuhl fährt <u>aufwärts</u>. (   )
6. Die zweite Folge war <u>dreimal</u> spannender als die erste. (   )
7. Der Pullover ist <u>sehr</u> günstig. (   )
8. Julius erholt sich <u>zusehends</u>. (   )
9. Tim ist heute <u>besonders</u> früh aufgestanden. (   )

Wortlehre

Zum attributiven Gebrauch bei Nomen/Substantiven

Adverbien können als unflektierte Wortart in der Regel nicht einem Nomen/Substantiv vorangestellt werden. <u>Also nicht</u>: *die zue Dose, die zutiefste Erleichterung.*
Eine Ausnahme bilden Adverbien, die aus einem Nomen/Substantiv und *-weise* gebildet worden sind. Bei Nomen/Substantiven der Tätigkeit oder des Geschehens können sie vorangestellt werden. Hier treten sie ausnahmsweise in deklinierter Form auf.
*Dieser Beschluss zieht den **schrittweisen** Ausstieg aus der Atomenergie nach sich.*

Abgrenzung zum Adjektiv

➜ S. 124
adverbiale Verwendung von Adjektiven

Zu unterscheiden sind die Adverbien von den semantisch verwandten Adjektiven. Die Tatsache, dass diese adverbial verwendet werden können und in dieser Funktion unflektiert auftreten, führt oftmals zu Verwechslungen. Unterscheidungsmerkmal ist, dass Adjektive grundsätzlich ihre Form verändern können (*schnell* → *schneller*), Adverbien dagegen nicht (Ausnahme: Adverbien auf – weise, s.o.)

*Die Schwalbe fliegt **schnell**.*   (*schnell* = adverbial gebrauchtes Adjektiv)
*Die Schwalbe fliegt **dort**.*   (*dort* = Adverb)

Übung 3 Entscheide, ob es sich bei den unterstrichenen Wörtern um Adjektive (Adj.) oder Adverbien (Adv.) handelt. Füge die entsprechende Abkürzung in die Klammer ein.

Beispiel: Der Fahrstuhl fährt <u>aufwärts</u>. (Adv.)

1. Der Wein schmeckt <u>süß</u>. (   )
2. Ich trinke <u>gern</u> süßen Wein. (   )
3. Dein Fahrrad quietscht <u>entsetzlich</u>. (   )
4. Julius erholt sich <u>zusehends</u>. (   )
5. Nicole kommt <u>vielleicht</u>. (   )
6. Die Tasche liegt <u>rechts</u> neben dem Schirm. (   )

Formen des Adverbs – Herkunft und Bildung

➜ S. 18
Suffix

Alle Adverbien sind aus anderen Wortarten entstanden, zum Teil allerdings ist dieses nicht mehr (*da, so, wie*) oder kaum noch erkennbar (*for-t, vor-n, inn-en*). Viele Adverbien sind aber erkennbar aus **Zusammensetzungen** oder **Suffixbildung** hervorgegangen, andere sind **erstarrte Kasusformen**.

Formen des Adverbs

Die Bildung von Adverbien durch Zusammensetzung

S. 156
Präpositionaladverbien

Adverb + Adverb: *dorthin, daher, hierhin, wohin, nebenbei ...*
Präposition + Substantiv: *zurück, beizeiten, übermorgen, überhaupt ...*
Substantiv + Präposition: *bergan, stromauf, jahraus, jahrein ...*
Adverb + Präposition: *daran, hierauf, wovon ...*

Adverbableitung durch Suffixbildung

S. 18
Suffix
S. 131
Superlativ

Suffix **-s**:
-s findet man bei adverbial gebrauchten Partizipien *(eilends, zusehends, vergebens ...)* und bei Superlativformen von Adjektiven *(bestens)* (s. Vergleichsformen, S. 148).

Suffix **-wärts**:
Damit werden aus Nomen/Substantiven oder Präpositionen Richtungsadverbien abgeleitet:
talwärts, westwärts ...
abwärts, vorwärts ...

Suffix **-weise**:
Mit Adjektiven und einer -er Einlassung: *seltsamerweise, möglicherweise ...*
Mit Nomen/Substantiven: *stufenweise, schrittweise, massenweise ...*

Suffix **-maßen**:
Mit Partizipien und einer -er-Einlassung: *bekanntermaßen, zugegebenermaßen ...*

Suffix **-dings** *(neuerdings)* bzw. **-lings** *(rücklings)* und **-lich** *(freilich)*

S. 138
Numeralien

Numerale + Suffix:
Die Ableitungen aus Zahlwörtern (Numeralien) ergeben Adverbien, die angeben, wie oft etwas geschieht oder an welcher Stelle etwas vorkommt:
Zahlwörter mit **-mal**: *sechsmal*
Kardinalzahlwörter mit *-tens: fünftens, sechstens*

Erstarrte Kasusformen

S. 101ff.
Kasus

Genitive von Nomen/Substantiven oder Adjektiven:
flugs, abends, morgens, anfangs, schnurstracks (gestreckt wie eine Schnur) *...*
links, rechts, bereits, stets ...

Dativ:
einstweilen, allenthalben, zuweilen

Akkusativ:
weg, kreuz, quer, allzeit

Wortlehre

Vergleichsformen

➡ S. 129ff.
Steigerung des Adjektivs

Von einigen Ausnahmen abgesehen können Adverbien keine Vergleichsformen bilden, sie sind also nicht komparierbar.
Will man Vergleichsformen bilden, so wählt man Umschreibungen mit mehr, weiter (Komparativ), am meisten, am weitesten (Superlativ) oder gebraucht eine Verdopplung.

*Der Spielplatz liegt **weiter weg**.*
*Der Spielplatz am Schloss liegt **am weitesten weg**.*
*Ich gehe **sehr, sehr gern** dorthin.*

Zu den wenigen Ausnahmen gehören: *oft, wenig, wohl*.

wenig – weniger – am wenigsten   *wohl – wohler – am wohlsten*

Einige Adverbien bilden ihre Vergleichsformen unregelmäßig:

oft – öfter – am öftesten / am häufigsten   *gern[e] – lieber – am liebsten*
bald – eher – am ehesten   *sehr – mehr – am meisten*

Sonderformen

➡ S. 132
Elativ

Manche Adverbien haben einen Superlativ auf *-ens* (Elativ). Der Wortstamm kann dabei ursprünglich ein Adjektiv oder Adverb gewesen sein.

Adjektive mit adverbialem Elativ:

bestens, schnellstens, wärmstens, wenigstens ...
Die Paella kann ich dir wärmstens empfehlen.

Elative Adverbien:

frühestens, höchstens, längstens, spätestens ...
Diese Formen zeichnen sich dadurch aus, dass sie stets eine Ergänzung fordern.
Er kommt frühestens morgen.
Das Kind ist höchstens zwei Jahre alt.

Weitere Sonderformen sind:

Elative mit *-igst/-ichst*: *baldigst, herzlichst, freundlichst ...*
Adverbiale Genitive wie *des Näheren, des Öfteren, des Weiteren ...*

Einteilung der Adverbien nach ihrer Bedeutung

Semantisch (inhaltlich) gesehen bestimmen Adverbien **lokale, temporale, modale** und **kausale** Umstände einer Handlung oder eines Geschehens.

Formen des Adverbs

Lokaladverbien

Sie bezeichnen Umstände des **Ortes** oder der **Richtung** näher.

Ort	Wo?	*da, dort, draußen, drinnen, daheim, hier, inmitten, nirgends, oben, unten ...*
Richtung	Wohin?, Woher?	*bergab, bergauf, daher, dahin, fort, her, hin, heimwärts, rückwärts, vorwärts ...*

*Julius spielt **draußen**.*
*Das Auto rollt **bergab**.*

 Übung 4   Der folgende Textauszug stammt aus dem Jugendroman „Die roten Matrosen" von Klaus Kordon, in dem die zwei Freunde Fritz und Helle den Beginn der Weimarer Republik erleben.
Füge die folgenden Lokaladverbien sinnvoll in den Text ein. Bestimme zunächst, ob es sich um ortsanzeigende (O) oder richtungsanzeigende (R) Lokaladverbien handelt, indem du den entsprechenden Buchstaben in die Klammer einfügst.

herunter ( ), darunter ( ), nirgends ( ), irgendwo ( ), oben ( ), vorn ( ), dort ( ), nieder ( ), da ( ) (2x)

Der ruhmreiche 9. November
[...] Als die Jungen endlich die Chausseestraße erreicht haben, bleiben sie überrascht stehen. Ein Menschenstrom kommt da die Straße _____. Rote Fahnen und Transparente mit den Losungen _____ mit dem Krieg! _____ mit der Monarchie! Wir wollen Frieden und Brot werden getragen. Und die Spitze des Zuges marschiert direkt auf die Maikäferkaserne zu.
Sofort rennt Helle los. Er möchte vor den Demonstranten _____ sein, schafft es aber nicht: Fritz, der auf seinen Ranzen schimpft, um damit seine Angst zu bekämpfen, ist zu langsam. Als die Jungen am Kasernentor angelangt sind, macht auch die Spitze des Demonstrationszuges schon _____ Halt. Er besteht größtenteils aus Frauen und Männern in Arbeits- und Zivilkleidung, aber auch Soldaten sind _____.
Helle hält nach seinem Vater Ausschau, kann ihn aber _____ entdecken. Die Menge vor dem Tor wird immer dichter. „Brüder!", rufen die Arbeiter den in den Fenstern liegenden Soldaten zu, „schießt nicht auf uns! Macht Schluss mit dem Krieg! Wir wollen Frieden! Weg mit Kaiser Wilhelm!"
Die Soldaten in den Fenstern winken. Ängstlich schaut Helle zum Dach hoch, auf dem Maschinengewehre aufgebaut sind. Wenn von da _____ geschossen wird, können die Demonstranten den Schüssen nicht entgehen. Eine junge Arbeiterin drängt sich weit nach _____. „Wir sind Schwartzkopff-Arbeiter", ruft sie den Soldaten in den Kasernenfenstern zu. „AEG und

Wortlehre

Knorr-Bremse ist auch dabei. Wir streiken, weil wir wollen, dass endlich Schluss ist mit dem Krieg. In ganz Berlin wird heute gestreikt. Ihr gehört auch zu uns! Für wen kämpft ihr denn noch? Für Wilhelm etwa?"

„Wir sind eingeschlossen", antwortet einer der Soldaten aus dem Fenster, ein anderer ergänzt: „Die Offiziere haben uns eingeschlossen."

Die Arbeiter an der Spitze des Zuges beraten kurz, dann drängen sie auf das Tor zu, um es einzudrücken. Einige Soldaten springen aus den Kasernenfenstern, um den Demonstranten zu helfen. Ohne sich dagegen wehren zu können, wird Helle mit nach vorn geschoben und schaut sich nach Fritz um, doch der ist _____ in der Menge verschwunden.

Das Tor springt auf, die Demonstranten drängen auf den Kasernenhof. Hinter dem rechten Flügel des Kasernentores steht ein junger Offizier, mit verzerrtem Gesicht schießt er in die Menge. Gleich stürmen ein paar Arbeiter auf den Offizier los. Einer der vordersten, ein junger Mann, wird getroffen, stürzt und bleibt liegen. Und dann noch einer.

„Helle!" Fritz ist plötzlich wieder _____ und will Helle beiseitezerren. Der reißt sich los.

„Haste das gesehen?"

„Ja", sagt Fritz nur.

[...] „Sie haben sich ergeben", ruft da auf einmal einer der Demonstranten. „Sie haben sich ergeben!" Er tanzt vor Freude und umarmt irgendein fremdes Mädchen, das sich genauso freut. Und tatsächlich, in einem der Kasernenfenster steht ein Arbeiter und schwenkt eine rote Fahne: „Auf zum Reichstag!"

„Zum Reichstag!", tönt es aus der Menge ...

(Aus: Klaus Kordon, die roten Matrosen. Beltz & Gelberg 1998, S. 106ff.)

Temporaladverbien

Sie geben Auskunft über den **Zeitpunkt**, die **Dauer** und die **Wiederkehr** bzw. **Wiederholung** eines Ereignisses oder einer Handlung.

Zeitpunkt	Wann?	bald, damals, demnächst, endlich, gestern, heute, morgen, jetzt, nun, neulich, sofort, vorhin ...
Dauer/Wiederkehr; Wiederholung	Wie lange?, Wie oft?, Seit wann?	bisweilen, durchweg, immer, lange, manchmal, mehrmals, oft, niemals, stets, zeitlebens ...

Bald gibt es Ferien.
Anja ist **oft** im Schwimmbad.

Die Adverbien **schon, bereits** und **noch** drücken eher eine Zeitbewertung aus:
Der Zug kommt schon (= früher als erwartet).

Die Adverbien **zuerst** und **zuletzt** kennzeichnen eine Reihenfolge:
Marion Jones lief **zuerst** über die Ziellinie.

Formen des Adverbs

151

Übung 5 Entscheide, ob es sich bei den unterstrichenen Temporaladverbien um eine Bestimmung des Zeitpunktes (Z) oder der Dauer/Wiederkehr (D) handelt.

Die Himmelsfrau (ein Indianermärchen aus Nordamerika)

Einst ( ) lebte die Menschheit in einem himmlischen Paradies. Unter dem Himmel lag nicht die Erde, sondern so weit, wie man blicken konnte, dehnte sich das Meer aus, in dem Wasservögel und andere Tiere wohnten.

Über dem großen Wasser stand die Sonne, doch der Himmel war erleuchtet vom Baum des Lichtes, der vor dem Haus des Himmelsherrn wuchs.

Einmal ( ) riet ein Traum dem Herrscher über das himmlische Paradies, eine schöne junge Frau zu heiraten, und er tat, wie ihm im Traum befohlen war.

Nun ( ) wurde die Frau vom Atem des Himmelsherrn schwanger, doch der Mann begriff nicht das Wunder der Natur, sondern entbrannte in Wut und Zorn.

Da träumte ihm abermals ( ) und die Stimme des Traumes riet ihm, den Baum des Lichtes vor der Schwelle seines Palastes auszureißen. Und wieder ( ) hörte er auf die Stimme seines Traumes. So entstand draußen vor dem Haus ein großes, klaffendes Loch.

Als der Himmelsherr nun ( ) sah, wie sein Weib neugierig durch das Loch hinabblickte, überkam ihn wieder eifersüchtiger Zorn und er gab ihr von hinten einen Stoß. Da stürzte sie aus dem himmlischen Paradies und fiel hinab, dem großen Wasser entgegen.

Immer noch ( ) zornig, warf der Himmelsherr alle Gegenstände und Lebewesen nach, die ihr stets ( ) lieb und wert gewesen waren: einen Maiskolben, Tabakblätter, ein Reh, Wölfe, Bären und Biber, die später ( ) alle in der unteren Welt leben sollten. Aber noch ( ) gab es diese Welt nicht, die jetzt ( ) unsere Welt ist. Das unglückliche Weib des Himmelsherrn stürzte durch die Luft hinab, und die weite Wasserfläche, in der sie würde ertrinken müssen, kam immer ( ) näher ...

Unterstreiche in dem folgenden Textabschnitt die Temporaladverbien.

... Das sahen die Tiere, die in dem großen Wasser wohnten, und sie beschlossen, ihr zu helfen. Die Wasservögel breiteten sofort ihre Flügel aus und flogen so dicht nebeneinander her, dass sich die Spitzen ihrer Federn berührten. Sie wollten die Himmelsfrau rechtzeitig auffangen. Die Wassertiere suchten einen Landeplatz. Die große Wasserschildkröte tauchte auf und hob ihren Panzer über den Meeresspiegel, während die anderen Tiere zum Meeresboden hinabtauchten, um dort Schlamm und Sand zu holen. Die Bisamratte brachte ein paar Steine herbei und sie warfen Schlamm, Sand, Algen und Steine auf den Panzer der Schildkröte. So entstand eine Insel, die stetig größer wurde.

Unterdessen hatten die Vögel die Himmelsfrau in der Luft aufgefangen und trugen sie zur unteren Welt hinab. Von Zeit zu Zeit kamen neue Vögel und lösten jene ab, die müde geworden waren von der schweren Last, die auf ihrem Gefieder ruhte.

Endlich landete die Himmelsfrau wohlbehalten auf der Insel der großen Wasserschildkröte. Sie dankte den Vögeln, die ihr und dem Kind in ihrem Leibe das Leben gerettet hatten. Anschließend nahm sie eine Handvoll Erde und warf sie von sich. Plötzlich vermehrte sich das Land durch die Zauberkraft, die in den

Wortlehre

Fingerspitzen der Himmelsfrau sitzt, die Insel wuchs und wuchs und wurde schließlich eine Welt und die Horizonte rückten in die Ferne. Pflanzen und Bäume begannen zu sprießen und die Tiere, die der Himmelsherr zuvor seinem Weib nachgeworfen hatte, fanden Wohnung und Nahrung und vermehrten sich.
So entstand damals die Erde und die Himmelsfrau wurde die Große Erdmutter.

(Aus: Helga Gebert, Woher und wohin? Märchen der Frauen. Beltz & Gelberg 1989, S. 7ff.)

Modaladverbien

Modaladverbien bestimmen die **Art und Weise** eines Umstandes, aber auch die **Quantität**.

Art und Weise	Wie?, Womit?, Wodurch? usw.	*allerdings, beinahe, ebenfalls, fast, höchstens, genauso, genug, gern, keineswegs, mindestens, nicht, sehr, sonst, überhaupt, vielleicht, ziemlich ...*
Quantität	Wie viel?	*haufenweise, größtenteils ...*

*Es kommen **etwa** 60 Gäste.*
*Es gibt **genug** zu essen.*

 Der folgende Textauszug stammt aus dem dritten Harry-Potter-Band „Harry Potter und der Gefangene von Askaban". Unterstreiche die Modaladverbien.

Eulenpost

Harry Potter war in vielerlei Hinsicht ein höchst ungewöhnlicher Junge. So hasste er zum Beispiel die Sommerferien mehr als jede andere Zeit des Jahres. Zudem wollte er in den Ferien eigentlich gern für die Schule lernen, doch er war gezwungen, dies heimlich zu tun. Und außerdem war er ein Zauberer.
Es war schon fast Mitternacht und er lag bäuchlings im Bett, die Bettdecke wie ein Zelt über seinen Kopf gezogen, eine Taschenlampe in der Hand und ein großes, in Leder gebundenes Buch (*Geschichte der Zauberei* von Adalbert Schwahfel) ans Kopfkissen gelehnt. Mit zusammengezogenen Brauen fuhr er mit der Spitze seiner Adlertintenfeder über die Buchseiten, auf der Suche nach etwas Brauchbarem für seinen Aufsatz: „Die Hexenverbrennung im vierzehnten Jahrhundert war vollkommen sinnlos. Erörtern Sie die These."
Am Beginn eines vielversprechenden Absatzes hielt die Feder inne. Harry schob die Brille mit den runden Gläsern die Nase hoch, hielt die Taschenlampe näher an das Buch und las:
Im Mittelalter hatten besondere nichtmagische Menschen (besser bekannt als Muggel) Angst vor der Zauberei, während sie zugleich kaum fähig waren, sie zu erkennen. In den seltenen Fällen, da sie eine echte Hexe oder einen Zauberer zu fassen bekamen, hatte die Verbrennung keinerlei Wirkung. Die Hexe oder der Zauberer übte einen einfachen Flammengefrier-Zauber aus und schrie dann

Formen des Adverbs

wie am Spieß, während sie oder er in Wahrheit nur ein angenehmes Kitzeln spürte. Tatsächlich kam Wendeline die Ulkige dermaßen auf den Geschmack, dass sie sich nicht weniger als siebenundvierzig Mal in verschiedenen Verkleidungen fangen und verbrennen ließ. [...] Harry unterbrach seine Arbeit über Wendeline die Ulkige und lauschte in die Nacht hinein. Die Stille im dunklen Haus wurde nur vom fernen, grunzenden Geschnarche seines massigen Vetters Dudley gestört. Es musste sehr spät sein. Harrys Augen juckten vor Müdigkeit. Vielleicht sollte er den Aufsatz besser morgen Nacht fertig schreiben ...

(Aus: Joanne K. Rowling: Harry Potter und der Gefangene von Askaban. Carlsen 1999, S. 5ff.)

Kausaladverbien

Zu dieser Gruppe gehören nicht nur Adverbien, die eine Begründung kennzeichnen (kausale Adverbien im engeren Sinne), sondern auch konditionale, restriktive und adversative Adverbien.

kausal Begründungen im engeren Sinn	*anstandshalber, darum, dafür, deinetwegen, deshalb ...*	*Wir haben **anstandshalber** die Nachbarn eingeladen.*
konditional Bedingungen	*dadurch, hiermit, nämlich, notfalls ...*	*Gregor kommt nicht, er ist **nämlich** krank.*
konsekutiv Folgen	*also, somit, folglich, sonst, andernfalls ...*	*Das Auto ist in der Werkstatt, **also** nehmen wir den Zug.*
konzessiv Einräumungen	*trotzdem, dennoch, immerhin, gleichwohl ...*	*Es regnet, **trotzdem** fahren wir mit dem Fahrrad.*
restriktiv Einschränkungen	*allerdings, insofern, soweit ...*	*Die Sonne scheint **allerdings** nur vereinzelt.*
adversativ Gegensätze	*dagegen, indes, doch, jedoch ...*	*Andrea kann weit springen, Petra **dagegen** ist schneller als sie.*

Übung 7 Bestimme die unterstrichenen Adverbien.

kausal (kau), konditional (kond), konsekutiv (kons), konzessiv (konz), restriktiv (res) und adversativ (ad).

Goethe in Weimar
1. Der junge Herzog von Sachsen-Weimar-Eisenach hatte Goethe auf mehreren Reisen kennen- und schätzen gelernt. Er lud ihn deshalb (   ) nach Weimar ein.
2. Goethe hatte sich zu diesem Zeitpunkt unglücklich verliebt, er folgte daher (   ) gern dieser Einladung.

Wortlehre
154

3. Weimar war ein sehr kleines Herzogtum. <u>Dennoch</u> (   ) war es ein herausragender Ort der Künste und Wissenschaften.

4. Der Mutter des Herzogs – der Herzogin Anna Amalia – war es <u>nämlich</u> (   ) trotz kriegerischer Zeiten gelungen, einen „Musenhof" zu schaffen, an den sie viele der damals bedeutenden Künstler und Wissenschaftler holte.

5. Diese Tatsache war ein Grund dafür, dass Goethe sich in Weimar wohlfühlte. <u>Folglich</u> (   ) blieb er dort.

6. Er trat als Staatsbeamter in die Dienste des Herzogs ein. <u>Dadurch</u> (   ) war er im Laufe der Jahre mit den unterschiedlichsten Aufgaben betraut.

7. Er beaufsichtigte zum Beispiel den Straßenbau, er war verantwortlich für die Ilmenauer Bergwerke und er war sogar zeitweise „Kriegskommissar", hatte <u>also</u> (   ) die Verantwortung für die Soldaten des Herzogs.

8. <u>Dennoch</u> (   ) fand er Zeit zum Schreiben, Dichten und Forschen.

9. Herzog Karl August wollte den begabten Goethe unbedingt in Weimar halten. Er schenkte ihm <u>daher</u> (   ) das Haus am Frauenplan.

10. Heute ist das Haus ein Museum. Der Dichter ist <u>zwar</u> (   ) nur noch durch seine Büsten, seine Bibliothek und seine Möbel anwesend, ein Besuch lohnt sich <u>trotzdem</u> (   )!

11. Das Leben in Weimar war für Goethe sicherlich sehr angenehm. Irgendwann fühlte er sich <u>allerdings</u> (   ) eingeengt.

12. Mit Freunden fuhr er <u>darum</u> (   ) im September 1786 heimlich nach Italien.

13. Ein halbes Jahr wollte Goethe dort bleiben und vor allem die Kunstschätze studieren. Er kehrte <u>jedoch</u> (   ) erst nach anderthalb Jahren nach Weimar zurück.

(Zusammengestellt nach: Dagmar Matten-Gohdes (Hrsg.): Goethe ist gut! Beltz & Gelberg 1988)

➠ **S. 174ff.**
Konjunk-tionen

Viele der genannten kausalen Adverbien üben wie die Konjunktionen eine verbindende Funktion aus. Sie stehen dann am Satzanfang eines Hauptsatzes. Man spricht bei dieser Gruppe daher auch von *Konjunktionaladverbien.*

*Nimm etwas Mineralwasser, **dadurch** wird der Teig lockerer.*

Übung 8 In dem folgenden Kasten findest du Konjunktionaladverbien und Konjunktionen. Verbinde jedes Adverb mit der Konjunktion, die sinngemäß zu ihm passt.

obwohl		hingegen		dadurch	
	sodass		während		
indem		trotzdem			somit
	weil			deshalb	

Beispiel: trotzdem – obwohl

Bilde Beispielsätze (Satzreihen) mit den Konjunktionaladverbien und wandle diese mit den entsprechenden Konjunktionen zu einem Satzgefüge um.

Beispiel: Satzreihe: Die Tribünen sind vereist, somit fällt das Fußballspiel aus.
Satzgefüge: Die Tribünen sind vereist, sodass das Fußballspiel ausfallen muss.

Formen des Adverbs

155

Übung 9 Bezeichne in dem folgenden Abschnitt die Adverbien näher.

temporal (T), lokal (L), modal (M), kausal im engeren und weiteren Sinne (K).

Aus einem Kräuterlexikon

Basilikum

Basilikum schmeckt <u>etwas</u> ( ) pfeffrig, ist unglaublich intensiv und vollmundig aromatisch – der Duft eines Basilikumbusches hat <u>fast</u> ( ) betäubende Wirkung.
Verwenden sollte man <u>nur</u> ( ) die frischen Blätter, aber am besten sollte man <u>immer</u> ganze Stängel mit Basilikum pflücken und verarbeiten; getrocknet ist es <u>nicht</u> ( ) zu empfehlen.
Der Anbau ist nicht unproblematisch. Basilikum braucht <u>nämlich</u> ( ) viel Wärme, d.h. Temperaturen von mindestens 15° Celsius. Wenn Basilikum <u>jedoch</u> ( ) <u>erst</u> ( ) <u>einmal</u> ( ) wächst, ist es <u>kaum</u> ( ) zu bremsen und beginnt zu wuchern.

Kennzeichne im folgenden Text die Adverbien und bestimme sie nach dem oben genannten Muster.

Dill

Dill zum Fisch ist eine Offenbarung, kaum ein anderes Kraut harmoniert so mit dem leichten Salzgeschmack von Seefisch. Vor allem in Ländern mit kühlem Klima verbreitet, ist Dill dagegen heute in der Küche des Mittelmeerraumes fast unbekannt und wird dort gern mit Anis verwechselt.
Dill muss schon sehr früh ausgesät werden, am besten im Februar / März. Die dünnen Triebe sind windempfindlich. Dill nicht im Topf ziehen! Dort fällt die Ernte mager aus, denn Dill ist ein Tiefwurzler. Ideal ist ein guter humoser Boden. Dill sollte niemals verpflanzt werden.

Rauke (Rucola)

Der In-Salat der letzten Jahre darf natürlich in keinem mediterranen Salat fehlen. Eine unentbehrliche Beilage zu kurz gebratenem Fleisch. Bei Eintöpfen und Suppen erst zum Ende der Garzeit dazugeben.
Für die Küche werden nur die Blätter verwendet. Aus den getrockneten Samen wird Öl gepresst, deshalb wird sie auch als Ölrauke bezeichnet.
Die Rauke wächst schnell und sprießt üppig. Nach der Blüte sind die Blätter allerdings weniger wohlschmeckend. Nicht zu viel anbauen, meist kommt auch der gierigste Salatfreund dem Wachstum der Rauke nicht hinterher. Man kann sie auch auf dem Balkon ziehen, so hat man immer frischen Salat zur Verfügung.

(Nach: Henning Seehusen: Der Kräuterkompass, Gräfe und Unzer 2001)

Besondere Gruppen von Adverbien

Kommentaradverbien

Die Kommentaradverbien dienen dazu, den Grad der Gewissheit, eine gefühlsmäßige Einstellung (Freude, Hoffnung, Zweifel o.Ä.) oder eine Stellungnahme zu bekunden.

*Nicole feiert **gewiss** ihren Geburtstag.*
*Wir werden **hoffentlich** eingeladen.*
***Seltsamerweise** hat sie sich noch nicht gemeldet.*

Kommentaradverbien treten ohne Bindung zu anderen Wörtern im Satz auf. Sie können deshalb auch nicht wie andere Adverbien erfragt werden.

*Nicole feiert **gewiss** ihren Geburtstag.*   FRAGE: Wie sicher ist es, dass sie ihren Geburtstag feiert?

Wegen ihrer Sonderstellung können Kommentaradverbien auch in einen Satz umgeformt werden.

*Wir werden **hoffentlich** eingeladen.* → ***Ich hoffe**, dass wir eingeladen werden.*

Übung 10 Wandle wie im Beispiel die folgenden Satzgefüge in Sätze mit Kommentaradverbien um.

Beispiel: *Es ist bekannt, dass er zu den Hoffnungsträgern in der Partei gehört.*
***Bekanntlich** gehört er zu den Hoffnungsträgern in der Partei.*

1. Es ist sicher, dass er erneut kandidieren wird.
2. Ich vermute, dass er Minister werden will.
3. Ich gebe zu, dass ich ihn nicht mag.
4. Ich zweifle nicht daran, dass er seine Versprechen bricht.
5. Es ärgert mich, dass er ständig neue Versprechungen macht.
6. Ich hoffe deshalb, dass er nicht gewinnen wird.

Präpositionaladverbien

Funktion und Gebrauch

⟶ S. 160ff. Präposition
⟶ S. 199 Adverbiale Bestimmung

Präpositionaladverbien (auch Pronominaladverbien) beziehen sich auf **Dinge oder Sachverhalte.** Sie stehen für bestimmte Präpositionalgefüge und treten wie diese in der Rolle einer adverbialen Bestimmung oder eines Objekts auf. Präpositionaladverbien sind relationale Adverbien, d.h., sie beziehen sich auf Vorausgehendes.

*Das ist **Beates Fahrrad**. **Daneben** steht meins.* Wo? *(adverbiale Bestimmung des Ortes)*

Formen des Adverbs

157

S. 191
Akkusativ-
objekt

Die Arbeit ist hart.
***Daran** musst du dich gewöhnen.* An was? *(Akkusativobjekt)*

Beim Bezug auf Personen wählt man die Fügung aus Präposition + Pronomen.

*Sie achtet nicht **auf ihn.** (= z.B. auf den Radfahrer)*
***Aber:** Er achtet nicht **darauf.** (= z.B. auf das Auto)*

Lediglich bei Personen oder Lebewesen mit einem Sammelnamen kann auch das Präpositionaladverb verwendet werden.

*Wir sahen eine Gruppe von **Demonstranten. Darunter** waren auch viele Studenten.*

Bildung

Präpositionaladverbien werden aus den Adverbien *wo-, da-* und *hier-* und einer Präposition gebildet.

da + nach	→ *danach*
hier + nach	→ *hiernach*
wo + nach	→ *wonach*

Beginnt die Präposition mit einem Vokal, wird an das Adverb ein *–r* angefügt.

da [r] + an	→ *daran*
hier + an	→ *hieran*
wo [r] + an	→ *woran*

Häufig gebrauchte Präpositionaladverbien sind:

wo [r] + Präposition	*woran, worauf, woraus, wobei, wodurch, wofür, worin, womit, wozu, worunter, worüber ...*
hier + Präposition	*hieran, hierauf, hieraus, hierbei, hierdurch, hierfür, hierin, hiermit, hierzu, hierunter, hierüber ...*
da [r] + Präposition	*daran, darauf, daraus, dabei, dadurch, dafür, darin, damit, dazu, darunter, darüber, dahinter ...*

Übung 11 Ersetze die unterstrichenen Satzglieder durch ein Präpositionaladverb oder durch eine Fügung aus Präposition und Pronomen.

Beispiel: Er trägt eine rote Krawatte <u>zum grauen Anzug.</u> <u>Dazu</u> trägt er eine rote Krawatte.

1. Er kommt <u>nach seinem Vater.</u>
2. <u>In den Blumen</u> steckte ein Brief.
3. Marie zwinkerte <u>Tim zu.</u>
4. <u>Zum Hauptgang</u> reicht er einen Wein aus der Rioja-Gegend.
5. <u>Nach dem Essen</u> gehen wir ins Theater.
6. Das habe ich <u>für Julius</u> gekauft.
7. <u>Bei den Tätern</u> handelt es sich um Extremisten.
8. <u>Über den Vorfall</u> schweigen alle.
9. <u>Mit dem Fernglas</u> kannst du den Seeadler beobachten.
10. <u>Durch Marcels Einlenken</u> entspannte sich die Gesprächsatmosphäre.

Wortlehre

Interrogativ- bzw. Relativadverbien

→ S. 211f.
Interrogativsatz

→ S. 221
Relativsatz

Mit diesen Adverbien wird entweder ein **Fragesatz** oder ein **Relativsatz eingeleitet.** Sie unterscheiden sich von den übrigen Adverbien dadurch, dass sie immer am Satzanfang stehen und die Satzart (Frage- oder Relativsatz) signalisieren.

Wo sind die Schuhe?   Ich weiß nicht, *wo* die Schuhe sind.
Wann fährt der Bus?   Ich weiß nicht, *wann* der Bus fährt.
Wie schmeckt die Suppe?   So, *wie* die Suppe schmeckt, kann man
                                  sie nicht servieren.
Weshalb schmeckt die Suppe nicht? Die Suppe ist versalzen, *weshalb* ich sie
                                  nicht servieren kann.

Besonderheiten in der Rechtschreibung

Adverb und Verb

→ S. 92
Verbzusätze

Manche Adverbien sind eine so enge Verbindung mit bestimmten Verben eingegangen, dass sie fast nur in Verbindung mit diesen vorkommen. Sie können dann als Verbzusätze gelten und werden mit den Verben zusammengeschrieben.

beiseitelegen
entgegenstellen
auseinandersetzen
vorliebnehmen

Übung 12 Stelle jeweils ein Adverb und ein Verb zu einer sinnvollen Kombination zusammen und formuliere einen Beispielsatz.

Beispiel: Wir müssen in dieser Sache dringend <u>vorwärtskommen</u>.

vorwärts	nehmen
rückwärts	gehen
aneinander	kommen
vorlieb	legen
abhanden	fahren
beiseite	machen
zunichte	legen
zugute	kommen

Nominalisierte Adverbien

In einigen Redewendungen oder Ausdrücken treten nominalisierte Adverbien auf. Diese werden großgeschrieben.

*Nach langem **Hin** und **Her** gaben sie auf.*

Übung 13 Ergänze die Sätze sinnvoll.

Hin			Drumherum			Voraus
	Abseits		Her			
Jetzt		Rauf			Hier	
	Danach			Zurück		
			Runter			

1. Die Gegenpartei akzeptierte den Vorschlag ohne großes _____ und _____.
2. Auf das _____ und _____ kommt es an.
3. „Dauernd dieses _____ und _____!", schimpfte der Vater.
4. Michael Ballack stand fünfmal im _____.
5. Dieses _____ geht mir auf die Nerven.
6. Sie bezahlt die Miete im _____.
7. Das _____ war ihr gleichgültig.

Fehlerquellen beim Gebrauch lokaler Adverbien

Häufige Fehler entstehen beim Gebrauch der Adverbien *her* und *hin* und den entsprechenden Zusammensetzungen:

her – hin

her: zum Sprecherstandort

von oben: Komm herauf!
von unten: Komm herunter!
auch: *daher – dahin; dorther – dorthin ...*

hin: weg vom Sprecherstandort

Ich komme hinunter!
Ich komme hinauf!

Häufig in ihrer Bedeutung verwechselte Lokaladverbien sind:

herum – umher

herum: im Kreise

Ich gehe um das Haus herum.

umher: ziellos hin und her

Ich wandere im Park umher.

Wortlehre
160

Übung 14   Ergänze sinnvoll:

1. Komm bitte hier _____!
2. Er rief am Schreibtisch sitzend dem Anklopfenden zu: „_____ ein!"
3. Wir liefen dreimal um den Sportplatz _____.
4. Er reiste in der ganzen Welt _____.
5. Ich sitze auf dem Baum, Karl klettert _____ unter.
6. Rolf steigt in die Grube _____ unter.
7. Ich klettere die Leiter _____ auf.
8. Ich reiche dir das Brot _____ über.
9. Nur wenige Fremde schlenderten auf dem Platz _____.

Die Präposition

Die Funktion der Präposition

Präpositionen gehören zur Gruppe der Partikeln, sind also unflektierbar. Sie stehen nie selbstständig im Satz und treten weder als Satzglied noch als Attribut auf.

Sie verknüpfen Wörter und Wortgruppen, wobei sie die **Art der Beziehung** zwischen diesen bestimmen. Man nennt sie deshalb auch **Verhältniswörter.**

*Buch – Schreibtisch: Das Buch liegt **auf** dem Schreibtisch.*
*sich bedanken – Geschenk: Julius bedankt sich **für** das Geschenk.*
*zufrieden – Ergebnis: Stefan ist sehr zufrieden **mit** dem Ergebnis.*

Die jeweilige Präposition und die von ihr abhängige Wortgruppe bilden ein **Präpositionalgefüge** (auch Präpositionalgruppe).

*die Decke **aus Spanien***
*die Decke **aus galicischer Spitze***

Meistens stellt die Präposition eine **Beziehung zu einem Nomen/Substantiv bzw. Pronomen** her und bildet mit diesen eine **Nominalgruppe**. Die Präposition weist ihrer Nominalgruppe immer einen bestimmten Kasus zu.

> S. 101
> Kasus

> S. 122ff.
> Adjektiv

Einige Präpositionen können sich aber auch auf **Adjektive** oder **Adverbien** beziehen.

> S. 144ff.
> Adverb

*Ich fliege **nach Spanien**.* → Präposition + Nomen = Nominalgruppe
*Ich erinnere mich **an ihn**.* → Präposition + Pronomen = Nominalgruppe
*Die Kassiererin hielt den Schein nicht **für echt**.* → Präposition + Adjektiv
*Das Gewitter kommt **von dort**.* → Präposition + Adverb

Die Funktion der Präposition

161

Übung 1 Der folgende Textauszug stammt aus dem Jugendroman „Mose, der Mann aus der Wüste" von Arnulf Zitelmann. Unterstreiche die darin vorkommenden Präpositionen.

Schule

[...] „Ich bin Hormes, der Schreiber des Hohen Hauses", stellte sich der Lehrer vor. „Ich werde dein Lehrvater sein."

„Ja, Herr", antwortete Mose. „Und ich will folgsam sein."

„Gut so", erwiderte Hormes. Er ließ sich Schreibgerät und Blätter reichen, setzte sich und winkte den Jungen an seine Seite. [...] Hormes zeichnete mit sorgfältigen Binsenstrichen eine Reihe von kleinen Bildern auf seinen Papyrus und ließ sie von Mose erklären.

„Eine Fahne, ein fliegender Vogel, dann ein Kreis mit Punkt und das sind zwei Beine beim Gehen", zählte der Junge auf. „Das letzte Bild verstehe ich nicht."

„Es ist ein weinendes Auge", sagte Hormes. „Und jetzt malst du sorgfältig die Zeichen ab. Male möglichst klein, dass dir Platz auf der Tafel bleibt. Und verbessere nichts. Ich werde mich später wieder um dich kümmern."

Inzwischen war der Hof voll mit Schülern, die Fangen spielten, sich rauften, durcheinanderschrien. Hormes erhob sich und winkte seinen Gehilfen. Die eilten mit erhobenen Stöcken unter die Jungen und scheuchten sie auf ihre Plätze. Der Unterricht begann. Mose machte sich daran, die Bildzeichen in senkrechten Spalten auf seine Tafel zu übertragen. Seine Ohren glühten vor Eifer, und ehe die Schatten der Säulenhalle eine Elle zurückgewichen waren, hatte er, am rechten Rand beginnend, die ganze Schreibfläche ausgefüllt.

[...] Hormes fuhr fort: „Ich habe mir deine Tafel angesehen. Du musst dich bemühen, noch kleiner zu schreiben." Er winkte einem Gehilfen. „Lass dir von Heh vorführen, wie man die Tafel reinigt, und dann beginnst du noch mal von vorn."

„Ja, Herr", antwortete Mose, ließ sich von Heh in der Hofecke den Gebrauch von Schwamm und Wassertopf zeigen und begab sich wieder auf seine Matte. [...]

„Am Anfang sieht's leicht aus", sagte Hormes zu Mose, nachdem dieser ein paar Wochen lang die Bilderzeichen seines Lehrers auf seine Schreibtafel übertragen hatte. „Du hast bisher gelernt, deine Hand und das Auge zu üben. Nun aber brauche ich auch deinen Kopf. Schau her, ich male auf deine Tafel Kreis und Mittelpunkt. Ein Bild für die Sonne, und in der Steinschrift an den Tempelmauern taucht das Sonnenzeichen ständig auf. Und noch leichter, hier haben wir die Gans, also ein Bildzeichen für das Wort ‚Gans'. So weit ist alles einfach, oder?"

„Ja, Herr", stimmte der Junge zu.

„Jetzt aber musst du aufpassen", fuhr Hormes fort. „Zum Beispiel das Wort ‚Sohn' hat in der Schrift dasselbe Zeichen wie das Wort ‚Gans', Die Sache kommt so zustande, dass bei uns in Meri beide Worte dieselben Mitlaute haben. Beim Sprechen kann es dabei kaum eine Verwechslung geben, aber beim Schriftbild, weil wir nämlich beim Schreiben alle Selbstlaute weglassen. Da sehen die beiden Worte ‚Gans' und ‚Sohn' dann genau gleich aus. Man weiß also nicht, welches von beiden Wörtern wir tatsächlich meinen, das Schnattervieh oder den Sohn."

Wortlehre

Ich kann vielleicht ein Männchen neben das Wort malen", schlug der Junge vor. „Dann sieht man, dass ‚Sohn' gemeint ist."
„Sehr gut", lobte Hormes, strich über seinen Kahlkopf und schaute Mose mit Babi-Augen an. „Genauso geht das. Die Bildzeichen brauchen also zusätzliche Erklärungsbilder. Die darfst du allerdings nicht mitlesen. Sonst kriegst du bei deinem Beispiel das Wort Gänse-Mann."
„Ich verstehe das ganz gut", sagte Mose. „Ich muss also Bilder und außerdem noch die Erklärungsbilder lernen."...

(Aus: Arnulf Zitelmann: Mose, der Mann aus der Wüste. dtv junior 1995, S. 68ff.)

Form und Stellung

Die meisten Präpositionen bestehen aus einem Wort und stehen in der Regel vor dem Bezugswort, daher auch die lateinische Bezeichnung „Präposition" = „das Vorgestellte".

*Eva und Frederik kommen **mit dem** Fahrrad.*

➭ S. 95
Artikel

Diese **vorangestellten Präpositionen** verschmelzen oft mit dem bestimmten Artikel.
Häufige Verschmelzungen sind:

an + dem	→ am
bei + dem	→ beim
in + dem	→ im
von + dem	→ vom
zu + dem	→ zum
zu + der	→ zur
an + das	→ ans
auf + das	→ aufs
in + das	→ ins

*Jasmin fährt **zur** Schule.*
*Kilian springt **ins** Schwimmbecken.*

Übung 2 Setze die richtige Verschmelzung in die folgenden Sätze ein.

Beispiel: (An) <u>Am</u> Sonntag findet ein Kreativmarkt statt.

1. Julius und Lotte gehen heute (in) _____ Schwimmbad.
2. (Zu) _____ Eröffnung der Veranstaltung spielt eine Blues-Band.
3. Rolf ist gerade (bei) _____ Segeln.
4. Sie klebt das Mietgesuch (an) _____ schwarze Brett.
5. Bring bitte Käse (von) _____ Markt mit!
6. Der Gartentisch steht noch (in) _____ Keller.
7. Eva setzt sich erschöpft (auf) _____ Sofa.
8. Es ist (zu) _____ Verzweifeln!

> **BESONDERHEIT** Präpositionen

Präpositionen, *die grundsätzlich* **hinter dem Bezugswort** stehen, sind:
halber, zuliebe, zuwider

*Seiner Frau **zuliebe** wechselte er die Arbeitsstelle.*

Einige Präpositionen können dem Bezugswort **vor- oder nachgestellt** werden: entgegen, entlang, entsprechend, gegenüber, gemäß, ungeachtet, wegen, zufolge

***Wegen** des Glatteises verspätete sie sich.*
*Des Glatteises **wegen** verspätete sie sich.*

Präpositionen, die aus **zwei Teilen** bestehen, **umklammern** ihr Bezugswort, zum Beispiel:
um – willen, von – an, von – auf, an – vorbei, von – wegen

***Von** Anfang **an** war Ulrike dagegen.*

Einteilung der Präpositionen nach ihrer Bedeutung

Die Präpositionen lassen sich je nach Art des Verhältnisses, das sie ausdrücken, in vier semantische (inhaltliche) Gruppen einteilen: Man spricht von **lokalen, temporalen, modalen** und **kausalen** Präpositionen.

Lokale Präpositionen

Sie kennzeichnen eine räumliche Beziehung, also einen **Ort**/eine **Lage** oder **Richtung**.

Ort, Lage	an, auf, außerhalb, bei, diesseits, fern, gegen, hinter, in, inmitten, innerhalb, jenseits, nahe, neben, oberhalb, über, zwischen, unweit, vor ...
Richtung	bis, durch, entlang, nach, seitwärts, von, zu ...

*So isst man den Matjes: Man fasst den Fisch **am** (Ort/Lage) Schwanz, hebt ihn **über** (Richtung) den Kopf und lässt ihn **in** (Richtung) den Mund gleiten.*

S. 101
Kasus

Manche Präpositionen können **sowohl eine Lage als auch eine Richtung** anzeigen. Teilweise verlangen sie dann einen unterschiedlichen Kasus.

*Man hebt den Matjes **über** den Kopf. (Richtung)*
*Der Matjes wird **über** dem Kopf gehalten. (Lage)*

Wortlehre

Übung 3 Entscheide, ob die Präpositionen in den folgenden Sätzen einen Ort bzw. die Lage (O) oder die Richtung (R) kennzeichnen. Füge die entsprechenden Abkürzungen in die Klammer ein.

Im Land der Pharaonen: Die beiden Länder

1. Wenn man sich im Anflug <u>auf</u> ( ) Kairo befindet, sieht man, dass Ägypten aus zwei Landschaften besteht.
2. <u>Im</u> ( ) Norden befindet sich das Nildelta, das wie eine Lotusblüte aussieht; im Süden das Niltal, das <u>zwischen</u> ( ) zwei Wüsten liegt.
3. Kairo, die heutige Hauptstadt Ägyptens, liegt <u>in</u> ( ) der Nähe von Memphis, der ursprünglichen Hauptstadt der Pharaonen.
4. Memphis nannte man auch „Die Waage der beiden Länder", weil es <u>an</u> ( ) der Stelle lag, wo das Delta (Unterägypten) <u>in</u> ( ) das Niltal (Oberägypten) übergeht.
5. Das Niltal reicht <u>von</u> ( ) Kairo <u>bis</u> ( ) Assuan und ist etwa 900 Kilometer lang.
6. Es ist nicht sehr breit: maximal 20 Kilometer. <u>Seitlich</u> ( ) des Nils liegt ein schmaler Streifen Ackerland.
7. Der Ackerbau <u>auf</u> ( ) diesem Bereich der „schwarzen Erde" brachte im alten Ägypten große Erträge.
8. Direkt <u>neben</u> ( ) diesem fruchtbaren Land beginnt die Wüste.
9. Ägypten ist also gewissermaßen eine riesige Oase <u>inmitten</u> ( ) einer Wüste.

Temporale Präpositionen

Sie kennzeichnen eine zeitliche Beziehung, also einen **Zeitpunkt** oder **Zeitabschnitt**.

Zeitpunkt:	ab, gegen, um, vor, nach, zu ...
Zeitabschnitt:	binnen, bis, für, in, innerhalb, seit, unter, über, um, während, zeit, zwischen ...

Vor dem Spiel ist nach dem Spiel. (Zeitpunkt)
Wir haben uns seit Ostern nicht mehr gesehen. (Zeitabschnitt)

Eine strikte Unterscheidung der Präpositionen ist aber auch hier nicht möglich. Je nach Satzaussage lassen sich manche Präpositionen sowohl für die Bestimmung eines **Zeitpunktes** als auch eines **Zeitabschnittes** verwenden.

Er kommt um 5 Uhr. (Zeitpunkt)
Er wird um die 10 Minuten für den Weg brauchen. (Zeitabschnitt)

Einteilung der Präposition nach ihrer Bedeutung

Übung 4 Füge die folgenden temporalen Präpositionen sinnvoll in den Text ein.

während – vor – im – bis – ab – zur – in – binnen – seit

Im Land der Pharaonen: Das Nilhochwasser

_____ dem Bau der beiden Staudämme von Assuan gab es ein Phänomen, das einzigartig auf der Welt war: ein alle Jahre wiederkehrendes Hochwasser, das Ägypten fruchtbar machte. _____ Juni schwoll das Nilwasser regelmäßig an. _____ weniger Wochen verwandelte es das Land in einen riesigen See. Deshalb wurden _____ damaligen Zeit die Dörfer auch immer auf Hügeln gebaut. _____ September zog sich der Fluss dann wieder zurück und hinterließ Schlamm, den die Bauern von Ochsen, Schweinen und Eseln in den Boden stampfen ließen. Dieses wohlwollende und unersetzliche Hochwasser wurde von den Ägyptern Hapi genannt.
_____ dem Bau des Assuan-Staudamms hat Ägypten nichts mehr von dem Hochwasser. _____ der Flut setzt sich der Schlamm im Nasser-See ab und zersetzt sich dort. Die Pharaonen hatten sich stets davor gehütet, solch einen schrecklichen Fehler zu begehen, und stattdessen ein System aus Dämmen, Kanälen, Becken und Reservoirs angelegt, das das Wasser _____ zum nächsten Hochwasser zurückhielt und nach Bedarf verteilte. Die Menschen glaubten _____ jener Zeit, dass der Pharao für das Hochwasser verantwortlich sei.

Modale Präpositionen

Sie kennzeichnen eine Beziehung der **Art und Weise.**
Solche Präpositionen sind:
als, an, auf, außer, bei, bis auf, entgegen, für, gegen, gemäß, in, mit, nach, ohne, seitens, trotz, über, unter, von, wider, zu …

***Außer** ihm wurde niemand informiert.*
***Zu** ihrer Erleichterung kam der Zug pünktlich.*

Übung 5 Unterstreiche in dem folgenden Text die modalen Präpositionen.

Im Land der Pharaonen: Der Tod des Pharaos

Wenn ein Pharao starb, dann war das gesamte Land in Trauer. Männer rasierten sich nicht mehr, Frauen kämmten sich nicht und man machte sich an die Mumifizierung, die siebzig Tage dauerte. Die Herstellung einer Mumie diente dazu, den sterblichen Körper in einen unvergänglichen Körper ohne Alter und Verfall umzuwandeln, einen Körper also, der ewig weiterbestehen würde. Die Mumie, die den Pharao mit Osiris, dem gestorbenen und auferstandenen Gott, gleichstellte, sollte seiner beflügelten Seele als Stütze dienen. Sobald die Mu-

Wortlehre

mie fertiggestellt war, wurden an ihr Auferstehungsriten vollzogen, sodass der Geist des Pharaos, der aus dem Licht kam, wieder ins Licht zurückkehren konnte. Einige Mumien von Pharaonen sind zum Glück nicht von Grabräubern gefunden worden und werden heute in einem Saal des Ägyptischen Museums in Kairo aufbewahrt.

Nach der Trauerzeit wurde ein neuer Pharao bestimmt. Es musste nicht unbedingt der Sohn des gerade verstorbenen Königs sein. Ein Rat von Weisen wählte den aus, der ihnen am besten geeignet schien, das schwierige Amt zu übernehmen. Außerdem gab es seitens des Pharaos die Möglichkeit, seinen Nachfolger schon während seiner eigenen Herrschaft einzuarbeiten. Er ließ ihn an der Macht teilhaben, brachte ihm sozusagen den Beruf bei und sie regierten gemeinsam. Wenn der alte König starb, war der junge König bereit, seine Nachfolge anzutreten, und konnte gemäß seinem Vorgänger handeln und dessen Werk fortführen.

Kausale Präpositionen

Hierzu gehören nicht nur Präpositionen, die eine **Begründung oder einen unzureichenden Gegengrund** kennzeichnen (kausale Präpositionen im engeren Sinne), sondern auch **konditionale, konzessive** und **finale** Präpositionen.

kausal Begründungen im engeren Sinne	aus, dank, wegen, infolge, vor … trotz	*Aus* unerfindlichen Gründen meldet sie sich nicht. *Trotz* großer Schmerzen nahm sie am Rennen teil.
konditional Bedingungen, Mittel	bei, durch, mit, von …	*Das Fest wurde **mit** großem Aufwand vorbereitet.*
konsekutiv Folge	infolge, zu …	*Der Vorgang war **zum** Einschlafen.*
final Zweck	für, damit, zur, zwecks …	*Ich habe einen Badeanzug **für** den Urlaub gekauft.*

Übung 6 Entscheide, ob es sich bei den unterstrichenen Präpositionen um kausale (kau), konditionale (kond), konsekutive (kons) oder finale (fin) handelt. Trage die entsprechende Abkürzung in die Klammer ein.

Im Land der Pharaonen: Die Cheops-Pyramide von Giseh

1. Wegen (   ) ihrer Größe gilt die Cheops-Pyramide von Giseh als Königin aller Pyramiden.
2. Berechnungen zufolge (   ) steht sie genau auf dem Längengrad, der über das meiste Land und das wenigste Wasser führt und die Erde in zwei aus gleich viel Land bestehende Flächen teilt.
3. Außerdem zeigen ihre vier Seiten mit (   ) erstaunlicher Genauigkeit in die vier Himmelsrichtungen.

Einteilung der Präposition nach ihrer Bedeutung

4. Trotz ( ) gegenteiliger wissenschaftlicher Erkenntnisse denken viele Menschen, dass die Pyramiden von ( ) Tausenden von Sklaven erbaut wurden.
5. Dieses Bild entsteht vor allem aufgrund ( ) falscher Darstellungen in Spielfilmen.
6. In Wirklichkeit wurden die Pyramiden und Tempel von ( ) freien und gut bezahlten Menschen unter ( ) der Aufsicht sehr qualifizierter Baumeister errichtet.
7. Zur ( ) Bewachung des Pyramidenfeldes von Giseh diente die Sphinx.
8. Die Sphinx ist ein Löwe mit einem menschlichen Kopf, der durch ( ) das traditionelle Königskopftuch einem Pharao gleicht.

Übung 7 Unterstreiche in dem Gedicht von Rudolf Otto Wiemer die Präpositionen und bestimme, ob es sich um eine lokale (l), temporale (t), modale (m) oder kausale (k) Präposition handelt. Trage die entsprechende Abkürzung in die Klammer am Versende ein.

Verhältniswörter

ich lebe
entgegen jeder erwartung ( )
anstelle eines anderen ( )
auf zwei schultern tragend ( )
ohne gelben stern ( )
mit eigenheim und auto ( )
kraft meiner tüchtigkeit ( )
über meine verhältnisse ( )
ungeachtet des ersten krieges ( )
ungeachtet des zweiten krieges ( )
infolge nichtbenutzung des gedächtnisses ( )
zwecks wiederholung des gehabten ( )
diesseits der mauer ( )
gegenüber hiroshima ( )
nicht schlecht

(Aus: Bundesdeutsch. Lyrik zur Sache Grammatik. Hrsg. von R. O. Wiemer. Wuppertal: Hammer 1974)

Die Beispiele und Auflistungen zeigen, dass die meisten **Präpositionen mehr als eine Gebrauchsweise** haben. Die jeweilige Bedeutung einer Präposition geht dabei aus dem **Satzzusammenhang** hervor.

Beispiel: Die Präposition **in**

Im November haben wir neue Vorhänge gekauft. (temporal) *Sie hängen in der Küche.* (lokal) *Sie sind in einem cremigen Weiß gehalten.* (modal) *Im Zuge des Umbaus sind sie leider etwas verschmutzt worden.* (kausal/konsekutiv)

Übung 8 Bestimme in den folgenden Sätzen die Bedeutung der kursiv gesetzten Präpositionen: lokal (l), temporal (t), modal (m) und kausal (k)

1. Das Haus steht *vor* der Kreuzung. ( ) 2. Die Mutter warnt das Kind *vor* den Autos. ( )

Wortlehre

3. *Vor* der Klassenarbeit sind alle nervös. ( ) 4. Die Frau schwitzte *vor* Anstrengung. ( ) 5. Der große Knopf dient *zur* Einstellung der Lautstärke. ( ) 6. *Zur* Kirche geht es links ab. ( ) 7. Bei der Abenteuerwanderung sind wir *zu* Land und *zu* Wasser unterwegs. ( ) 8. *Zu* seiner Überraschung waren sie schon zurück. ( ) 9. Das Haus ist *aus* Holz. ( ) 10. Das Wasser läuft *aus* der Spülmaschine. ( ) 11. Die Vase stammt *aus* dem 17. Jahrhundert. ( ) 12. *Aus* Neugier lauschte Peter hinter der Tür. ( ) 13. *Nach* eigenen Angaben ereignete sich der Unfall bei dichtem Nebel. ( ) 14. *Nach* der Suppe folgt der Hauptgang. ( ) 15. Folge der Straße *nach* der Tankstelle! ( ) 16. Die Seife riecht *nach* Lavendel. ( ) 17. *Über* kurz oder lang erfährt sie es doch. ( ) 18. Die Spinne hängt *über* dir. ( ) 19. Wir fahren *über* Nacht. ( ) 20. Ralf nimmt an einem Vortrag *über* Norwegen teil. ( )

Präpositionalgefüge mit fester Präposition

▶ S. 195ff.
präpositionales Objekt

Einige Verben, Nomen/Substantive oder Adjektive sind eine so enge Verbindung mit einer bestimmten Präposition eingegangen, dass sie nicht ohne sie stehen können. Sie bilden **Präpositionalgefüge mit fester Präposition**. Hier hat die Präposition nur die Aufgabe, grammatisch zu verknüpfen; eine Einordnung in die oben genannten Gruppen ist nicht möglich.

Verb + Präposition	Substantiv + Präposition	Adjektiv + Präposition
sich ärgern über	Ärger über	ärgerlich über ...
beglückwünschen zu	Glückwunsch zur/zum	glücklich über ...
zufrieden sein mit	Zufriedenheit mit	zufrieden mit ...
bitten um	Bitte um	dankbar für ...
danken für	Dank für	
sich fürchten vor	Furcht vor	
hoffen auf	Hoffnung auf ...	
hindern an		
sich eignen zu		
klagen über ...		

▶ S. 91ff.
Verbzusammensetzung

Zu unterscheiden sind die präpositionalen Verbindungen aus Verb und Präposition von den Verbzusammensetzungen aus Verb und Präposition.
Im Gegensatz zu den festen Präpositionalgefügen werden die Verbzusammensetzungen in der Infinitivform immer zusammengeschrieben.
In der konjugierten Form unterscheiden sich die festen Präpositionalgefüge und Verbverbindungen nur teilweise in der Rechtschreibung (siehe folgende Tabelle).

Einteilung der Präposition nach ihrer Bedeutung

169

festes Präpositionalgefüge aus Verb und Präposition	feste (untrennbare) Verbzusammensetzung	unfeste (trennbare) Verbzusammensetzung
sich ärgern über	übersetzen	übersetzen
Ich ärgere mich über das unaufgeräumte Zimmer.	Ich übersetze vom Spanischen ins Deutsche.	Ich setze mit der Fähre nach Dover über.

Übung 9 Füge die entsprechenden Präpositionen ein.
Trage die im Text vorkommenden Präpositionalgefüge und die Verbzusammensetzungen in ihrer Infinitivform in die Tabelle ein.

Kleine IKEA-Story

Ingvar Kamprad, der Firmengründer von IKEA, wird 1926 im südschwedischen Agunnaryd geboren. Der Sohn einer Bauernfamilie entdeckt schnell sein Verkaufstalent und handelt bereits als Siebenjähriger _____ Streichhölzern, Uhren, Saatgut und Papierwaren.

1943 nimmt er sein Studium am Handelsinstitut in Göteborg _____ und lässt gleichzeitig seine Firma IKEA _____ Handelsregister eintragen. Nach einem kurzen Gastspiel bei einem Holzhaushersteller konzentriert sich Kamprad 1948 vollständig _____ sein eigenes, noch kleines Unternehmen und nimmt zwei Jahre später Möbel _____ sein Sortiment _____.

1965 eröffnet IKEA das erste Möbelhaus in Stockholm, ab 1974 gibt es IKEA auch in Deutschland – 154 IKEA-Häuser gibt es heute weltweit.

Wusstest du, wie der Name IKEA zustande kommt? Er setzt sich _____ den Initialen des Firmengründers, seines Hofes und des Geburtsortes zusammen: Ingvar Kamprad, Emtaryd, Agunnaryd.

Wusstest du, wie die Möbel von IKEA _____ ihren eigenartigen Namen kommen? Zwei Mitarbeiterinnen wählen sie _____. Mithilfe von Landkarten werden sie fündig: Sofas, Sessel und Regale hören _____ schwedische Ortsnamen, Badezimmerartikel sind _____ Flüssen und Seen, Stoffe _____ weiblichen Vornamen und Büromöbel _____ männlichen Namen benannt.

Wusstest du, dass IKEA zum Beispiel auch _____ einem Hersteller für Einkaufswagen zusammenarbeitet? Er stellt Rahmen und Beine _____ bestimmte Tische her.

(Quelle: IKEA)

Präpositionalgefüge	Verbzusammensetzung
handeln mit	

Wortlehre

Präposition und Kasus (Rektion der Präpositionen)

S. 101
Kasus

Jede Präposition regiert (lat. rectio = Regierung) **den Kasus** des zugehörigen Nomens/Substantivs oder Pronomens. Bei Präpositionen, die sowohl den Dativ als auch den Akkusativ nach sich ziehen können, beeinflusst auch die Bedeutung des Verbs die Rektion.

Präpositionen mit Genitiv

abseits, außerhalb, abzüglich, anfangs, angesichts, anlässlich, anstatt, bezüglich, diesseits, hinsichtlich, infolge, inklusive, inmitten, kraft, laut, mangels, seitens, trotz, ungeachtet, innerhalb, unweit, vorbehaltlich, wegen, zeit, zugunsten, zuzüglich, zwecks ...

Anfangs der Zielgeraden beschleunigte sie.
Der Bürgermeister erschien anlässlich der Grundsteinlegung.

Übung 10 Setze den richtigen Fall ein.

Beispiel: Moritz wird wegen (sein Haarschnitt) verspottet. Moritz wird wegen seines Haarschnitts verspottet.

1. Während (die Abwesenheit) der Lehrerin lärmte die Klasse.
2. Innerhalb (wenige Minuten) zog ein Unwetter auf.
3. Anlässlich (die Wiedereröffnung) gratulieren wir euch herzlich.
4. Die Straße verläuft längs (die Eisenbahnlinie).
5. Das Gehöft liegt außerhalb (die Stadt).
6. Wegen (der Frost) konnten die Arbeiten nicht fortgesetzt werden.
7. Seitens (die Schule) gibt es keine Einwände.
8. Bezüglich (der Vorfall) möchte ich noch einmal mit dir sprechen.
9. Anstelle (die Inline-Skates) bekam er ein Lexikon.
10. Oberhalb (die Siedlung) entsteht ein Spielplatz.

Heutzutage wird vor allem im mündlichen Sprachgebrauch der **Genitiv häufig durch den Dativ ersetzt.** Bei dem Gebrauch von Präpositionen mit dem Genitiv ist Folgendes zu beachten: Der Präposition folgt dann ein Genitiv, wenn dem Bezugswort ein Artikel, ein anderer Begleiter oder ein Adjektiv vorausgehen, die den Kasus anzeigen. Falls ein derartiges kasusanzeigendes Wort fehlt, weicht man in den Dativ aus.

Einteilung der Präposition nach ihrer Bedeutung

a) Nomen/Substantiv im Plural

Genitiv	Dativ
mangels stichhaltiger Beweise	mangels Beweisen
wegen der hohen Verluste	wegen Verlusten
abseits der Strecke	abseits von der Strecke
aufgrund heftiger Proteste	aufgrund von Protesten

b) Nomen/Substantiv im Singular
   Bei Nomen/Substantiven im Singular hält sich der Genitiv teilweise noch,
   auch wenn kein kasusanzeigendes Wort vorangeht. Die Dativformen sind
   aber üblicher.

Genitiv	Dativ
außerhalb Hamburgs	außerhalb von Hamburg
abzüglich des Skontos	abzüglich Skonto
wegen des Räumungsverkaufs	wegen Räumungsverkauf
trotz des Lärms	trotz Lärm

Präpositionen mit Dativ

ab, aus, außer, bei, entgegen, fern, gegenüber, mit, nach, nächst, nebst, ob, samt,
seit, von, zu, zuliebe ...

*Der Minister erschien **nebst Gattin.***
*Sie verließ **mitsamt der Kiste** das Haus.*

**Übung
11** Setze die richtige Endung ein und bilde Sätze.

Beispiel: mit altmodisch<u>em</u> Regenschirm. Er ging immer mit altmodischem
Regenschirm spazieren.

1. mit ein_____ frisch_____ Apfel
2. aus erst _____ Hand
3. nach d_____ letzt_____ Stunde
4. mit ihr_____ Freundin
5. seit dies_____ Erklärung
6. entgegen dein_____ Versprechen
7. zu_____ bestanden_____ Prüfung
8. samt all_____ Zubehör
9. zu_____ Bahnhof
10. bei sein_____ Freundin

Wortlehre

172

Präpositionen mit Akkusativ

durch, für, gegen, ohne, pro, um, wider

Der Weg führt **durch den Wald.**
Pia lehnt das Rad **gegen den Baum.**

Übung 12 Setze die richtige Endung ein und bilde Sätze.

Beispiel: durch <u>den</u> tief<u>en</u> Wald – Hänsel und Gretel gingen durch den tiefen Wald.

1. um d_____ See
2. für d_____ krank_____ Freundin
3. ohne groß_____ Verzögerung
4. durch d_____ Garten
5. für d_____ nächst_____ Heimspiel
6. gegen d_____ erst_____ Vorschlag
7. wider d_____ Vergessen
8. gegen d_____ Hauswand
9. pro angefangen_____ Stunde
10. ohne groß_____Aufsehen

Übung 13 Setze die richtige Endung ein und bestimme den Kasus. Füge die entsprechende Abkürzung in die Klammer am Zeilenende ein: Genitiv (G), Dativ (D), Akkusativ (A).

Beispiel: Innerhalb wenig<u>er</u> Jahre wurde sie zu einer hervorragenden Sprinterin. (G)

1. Der Zug fährt durch ein_____ lang_____ Tunnel. ( )
2. Nach d_____ Klavierstunde gehe ich immer in die Stadt. ( )
3. Zum Glück kam Gregor mit ein_____ groß_____ Regenschirm.( )
4. Während d_____ Mittagspause ist das Büro unbesetzt. ( )
5. Der Brief ist von mein_____ Freundin Anna. ( )
6. Oberhalb d_____ Wald_____ verläuft ein kleiner Feldweg. ( )
7. Um ihn zu erreichen, müssen Sie durch d_____ Ort fahren. ( )
8. Für d_____ nächst_____ Saison habe ich eine Dauerkarte. ( )
9. Seit dies_____ Vorfall haben wir nicht mehr miteinander telefoniert. ( )
10. Wegen ein_____ Lungenentzündung fiel Gregor zwei Wochen aus. ( )
11. Heute sorgen sich mehr Menschen als früher um d_____ Qualität des Wassers. ( )
12. Du kannst dich auf d_____ Auskunft verlassen. ( )
13. Abseits d_____ Badeorte findet man auf Mallorca traumhafte Plätze. ( )
14. Der Maler hat drei Jahre an dies_____ Bild gearbeitet. ( )
15. Ich fürchte, ich habe ihn damit vor d_____ Kopf gestoßen. ( )
16. Meine Oma verließ das Haus nie ohne ihr_____ Hut. ( )

Präpositionen mit Dativ und Akkusativ

Bei den Präpositionen an, auf, hinter, in, neben, über, unter, vor und zwischen steht der **Akkusativ**, wenn eine **Bewegung oder Tätigkeit** zu einem Punkt hin erfolgt. Der **Dativ** bezeichnet die **Ruhestellung** oder den **Zustand**.

Dativ – Ruhestellung, Zustand	Akkusativ – Bewegung, Tätigkeit
Ich stehe *am See.*	Ich gehe *an den See.*
Ich sitze *auf dem Stuhl.*	Ich setze mich *auf den Stuhl.*
Der Besen hängt *hinter der Tür.*	Ich hänge ihn *hinter die Tür.*
Der Eimer steht *neben dem Schrank.*	Ich stelle ihn *neben den Schrank.*
Die Butter liegt *im Kühlschrank.*	Ich lege die Butter *in den Kühlschrank.*
Die Wolke schwebt *über der Stadt.*	Die Wolke zieht *über die Stadt.*
Der Lehrer sitzt *vor der Klasse.*	Er setzt sich *vor die Klasse.*
Er hält *zwischen den Häusern.*	Er fährt *zwischen die Streithähne.*

Wenn man beim Gebrauch dieser Präpositionen die Verhältnisse nicht auf solche des Zustandes oder der Richtung zurückführen kann, gilt Folgendes:
Der **Akkusativ** steht bei den Präpositionen auf und über.

*Ich habe mich sehr **über den Brief** gefreut.*
*Ich werde dich **auf jede Weise** unterstützen.*

Der **Dativ** steht bei den Präpositionen an, in, hinter, unter, vor und zwischen.

*Petra zweifelt **an der Richtigkeit** der Nachricht.*
*Lotte fürchtet sich **vor der Dunkelheit.***

Übung 14 Setze die richtige Endung ein und bestimme den Kasus. Füge die entsprechende Abkürzung in die Klammer ein: Dativ (D), Akkusativ (A).

1. Er legt den Hund an d_____ Kette. ( )
2. Der Hund liegt an d_____ Kette. ( )
3. Sie hing an sein_____ Arm. ( )
4. Sie hängte sich an sein_____ Arm. ( )
5. Ich trete vor d_____ Tür. ( )
6. Ich stehe vor d_____ Tür. ( )
7. Ich stelle das Fahrrad vor d_____ Haus. ( )
8. Das Fahrrad steht vor d_____ Haus. ( )

Übung 15 Bilde Sätze mit dem Dativ und dem Akkusativ.

Beispiel: Ute sitzt vor dem Baum. (Dativ)
Ute setzt sich vor Fabian. (Akkusativ)

halten über – fahren über – lehnen an – fallen auf – führen in – sehen über – hängen an

Wortlehre

Stilistische Aspekte

Häufungen von Präpositionen sind möglich, sollten aber der Verständlichkeit wegen vermieden werden. Man sagt also nicht:
Er stand in vor Nässe triefenden Kleidern vor ihm,
sondern bildet zum Beispiel ein Satzgefüge:
Er stand vor ihm in Kleidern, die vor Nässe trieften.
Eine andere Möglichkeit der Vereinfachung besteht in der Bildung von Zusammensetzungen. Statt:
Sie stand mit vor Freude strahlenden Augen vor ihm
sagt man:
Sie stand mit freudestrahlenden Augen vor ihm.

Übung 16 Löse folgende Häufungen auf. Greife dabei auf Konstruktionen mit Nebensätzen oder auf Zusammensetzungen zurück.

Beispiel: Ich danke Ihnen für die im vergangenen Jahr geleisteten Arbeiten.
→ Ich danke Ihnen für die Arbeiten, die Sie im vergangenen Jahr geleistet haben.

1. Detmar wohnt in mit allem Komfort ausgestatteten Räumen.
2. Wir tranken aus mit Tee gefüllten Thermosflaschen.
3. Wir fuhren in trotz des schlechten Wetters überfüllten Bussen zum Aussichtsturm.
4. Die Postkarte zeigt eine Reihe von im Seegang schaukelnden Booten.
5. Wir folgten dem Brautpaar in mit Schleifen geschmückten Autos.

Die Konjunktion

Die Funktion der Konjunktion

⇒ S. 214ff.
Satzreihe

⇒ S. 217ff.
Satzgefüge

Konjunktionen bringen Gedankengänge in **inhaltliche** und **syntaktische Zusammenhänge**. Sie **verbinden Wörter, Wortgruppen** und **Sätze miteinander** und stellen damit eine **logische Verknüpfung** her. Dabei treten Konjunktionen weder als Satzglied noch als Attribut auf.

*Meike **und** Paul gehen zum Schwimmen.*
*Meike und Paul helfen sich bei den Hausaufgaben, **weil** sie sich mögen.*

Es lassen sich vier verschiedene Gruppen von Konjunktionen unterscheiden: **nebenordnende Konjunktionen, Satzteilkonjunktionen, Infinitivkonjunktionen** und **unterordnende Konjunktionen**.

Koordinierende (nebenordnende) Konjunktionen

Nebenordnende Konjunktionen verbinden **grammatisch gleichwertige Wörter, Wortgruppen oder Sätze** (zum Beispiel Hauptsätze oder gleichgeordnete Nebensätze) miteinander. Je nach der inhaltlichen Verbindung, die sie herstellen, teilt man sie folgendermaßen ein:

	kopulativ (anreihend)	disjunktiv (ausschließend)	restriktiv (einschränkend) adversativ (entgegensetzend)	kausal (begründend)
eingliedrige Konjunktion	und, so, wie, sowie, außerdem, zudem, ferner, überdies ...	oder, sonst, andernfalls ...	aber, allein, nur, sondern, doch, jedoch, dennoch, hingegen, indessen, gleichwohl, vielmehr, zwar ...	denn, daher, deshalb
mehrgliedrige Konjunktion	sowohl ... als auch, sowohl ... wie auch, nicht nur ... sondern auch, erst ... dann, weder ... noch	entweder ... oder ...	zwar ... aber, nicht nur ... sondern auch ...	

Kopulative (anreihende) Konjunktionen

Mit **kopulativen Konjunktionen** werden **Wörter, Wortgruppen** oder **Sätze aneinandergereiht.** Die mehrgliedrigen Konjunktionen sind dabei nachdrücklicher als die eingliedrigen Konjunktionen.

*Meike **und** Isabel **sowie** Bettina und Margit sind schon lange befreundet.*
***Nicht nur** Meike und Isabel, **sondern auch** Bettina **und** Margit sind lange befreundet.*
*Sie spricht Türkisch **und** Spanisch. Sie spricht **sowohl** Türkisch **als auch** Spanisch.*

Disjunktive (ausschließende) Konjunktionen

Mit **disjunktiven Konjunktionen** wird ausgedrückt, dass **von mehreren Möglichkeiten nur eine in Betracht** kommt. Auch hier verleiht eine mehrgliedrige Konjunktion dem Gesagten mehr Nachdruck.

*Gib mir mein Geld zurück, **andernfalls** schalte ich die Polizei ein.*
*Ute kommt morgen **oder** übermorgen. Ute kommt **entweder** morgen **oder** übermorgen.*

Wortlehre

Restriktive (einschränkende) und adversative (entgegensetzende) Konjunktionen

Restriktive Konjunktionen drücken eine **Einschränkung** aus, während **adversative** Konjunktionen einen **Gegensatz** bezeichnen. Zu beachten ist, dass die Konjunktion **sondern** immer mit einem Negationswort (z.B. kein, nicht, niemand) gebraucht werden muss.

*Die Ausbildung war sehr anstrengend, **doch** sie gab nicht auf.*
*Sie hielt den Vortrag **nicht** vor einem ausgewählten Fachpublikum, **sondern** vor interessierten Laien.*
*Er hatte schon viele Länder bereist, **aber** Marokko gefiel ihm besonders gut.*

Die Konjunktion **aber** tritt häufig auch in Verbindung mit dem Adverb **zwar** auf:

***Zwar** gibt es in der Politik viele Missstände, **aber** es gibt auch viele integere Politikerpersönlichkeiten.*

Kausale (begründende) Konjunktionen

Kausale Konjunktionen drücken eine **Begründung** aus. Die Konjunktion **denn** steht nur zwischen Sätzen, während die Konjunktion **weil** als nebenordnende Konjunktion zwischen zwei Adjektiven steht.

*Sie war sehr müde, **denn** sie hatte die letzte Nacht lange gefeiert.*
*Die schlechte, **weil** äußerst fehlerhafte Arbeit wurde mit mangelhaft bewertet.*

Übung 1 Stelle zwischen den folgenden Sätzen eine logische Verknüpfung her, indem du sie mittels einer nebenordnenden Konjunktion verbindest. Bestimme die Konjunktion anschließend unter Zuhilfenahme der Tabelle, (S. 175). Du kannst die Sätze durch einen Punkt, durch ein Semikolon oder auch durch ein Komma voneinander abtrennen.

Beispiel: Petra ist die ganze Woche über schon sehr nervös. Am Sonntag wird sie einen einjährigen Auslandsaufenthalt beginnen.
Petra ist schon die ganze Woche über nervös. Denn sie wird am Sonntag einen einjährigen Auslandsaufenthalt beginnen. (kausale Konjunktion)

1. Sie hat sich diesen Schritt im Vorfeld lange überlegt. Sie hat sich doch dazu durchgerungen.
2. Petra leidet unter Heimweh. Sie hat große Lust, neue Dinge kennenzulernen.
3. Sie überwindet ihr Heimweh. Sie bricht ihren Aufenthalt ab.
4. Dieser Aufenthalt soll ihre Sprachkenntnisse verbessern. Sie interessiert sich für die Kultur des Landes und für neue Menschen.
5. Es war schwierig, einen Platz in einem Austauschprogramm zu bekommen. Dieser Aufenthalt kostet viel Geld.

6. Petra hat einige Wochen gearbeitet, um sich an diesen Kosten zu beteiligen. Ihre Eltern waren nicht bereit, die gesamte Summe alleine aufzubringen.
7. So ein Aufenthalt hat nicht nur Vorteile. Er birgt auch Nachteile in sich. Sie wird ein Schuljahr wiederholen müssen. Sie wird erst ein Jahr später Abitur machen. Einige Freundschaften wird sie über die Entfernung nicht hinreichend pflegen können. Für Petra überwiegen die positiven Aspekte.
8. Ihren Eltern fällt der Abschied von Petra schwer. Ihren Geschwistern fällt der Abschied schwer. Ein kleines bisschen freuen sie sich auch für Petra.

Satzteilkonjunktionen

Mit **Satzteilkonjunktionen** werden Satzteile (Satzglieder oder Attribute) in den Satz integriert. Sie lauten: **wie, als, desto, umso.**
Die Satzteilkonjunktionen **desto** und **umso** gebraucht man in Verbindung mit einem Komparativ. Sie werden **auch proportionale Konjunktionen** genannt, da sie ein gleichbleibendes Verhältnis anzeigen. Im Gegensatz zu den Konjunktionen **wie** und **als** trennt man diese durch ein Komma ab.

*Sie ist flink **wie** ein Wiesel.*
*Ich bin größer **als** du.*
*Je eher wir beginnen, **desto** besser.*

Infinitivkonjunktionen

Die Konjunktionen **zu, statt...zu, anstatt...zu, ohne...zu, um...zu** stehen in einem **Zusammenhang mit einem Infinitiv,** der direkt angefügt wird, und werden somit als **Infinitivkonjunktionen** bezeichnet.
Infinitivgruppen müssen nur dann durch ein Komma abgetrennt werden, wenn sie durch einen Hinweis angekündigt, wenn durch Rückverweis auf sie Bezug genommen wird oder wenn sie zwischen Subjekt und Prädikat eingeschoben werden. Zur Verbesserung der Lesbarkeit kann die Infinitivgruppe aber auch in allen anderen Fällen durch ein Komma abgetrennt werden.

*Er verließ die Universität(,) **um** eine Ausbildung zu beginnen.*
***Anstatt** sich auf die Prüfung vorzubereiten(,) genoss sie den Sommer.*

Subordinierende (unterordnende) Konjunktionen

Unterordnende Konjunktionen leiten einen **Gliedsatz/Nebensatz** ein und **verbinden** diesen mit einem **grammatisch übergeordneten Hauptsatz.** Man unterscheidet je nach inhaltlicher Beziehung der Sätze zueinander unterschiedliche Gruppen:

temporal (zeitlich)	modal (Art und Weise)	kausal (begründend)	mit syntaktischer Funktion:	konsekutiv (Folge)	konditional (Bedingung)	konzessiv (Einräumung)	final (Absicht)	proportional (Verhältnis)
Kennzeichnung der Gleichzeitigkeit: während, indem, als, wenn, nun, sowie, sobald, solange, indes, wie **Kennzeichnung der Vorzeitigkeit:** nachdem, seit, seitdem, als, sobald, sowie **Kennzeichnung der Nachzeitigkeit:** bis, bevor, ehe, als, wenn	**im engeren Sinn:** indem, ohne dass, anstatt dass, dadurch, dass **im weiteren Sinn:** – Vergleich: als wenn, als ob, als, wie, wie wenn – restriktiv / adversativ: insofern, insoweit, soviel, während (nicht zeitlich), wohingegen	**im engeren Sinn*:** weil, zumal (da)	**Einleitung von Subjekt-, Objekt- und indirekten Fragesätzen:** dass, ob, wie	sodass, so dass, als dass, dass	wenn, falls, im Falle, dass, sofern, soweit	obgleich, obwohl, wenn auch, (ungeachtet der Tatsache) dass, wiewohl, obschon, obzwar, wenngleich	damit, dass	je ... desto, umso

* Auch konsekutive, konditionale, konzessive, finale und proportionale Konjunktionen werden zu den Konjunktionen gezählt, die im weiteren Sinne eine Begründung ausdrücken.

Die Funktion der Konjunktion

179

Temporale Konjunktionen:

Während ich unter der Dusche stand, bereitete mein Freund das Abendessen vor. (Gleichzeitigkeit)

Nachdem wir gemeinsam gegessen hatten, wollten wir uns einen spannenden Kinofilm ansehen. (Vorzeitigkeit)

Ehe wir uns jedoch auf einen Film geeinigt hatten, waren schon alle Vorstellungen ausverkauft. (Nachzeitigkeit)

Modale Konjunktionen:

*Sie überzeugten die Wähler und Wählerinnen, **indem** sie ein durchdachtes Wahlprogramm vorstellten.*

Restriktive/adversative Konjunktionen:

*Er wird das Stellenangebot annehmen, **sofern** er reduziert arbeiten kann.*
*Charis und Fernando fuhren mit dem Auto in den Urlaub, **während** Konrad und Isabel den Zug benutzten.*

Kausale Konjunktion:

*Vera treibt regelmäßig Sport, **weil** ihr ihre Gesundheit wichtig ist.*

Konsekutive Konjunktion:

*Er hatte schon so viel getrunken, **dass** er kein Auto mehr fahren durfte.*

Konditionale Konjunktion:

***Wenn** Anke den Medizinertest besteht, wird sie zum nächsten Semester das Studium der Medizin aufnehmen.*

Konzessive Konjunktion:

***Obwohl** sie eifrig trainiert hatte, konnte sie keine Medaille gewinnen.*

Finale Konjunktion:

*Sie beeilte sich, **damit** sie die Vorstellung nicht verpasste.*

Proportionale Konjunktion:

***Je** aufmerksamer sie das Buch las, desto mehr fesselte sie die sprachliche Kraft der Autorin.*

Konjunktionen mit syntaktischer Funktion

➡ **S. 225**
Subjektsatz
➡ **S. 225**
Objektsatz
➡ **S. 75**
indirekter
Fragesatz

Die Konjunktionen **dass, ob** und **wie** bestimmen **keine inhaltliche Beziehung** zwischen Nebensatz/Gliedsatz und Hauptsatz, **sondern** erfüllen eine ausschließlich **syntaktische Funktion.** Sie schließen Subjekt-, Objekt- und indirekte Fragesätze an.

*Er sah ein, **dass** er einen Fehler gemacht hatte.* (Objektsatz)
***Ob** man ihm diesen verzieh, war nicht sicher.* (indirekter Fragesatz/Subjektsatz)
*Sie fragte sich, **wie** sie diese Aufgabe bewältigen sollte.* (indirekter Fragesatz/Objektsatz)

Wortlehre

180

Übung 2 Setze in den folgenden Text eine passende unterordnende Konjunktion ein. Bestimme anschließend die inhaltliche Beziehung (bzw. syntaktische Funktion) der Sätze zueinander.

Beispiel: Vor 200 Millionen Jahren bestand die Erde aus nur einem Kontinent, (weil) alle heutigen Kontinente damals im Urkontinent Pangäa vereinigt waren. [kausale Beziehung]

Kontinentalverschiebung

Die Frage, (   ) es zu einem Auseinanderdriften der Kontinente kommen konnte, beschäftigt die Wissenschaftler bis heute. [   ]
Sicher ist jedoch, (   ) die Kontinentalverschiebung noch nicht abgeschlossen ist. Insofern muss sich die menschliche Vorstellungskraft daran gewöhnen, (   ) ganze Kontinente über die Erde treiben wie Eisschollen über einen See [   ]. (   ) die Fragmente der Erdkruste lediglich mit einer Geschwindigkeit von höchstens 17 Zentimeter pro Jahr auseinanderdriften, werden für unsere Generation die Folgen noch unerheblich sein.[   ]
(   ) weiter man jedoch zurückgeht, desto deutlicher werden die Ausmaße solcher Verschiebungen: Vor 200 Millionen Jahren existierte der Atlantik noch nicht, waren Afrika, Amerika und Europa vereint.
(   ) man die Kontinente wie Puzzlestücke aneinandersetzt, kann man den Bruch der Küstenlinien auch heute noch gut erkennen.[   ]
(   ) der deutsche Geowissenschaftler Alfred Wegener die Theorie der Kontinentalverschiebung bereits vor 100 Jahren erkannte, konnte er sich damit nicht durchsetzen. (   ) er an das Auseinanderdriften der Kontinente glaubte, konnten sich seine Kollegen nur ein Auf- und Absteigen der Erdkruste, nicht aber ein Seitwärtswandern vorstellen.[   ]
(   ) die einst glühende Kugel langsam auskühlt, so ihr Modell, schrumpft sie zusammen. [   ]
Dabei werfen sie Falten auf, (   ) Gebirge entstehen.[   ]
Die seltsamen Übereinstimmungen früherer Lebensgemeinschaften in weit entfernten Ländern erklärt man mit Landbrücken, die später im Meer versunken seien. Ähnliche Küstenlinien seien eine Laune der Natur. Es dauerte lange, (   ) die Forschung sich von diesen Theorien distanzierte.[   ]
(   ) der geniale Vordenker Wegener bereits drei Jahrzehnte zuvor das Zeitliche gesegnet hatte, setzte sich seine Theorie durch.[   ]
Es brauchte zahlreiche Forschungsarbeiten, (   ) man die Kontinentalverschiebung erklären konnte.[   ]
(   ) wir davon etwas merken, wirken in einer 2850 Kilometer mächtigen Schicht unterhalb der dünnen Erdkruste innere Kräfte.[   ]
(   ) heiße Gesteinspakete unter der Erdkruste abkühlen, weichen sie aus und steigen aufgrund der Temperaturunterschiede nach oben.[   ]
(   ) sie wieder ins Erdinnere absinken, nehmen sie Stücke der Erdkruste – die tektonischen Platten – mit.[   ]
(   ) die Theorie der Plattentektonik bis in die sechziger Jahre umstritten war, ist sie heute das gängige Standardmodell.[   ]
(   ) die Kontinente ihren Kurs behalten, könnten in rund fünfzig Millionen Jahren Afrika mit Europa zusammenwachsen, Australien mit Asien kollidieren sowie Kalifornien mit Alaska. [   ] Allerdings sind solche Prognosen sehr unzuverlässig. (Nach: Klaus Jacob: Kontinente auf Achse. in: NZZ Folio vom 17.10.2002)

Die Funktion der Konjunktion

181

Übung 3 Setze in den folgenden Text die passenden Konjunktionen ein. Alle Konjunktionen, die du einsetzen musst, sind unten angegeben.

Beispiel: Marie Curie war die erste Frau, die einen Nobelpreis erhielt (und) dieses gleich zweimal: 1903 für Physik (und) 1911 für Chemie.

Geboren wurde Marie Salome Sklodowska am 7. November 1867 in Warschau als fünftes Kind. Ihr Vater arbeitete als Mathematik- (_____)Physiklehrer an einem Warschauer Gymnasium, (_____) die Mutter ein kleines Mädchenpensionat in dem gleichen Haus, in dem die Familie wohnte, betrieb. (_____) die Eltern beide berufstätig waren, war die ökonomische Lage des Lehrerehepaares schlecht. (_____) der Unterhalt für die siebenköpfige Familie konnte nur mit Mühe aufgebracht werden. (_____) Marie zehn Jahre alt war, verstarb ihre Mutter an Tuberkulose. (_____) um ihr Alleinsein zu kompensieren, begann die kleine Marie schon früh zu lernen, (_____) um ihrem Vater zu gefallen. (_____) Marie noch keine 16 Jahre alt war, beendete sie durchaus erfolgreich ihre Gymnasialzeit. (_____) konnte sie nicht sofort ein Universitätsstudium beginnen, (_____) an polnischen Mädchenoberschulen, (_____) sie sie besucht hatte, keine klassischen Sprachen gelehrt wurden (_____) ihr damit die Hochschulzugangsberechtigung fehlte. Aus diesem Grund war für Marie nur ein Studium im Ausland möglich. (_____) das Geld für ein Auslandsstudium aufgebracht werden konnte, kam es zu einem familieninternen Tauschgeschäft. 1885 nahm Marie eine Stellung als Gouvernante an, (_____) ihre ältere Schwester Bronia von ihrem Verdienst an der Pariser Sorbonne Medizin studieren konnte. (_____) diese ihre Ausbildung beenden würde, würde sie nun ihrerseits ihre jüngere Schwester unterstützen. 1891 konnte Marie endlich ihr Studium in Paris aufnehmen (_____) Naturwissenschaften studieren. Bereits 1893 erhielt sie ihr Diplom in Physik, überdies ein Stipendium, (_____) sie ihr Studium fortsetzen konnte. 1895 heiratete sie den Physiker Pierre Curie, der ihr als Zeichen seiner Zuneigung keine Blumensträuße, (_____) signierte Sonderdrucke seiner Forschungsarbeiten schickte. Für Marie Curie war Pierre eine gute Partie, (_____) er unterstützte seine Frau in ihrem Wissensdrang. (_____) die Geburt der Tochter 1898 (_____) das spartanische Leben, welches das Forscherpaar führen musste, hemmten Maries Forscherdrang. 1896 bestand sie das Staatsexamen als Mathematik- (_____) Physiklehrerin (_____) 1903 legte sie an der Sorbonne ihre Doktorprüfung ab. Gegenstand ihrer Doktorarbeit waren die von Becquerel entdeckten Strahlen. Während ihrer Arbeiten entdeckte Marie Curie, dass von dem Stoff Uran Strahlungen ausgehen, (_____) gab dieser Eigenschaft den Namen Radioaktivität. Diese Erkenntnis sollte die Grundlage für die Erforschung der Atomstruktur im 20. Jahrhundert werden. (_____) Marie Curie alleine, (_____) ihr Mann beteiligte sich an den Arbeiten (_____) gemeinsam gelang es ihnen, zwei Stoffe herzustellen, deren Radioaktivität erheblich höher lag als die des Urans, Polonium und Radium. (_____) Marie und Pierre Curie (_____) ihr gemeinsamer Lehrer A. H. Becquerel erhielten für diese Forschungsarbeiten den Nobelpreis für Physik. (_____) ihr Mann 1906 bei einem Verkehrsunfall verstarb, übernahm

Wortlehre

die mittlerweile zweifache Mutter die Nachfolge ihres Mannes auf dessen Lehrstuhl an der Sorbonne. 1911 bekam sie einen zweiten Nobelpreis, diesmal auf dem Gebiet der Chemie für die Entdeckung des Radiums. Ihre Tochter führte die geistige Tradition der Familie Curie fort, (_____) sie 1935 gemeinsam mit ihrem Mann Frederic Joliot einen Nobelpreis für Chemie bekam. Diesen Triumph konnte Marie Curie jedoch nicht mehr miterleben, (_____) sie verstarb am 4. Juli 1934.

(Nach: Fölsing, Ulla: Nobel-Frauen: Naturwissenschaftlerinnen im Portrait. München: Beck'sche Verlagshandlung 1990, S.29–44)

> indem, und (8x), dennoch, als (3x), nicht nur ... sondern auch (2x), wie, sowohl ... als auch, während (2x), obwohl, denn (2x), sobald, sodass, da, damit (2x), sondern, weder ... noch,

Die Interjektion

Interjektionen sind unflektierbare Wörter, die dazu dienen, **Mitteilungen,** die sich sprachlich nicht detailliert ausdrücken lassen, dennoch **prägnant zu fassen.** Sie stehen in der Regel vor einem Satz.

Sie lassen sich in **zwei Gruppen** unterteilen: **Ausdrucks-** bzw. **Empfindungswörter** und **Nachahmung von Lauten** bzw. Schalleindrücken.

Nachahmung von Lauten	Ausdrucks-/Empfindungswörter
Tierische Laute: *kikeriki, miau, muh, quak, wau* **Menschliche Laute:** *hatschi, haha* **Sonstige Laute:** *tatütata, rumps, ritsch, ratsch, hui, peng*	**Schmerz:** *au, aua* **Erleichterung:** *uff, puh* **Bedauern:** *auwei, ach, oje* **Freude:** *hui, juchhuh, heißa/heisa* **Ekel:** *igitt, pfui* **Schadenfreude:** *ätsch* **Schaudern:** *brr* **Erstaunen:** *oh, nanu*

Weitere Interjektionen

Neben diesen klassischen Lautverbindungen werden aber auch einige
Substantive/Nomen: *Au Backe!*
feste Verbindungen: *Ach du meine Güte! Oh mein Gott!*
und reduzierte Verbformen: *ächz* (ächzen), *seufz* (seufzen)
als Interjektionen gebraucht.

 Übung 1 Was drücken die folgenden Interjektionen aus? Formuliere jeweils eine Erklärung.

Beispiel: hihi: Ausdruck von Freude, Spaß

rums, iah, bäh, bibber-bibber, herrje, brr, klirr, hoppla, klingeling, ticktack, pst, quak, hurra, hm, pfui, wuff-wuff, platsch

Der Satz und seine Glieder

Der Satz und seine Glieder

Permutation (Verschiebeprobe)

Sätze bestehen nicht aus willkürlich nebeneinandergestellten Wörtern, sondern **bilden eine sprachliche Einheit.** Jeder Satz besteht aus **Satzgliedern,** die unterschiedliche formalgrammatische Merkmale haben und unterschiedliche Funktionen im Satz erfüllen. Sie können **aus einem Wort oder einer Wortgruppe** bestehen.

Die einzelnen Satzglieder lassen sich durch die **Verschiebeprobe** (Umstellprobe, Permutation) herausfinden. **Einzelne Wörter oder Wortgruppen,** die sich bei dieser Probe **nicht trennen,** sondern **nur zusammen verschieben lassen,** bilden ein **Satzglied.**

Bei der **Verschiebeprobe** muss der Satz **grammatisch korrekt** bleiben und darf **keine wesentliche inhaltliche Veränderung** erfahren. Das Umstellen der Satzglieder bedeutet dennoch eine Betonung/Akzentuierung und ist somit eine Frage des Sprachstils.

Annette fährt mit ihrer Freundin Margit aus Köln in den Sommerferien nach Italien.

In den Sommerferien fährt Annette mit ihrer Freundin Margit aus Köln nach Italien.

Mit ihrer Freundin Margit aus Köln fährt Annette in den Sommerferien nach Italien.

Nach Italien fährt Annette mit ihrer Freundin Margit aus Köln in den Sommerferien.

Satzglieder sind demnach:
Annette, fährt, mit ihrer Freundin Margit aus Köln, in den Sommerferien, nach Italien

Unzulässig ist z.B. die folgende Verschiebung, da sie das Kriterium der grammatischen Korrektheit nicht erfüllt:
Nach Italien in den Sommerferien Annette fährt mit ihrer Freundin Margit aus Köln.

Ebenso unzulässig ist die folgende Verschiebung, da sie den Inhalt des Satzes wesentlich verändert:
Annette aus Köln fährt mit ihrer Freundin Margit in den Sommerferien nach Italien.

Die Aussage dieses Satzes verändert den Sachgehalt des Ausgangssatzes, denn im Ausgangssatz kommt Margit aus Köln und nicht Annette.

Übung 1 Bestimme in den folgenden Sätzen die einzelnen Satzglieder, indem du die Verschiebeprobe anwendest.

Beispiel: Gestern hatte Rainer den ersten Arbeitstag in seiner neuen Firma.

Rainer hatte gestern den ersten Arbeitstag in seiner neuen Firma.
In seiner neuen Firma hatte Rainer gestern den ersten Arbeitstag.
Den ersten Arbeitstag hatte Rainer gestern in seiner neuen Firma.

Gestern hatte Rainer in seiner neuen Firma den ersten Arbeitstag.
Satzglieder: Rainer, gestern, den ersten Arbeitstag, in seiner neuen Firma

1. Die Arbeit gefällt ihm dort sehr gut.
2. Er gestaltet seine Arbeitszeiten vollkommen flexibel.
3. Auch die netten Kollegen und Kolleginnen erleichtern ihm den Einstieg.
4. Bestimmt bleibt er seiner neuen Arbeit für lange Zeit treu.

Substitutionstest (Kommutation, Ersatzprobe)

Fast immer führt die Verschiebeprobe zu einem eindeutigen Ergebnis. In wenigen Problemfällen lassen sich die Satzglieder durch die Verschiebeprobe jedoch nicht eindeutig einteilen/segmentieren. In diesen Fällen wendet man die **Ersatzprobe** an. Dabei muss das Prinzip der **geschlossenen Ersetzbarkeit** Anwendung finden. Unter einer Ersatzprobe versteht man also, dass Satzglieder, die aus einer Wortgruppe bestehen, **geschlossen durch ein Wort ersetzbar sein müssen**.

Er nahm genug Geld mit.

In diesem Satz gibt es zwei Möglichkeiten der Verschiebung:

***Genug Geld** nahm er mit.*
***Geld** nahm er **genug** mit.*

Also gibt es auch die folgenden zwei Möglichkeiten, die Satzglieder zu bestimmen:

1. Möglichkeit	**2. Möglichkeit**
genug Geld	Geld
nahm mit	nahm mit
er	genug
	er

In diesem Fall wendet man das Prinzip der geschlossenen Ersetzbarkeit an:

*Er nahm **genug Geld** mit.*   oder   *Geld nahm er genug mit.*
*Er nahm **dieses** mit.*   *Geld nahm er in ausreichender Menge mit.*

Die Ersatzprobe macht in diesem Fall die unterschiedlichen inhaltlichen Akzentsetzungen deutlich.

Der Satz und seine Glieder

Das Prädikat (Satzaussage)

Das Prädikat besteht aus einer **finiten/konjugierten Verbform** und drückt aus, was das Subjekt tut, ist oder was mit ihm geschieht. Es antwortet auf die Frage: **Was tut ...? Was geschieht ...?** Subjekt und Prädikat sind immer **kongruent**, d.h., sie stimmen in Person und Numerus überein.

*Er **wohnt** in Paderborn. Wir **wohnen** in Paderborn.*

➡ S. 21ff.
Verb

Man unterscheidet **einteilige Prädikate**, die aus **einfachen Verbformen**, und **mehrteilige Prädikate**, die aus **zusammengesetzten Verbformen** gebildet werden (Tempus- und Modusformen, Passivformen, Verbindungen mit Modalverben sowie trennbar zusammengesetzte Verben).

Einteilige Prädikate:
*Sonja **lebt** seit zwei Jahren in Hamburg.*
*Paula **arbeitete** lange Zeit als Ärztin im Ausland.*

Mehrteilige Prädikate:
*Sie **haben** im Urlaub zahlreiche Museen **besichtigt**.* (Tempus: Perfekt)
*Nach monatelangem Stress **hatte** er seine Diplomarbeit endlich **fertiggestellt**.*
(Tempus: Plusquamperfekt)
*Sie **wird** ihn im nächsten Jahr **heiraten**.* (Tempus: Futur)
*Sie **hätte** gerne ein Haus in Südfrankreich **gekauft**, hat aber nicht genug Geld.*
(Modus: Konjunktiv II)
*Das Haus **ist verkauft worden**.* (Passivform)
*Sie **kann** die Prüfung **wiederholen**.* (Verbindung mit Modalverb)
*Er **holt** seine Freundin vom Bahnhof **ab**.* (trennbar zusammengesetztes Verb)

Mehrteilige Prädikate umschließen andere Satzglieder und dienen somit als **Prädikatsklammer/Satzklammer**.

*Sie **haben** im Urlaub zahlreiche Museen **besichtigt**.*

Übung 2 Unterstreiche alle einteiligen bzw. mehrteiligen Prädikate und versieh das jeweilige Subjekt mit einem Kasten.

Beispiel: In der Stadt Hameln herrschte eine furchtbare Rattenplage.

1. Als die Not am größten war, kam ein fremder Spielmann zu den Ratsherren.
2. Er wollte die Stadt von den Ratten befreien, wenn man ihm einen guten Lohn dafür zahlen würde.
3. Der Rat misstraute ihm, versprach ihm aber eine Menge Geld.
4. Nun konnte der Mann frohen Mutes und voller Tatendrang mit seiner Flöte durch die Straßen der Stadt ziehen.
5. Er wusste, dass er Hameln von der Rattenplage befreien würde.
6. Da kamen die Ratten in Scharen aus den Kellern und Häusern und folgten ihm zum Fluss.

7. Nachdem er die Tiere in die Weser hineingeführt hatte, ertranken diese schließlich.
8. Als der Spielmann wieder zu den Ratsherren kam und seinen Lohn einforderte, wurde ihm dieser verweigert.
9. Da ging der Fremde noch einmal durch die engen Gassen.
10. Statt der Ratten kamen nun die Kinder aus den Häusern.
11. Sie waren von den Melodien seiner Flöte angelockt worden und schlossen sich dem Rattenfänger an.
12. Er führte sie zum großen Stadttor und kein Mensch hat sie je wieder gesehen, niemand lüftete das Geheimnis.

Übung 3 Kreise alle einteiligen Prädikate ein und unterstreiche die mehrteiligen.

1. Nach verheerenden Unwettern und Überschwemmungskatastrophen an der südrussischen Schwarzmeerküste, in Tschechien, in Nord- und Mittelitalien sind auch weite Teile Deutschlands von Flutwellen heimgesucht worden.
2. Überall macht sich die bange Frage nach den Ursachen breit.
3. Ist das etwa der Treibhauseffekt?
4. Zeigte dieser Sommer, dass wir mitten in einer Klimaveränderung stecken?
5. Wird auch Deutschland zukünftig unter vielleicht noch größeren Naturkatastrophen leiden?
6. Wir müssen begreifen, dass der Anstieg der globalen Durchschnittstemperatur um knapp ein Grad nicht nur Inselgruppen im Südpazifik verschwinden lässt, sondern auch Deutschland betrifft.
7. Doch was ist eigentlich der Treibhauseffekt?
8. Treibhauseffekt bedeutet, dass die Erde sich aufgrund der vom Menschen verursachten Abgase Kohlendioxid und Methan kontinuierlich aufheizt, da diese Abgase Sonnenlicht durchlassen, aber die von der Erde ausgehende Wärmestrahlung zurückgehalten wird.
9. Hoffen wir auf eine andere Energiepolitik, auf die konsequente Förderung und Nutzung regenerativer Energien.

Das **Prädikat** (die konjugierte/finite Verbform) steht in **Aussagesätzen** und **Ergänzungsfragen** grundsätzlich an **zweiter Satzgliedstelle**.

→ S. 210ff.
Satzarten

*Philipp **kommt** morgen Abend um 19.23 Uhr in Köln **an**.* (Aussagesatz)
*Wann **kommt** Philipp morgen Abend **an**?* (Ergänzungsfrage)

An **erster Satzgliedstelle** befindet sich das Prädikat in **Aufforderungssätzen** und in **Entscheidungsfragen**.

***Gehst** du morgen mit mir ins Kino?* (Entscheidungsfrage)
***Geh** morgen mal wieder mit mir ins Kino.* (Aufforderungssatz)

→ S. 224f.
Gliedsatz

In eingeleiteten **Nebensätzen** nimmt das **Prädikat** die letzte Satzgliedstelle ein.
*Er verbringt seine Ferien oft in Südfrankreich, weil er die mediterrane Küche **liebt**.*

Der Satz und seine Glieder

Das Subjekt (Satzgegenstand)

S. 101ff.
Kasus

Das **Subjekt** ist **der formale und inhaltliche Bezugspunkt des Prädikats,** mit dem es in Person und Numerus übereinstimmt (Kongruenz). Es besteht zumeist aus einem Wort oder einer Wortgruppe und drückt aus, **wer oder was etwas tut** bzw. **ist** oder **was geschieht.** Es steht immer im **Nominativ (1. Fall)** und antwortet auf die Frage: **Wer oder Was ...?**

Subjekte werden gebildet durch
- **Nominalgruppen/Nomen/Namen**
  Die Schüler und Schülerinnen freuen sich auf die Sommerferien.
  Das Lehrerkollegium freut sich ebenfalls auf die Sommerferien.
  Janna möchte Tierärztin oder Krankenschwester werden.

- **Pronomen**
  Sie möchte unbedingt in Köln studieren.

- **nominalisierte Adjektive/Partizipien/Verben im Infinitiv, Infinitivkonstruktionen**
  Die Älteren regen sich oft über die Spaßgesellschaft auf.
  Die Verliebten genossen die unbeschwerten Tage in Paris.
  Laufen baut Stress ab.
  Abschalten zu können ist wichtig. (Infinitivkonstruktion)

- **Adverbien, Numeralien**
  Das Morgen kümmerte sie nicht.
  Viele wünschen sich weniger verregnete Sommer.

- **sowie durch Subjektsätze**
  Dass ihr mir alle beim Umzug geholfen habt, hat mich sehr gefreut.

BESONDERHEIT *Es* als Subjekt

- Das Wort **es** nimmt die Position des Subjektes ein, wenn es Pronomen im Nominativ ist.
  Das Mädchen wünschte sich ein Pflegepferd. **Es** wünschte sich ein Pflegepferd.

- Auch als unpersönlich gebrauchtes **es** ist es Subjekt des Satzes.
  Es blitzte und donnerte über mehrere Stunden.

- **Es** ist ebenfalls Subjekt, wenn es auf einen Nebensatz bzw. eine Infinitivgruppe verweist. In dieser Funktion bezeichnet man es als **Korrelat-es**.
  Es stört ihn, dass sie ziemlich unordentlich ist.

- Nicht Subjekt ist **es** hingegen, wenn es bei der Umstellprobe ersatzlos wegfallen kann. In dieser Funktion bezeichnet man es als **Platzhalter-es**.
  Es wurde Schmuck im Wert von 100000 Euro erbeutet. Im Wert von 100000 Euro wurde Schmuck erbeutet.

Das Subjekt (Satzgegenstand)

189

Übung 4
Bestimme in den folgenden Sätzen die Funktion des Wortes es (Pronomen, Korrelat-es, Platzhalter-es, unpersönlich gebrauchtes es) und gib an, wann es Subjekt ist.

Beispiel: Es kamen nur Freunde und Bekannte zu ihrer ersten Vernissage.
(Platzhalter-es)

1. Stefan gefällt es, häufig ins Kino zu gehen. (_____)
2. Es beunruhigt ihn bei seinen Aktiengeschäften, so viel Geld verloren zu haben. (_____)
3. Es wurden starke Kurseinbrüche an der Börse notiert. (_____)
4. Es tut mir leid. (_____)
5. Es ist sehr schön hier. (_____)
6. In italienischen Restaurants schmeckt es fast immer hervorragend. (_____)
7. Es ist verboten, die Grünflächen zu betreten. (_____)
8. Mir geht es gut. (_____)
9. Es warten schon Gäste. (_____)
10. Vietnamesisches Essen ist ausgesprochen lecker, wenn es auch sehr scharf ist. (_____)
11. Wo habe ich bloß mein Portemonnaie liegen gelassen? Ich suche es schon seit Montag. (_____)
12. Hoffentlich taucht es wieder auf; es würde mich sehr stören, sämtliche Papiere neu beantragen zu müssen. (_____/_____)
13. Es verstanden sie nur wenige, als sie ihre Bewerbung zurückzog. (_____)
14. Paula ist ihr Auto zu teuer. Sie überlegt, es zu verkaufen und auf öffentliche Verkehrsmittel umzusteigen. (_____)
15. Es handelt sich um eine raffinierte Vermarktungsstrategie. (_____)

Es ist in den Sätzen _____ Subjekt.

Übung 5
Unterstreiche in den folgenden Sätzen die jeweiligen Subjekte.

Beispiel: <u>Krokodile</u> können ihre Körpertemperatur nicht von innen regeln.

1. Sie verbringen den größten Teil des Tages damit, sich entweder abzukühlen oder aufzuwärmen.
2. Das Abkühlen bzw. Aufwärmen im Wasser reguliert also ihre Körpertemperatur.
3. So liegen die Tiere oft scheinbar faul im Schlamm oder sie lassen sich im Wasser treiben.
4. Wenn sie dabei das Maul weit aufsperren, fliegen bisweilen kleine Vögel hinein und picken Blutegel und Nahrungsreste aus ihren Zähnen.
5. Die Krokodile wissen das zu schätzen und tun ihren lebendigen Zahnbürsten nichts zuleide.

Der Satz und seine Glieder

Übung 6 Unterstreiche in den folgenden Sätzen die Subjekte und klassifiziere sie nach der Art ihrer Darstellung. Verwende folgende Abkürzungen: Nomen/Substantiv = N, Nominalgruppe = NG, Pronomen = P, Subjektsatz = S, nominalisiertes Verb = NV

Beispiel: Nachdem die Trauben geerntet worden sind, werden sie zunächst entrappt und anschließend zermahlen. (N/P)

Die Herstellung von Rotwein

1. Sorgfältiges Entrappen der Trauben ist eine mühselige Aufgabe. (_____)
2. Dies bedeutet, dass die Stiele von den Beeren entfernt werden. (_____)
3. Manche verzichten auf das Entrappen, da sie der Ansicht sind, dass die Stiele dem Wein Struktur verleihen. (_____)
4. Fruchtfleisch, Kerne und Schalen (die Maische) werden in einen Gärbehälter gefüllt, in dem innerhalb von fünf bis sieben Tagen die alkoholische Gärung stattfindet. (_____)
5. Um zu verhindern, dass der Wein durch Keime verdirbt, wird Schwefeldioxid hinzugefügt. (_____)
6. Dass zu stark geschwefelter Wein Kopfschmerzen verursacht, ist bekannt. (_____)
7. Aus dem Gärbehälter wird der Vorlaufmost entfernt und die verbleibende Maische wird zur Gewinnung des tanninreichen Pressmostes ausgepresst. (_____)
8. Für die rasche Vermarktung werden Rotweine zwei bis sechs Monate nach der Ernte in Flaschen gefüllt, wogegen im Eichenfass reifende Weine dieses erst nach sechs Monaten bis zwei Jahren verlassen. (_____/_____)

Das Objekt (Satzergänzung)

⇒ S. 101ff.
Kasus

⇒ S. 160ff.
Präposition

Das **Objekt** ist das Satzglied, das das Ziel der Handlung nennt oder den Gegenstand bzw. die Person, der/die von der Handlung betroffen ist. Das Verb bestimmt, welchen Kasus seine Ergänzung (das Objekt) haben muss. Dieses nennt man **Rektion des Verbs.**

Die spezifische Ergänzungsbedürftigkeit des Verbs (Valenz) bestimmt die Art und die Anzahl der Objekte. Das Objekt ist somit das direkt durch das Verb bestimmte Satzglied. Nach der Deklinationsform unterscheidet man **Akkusativ-, Dativ-,** und **Genitivobjekte;** daneben gibt es das **präpositionale Objekt.**

Objekte werden gebildet durch
– **Nominalgruppen/Nomen (Substantive)/Namen**

*Die Schüler kennen **die strengen Bewertungsmaßstäbe ihrer Mathelehrerin**.*
*Klaus besucht **seine Eltern** regelmäßig.*
*Ulla kennt **Philipp** seit ihrer Studienzeit.*

– **Pronomen**

*Er kann **ihr** nicht mehr vertrauen.*

– **nominalisierte (substantivierte) Adjektive/Partizipien/Verben, Infinitivkonstruktionen**

*Im Sommer gefällt St. Tropez **den Reichen und Schönen** sehr.*
*Der Rettungshubschrauber brachte **den Schwerverletzten** in das Aachener Klinikum.*
*Er braucht **das tägliche Schwimmen**.*
*Sie versicherte ihm, **sich regelmäßig zu melden**.*

– **Adverbien, Numeralien**

*Er akzeptiert **das ewige Hin und Her** seiner Freundin nicht mehr.*
***Eine Eins** im Zeugnis mag ich am liebsten.*

– sowie durch **Objektsätze**

*Er glaubte, **dass er ihr vertrauen könnte**.*
*Er kann nachvollziehen, **was sie empfindet**.*

Das Akkusativobjekt (Ergänzung im 4. Fall)

Das am **häufigsten** auftretende Objekt ist das **Akkusativobjekt**. Es bezeichnet den Zielpunkt einer Handlung. Seine Stelle im Satz ist meistens durch Nomen (Substantive)/Nominalgruppen/Pronomen sowie Objektsätze im Akkusativ besetzt. Es antwortet auf die Frage: **Wen oder Was ...?**

*Klaus besucht **seinen Freund**.*
Wen (oder Was) besucht Klaus? **Seinen Freund**
*Die Lehrerin korrigiert **Klausuren**.*
(Wen oder) **Was** korrigiert die Lehrerin? **Klausuren**
*Sie findet, **dass die neue Stelle eine Herausforderung ist**.*
(Wen) oder **Was** findet sie? **Dass die neue Stelle eine Herausforderung ist.**

➠ S. 22
transitive Verben

Das **Akkusativobjekt** fordern alle **transitiv** gebrauchten **Verben**.
*Er sucht ständig **seine Schlüssel**.*

➠ S. 22
intransitive Verben

Viele **reflexive** Verben zielen auf ein Reflexivpronomen im Akkusativ. Dieses ist jedoch kein Objekt, sondern Bestandteil des Verbs.
*Wir freuen **uns**.*
*Sie unterhalten **sich**.*

Handelt es sich jedoch um ein **unecht reflexives Verb**, so ist das **Reflexivpronomen Objekt**. Es kann in der Ersatzprobe durch andere Wortarten im Akkusativ ersetzt werden.
*Ich wasche **mich**.*
*Ich wasche **den Salat**.*

Die meisten **unpersönlichen Verben** (Verben, die im Satzzusammenhang mit dem Wort **es** als grammatisches Subjekt verknüpft sind) binden ein Akkusativobjekt an sich.
*Es dauerte **eine Weile**.*
*Es regnete **Bindfäden**.*

Der Satz und seine Glieder

Auch einige intransitive Verben können ausnahmsweise ein Akkusativobjekt haben.

*Er schläft **einen tiefen Schlaf.***
*Sie kämpften **einen fairen Kampf.***

Übung 7 Unterstreiche alle Akkusativobjekte.

Beispiel: Ich kenne <u>alle Bewohner der Straße</u>.

1. Sie kann sich keine Telefonnummern merken. Verliert sie ihr Handy mit all den eingespeicherten Nummern, ist sie hilflos.
2. Er hat seinen Cousin jahrelang nicht gesehen. Wird er ihn wiedererkennen?
3. Sie liebt die italienische Küche, die italienische Sprache und die ligurische Küste.
4. Bevor er das Haus verlässt, um zur Arbeit zu gehen, putzt er seine Schuhe.

Das Dativobjekt (Ergänzung im 3. Fall)

Das **Dativobjekt** antwortet auf die Frage **Wem...?** Seine Stelle im Satz ist durch Nomen (Substantive)/Nominalgruppen/Pronomen im Dativ besetzt, die häufig Personen bzw. Lebewesen bezeichnen.

*Charlotte ähnelt **ihrem Vater** sehr.*
*Wem ähnelt Charlotte sehr? **Ihrem Vater***

Verben, die den **Dativ regieren,** sind oftmals Verben, die ein **Verhalten (Nähe und Entfernung)** bzw. **eine persönliche Beziehung gegenüber einer Sache/Person** ausdrücken:

begegnen, folgen, ausweichen, entkommen, entfliehen, nachgeben, fehlen, vergehen, dienen, huldigen, gehorchen, glauben, trauen, vertrauen, helfen, beistehen, nützen, raten, beistimmen, danken, vergeben, schaden, widerstreben, widerstehen, erwidern, entgegnen, antworten, trotzen, drohen, zürnen, grollen, behagen, glücken, gefallen, gelingen etc.

*Der Autofahrer folgt **der Umleitung.***
*Der neue Film von Jean-Pierre Jeunet „Die fabelhafte Welt der Amélie" gefällt **dem Publikum** sehr.*

Es gibt einige **unpersönliche Verben,** die den Dativ verlangen:
es gebührt, es bekommt, es graut, es schaudert, es schwindelt etc.

*Es graut **ihm** vor der dunklen Jahreszeit.*

Das Objekt (Satzergänzung)

S. 22 reflexive Verben

Reflexive Verben (sich denken, sich einbilden, sich erbitten, sich merken, sich vorstellen etc.) können auch auf ein Reflexivpronomen im Dativ zielen. Dieses ist jedoch kein Objekt, sondern Bestandteil des Verbs.

*Du bildest **dir** viel auf dein Geld ein.*
*Ich denke **mir** das folgendermaßen.*

Handelt es sich jedoch um ein **unecht reflexives Verb,** so ist das Reflexivpronomen Objekt. Es kann in der Ersatzprobe durch andere Wortarten im Dativ ersetzt werden.

*Ich sage **mir**, dass es nur besser werden kann.*
*Ich sage **meiner Schwester**, dass es nur besser werden kann.*

Übung 8   Unterstreiche alle Dativobjekte und stelle die Kasusfrage.

Beispiel: Die Mathelehrerin erklärt den Schülern der Klasse 7a den Satz des Pythagoras.

Kasusfrage: Wem erklärt die Mathelehrerin den Satz des Pythagoras?

1. Es gelingt ihr, in den Schülern ein „Aha-Erlebnis" hervorzurufen.
   Kasusfrage: _____
2. Christoph schenkt seiner Freundin am Valentinstag weiße Rosen.
   Kasusfrage: _____
3. Da Stephanie eine Diät macht, widersteht sie dem Genuss der Pralinen.
   Kasusfrage: _____
4. Der Schulleiter dankte in seiner Rede zum 25-jährigen Schuljubiläum dem Kollegium, den Schülern und den Eltern.
   Kasusfrage: _____

Das Genitivobjekt (Ergänzung im 2. Fall)

Das **Genitivobjekt** (gehobene Sprachform) kommt **sehr selten** vor und antwortet auf die Frage **Wessen...?** Seine Stelle ist ausschließlich durch Nomen (Substantive)/Nominalgruppen oder Pronomen im Genitiv besetzt.

*Er ist sich **seiner Fehler** bewusst.*   *Wir gedenken **ihrer.***
Wessen ist er sich bewusst? **Seiner Fehler**   Wessen gedenken wir? **Ihrer**

Es gibt nur noch **wenige Verben** und **Redewendungen**, die den **Genitiv** regieren:
sich annehmen, sich bedienen, bedürfen, sich bemächtigen, sich enthalten, sich entledigen, sich erwehren, sich erfreuen, gedenken, sich rühmen, sich vergewissern, sich einer Sache bewusst sein, sich eines Besseren besinnen, seines Amtes walten, etwas spottet jeder Beschreibung, etwas entbehrt jeder Grundlage

*Aus Gewissensgründen enthielten sich einige Abgeordnete **der Stimme**.*
*Skrupellos bemächtigte er sich **ihrer Konten und Geldanlagen**.*

Der Satz und seine Glieder

194

> **BESONDERHEIT** Unterscheidung zwischen Genitivobjekt und Genitivattribut

➠ **S. 206**
Genitivattribut

Während sich das Genitivattribut als Satzgliedteil auf das vorhergehende Nomen/Substantiv bezieht, ist das Genitivobjekt ein selbstständiges Satzglied, das innerhalb der Abfolge der Satzglieder als Ganzes verschiebbar ist.

*Sie nimmt sich **des Hundes aus dem Tierheim** an.* (Genitivobjekt)
***Des Hundes aus dem Tierheim** nimmt sie sich an.*
*Die kleinen Fehler **des Hundes aus dem Tierheim** störten sie nicht.* (Genitivattribut) (Satzgliedteil, das sich auf das vorhergehende Nomen/Substantiv *die kleinen Fehler* bezieht und mit ihm das Satzglied Subjekt bildet.)

Übung 9
Markiere in den Satzpaaren jeweils das Genitivobjekt bzw. das Genitivattribut. Verwende folgende Abkürzungen: Genitivobjekt = Gen.Obj., Genitivattribut = Gen. Attr.

Beispiel: Die neue Kollegin erfreut sich <u>großer Beliebtheit.</u> (Gen.Obj.) Die Gunst <u>großer Beliebtheit</u> ist nur wenigen vergönnt. (Gen. Attr.)

1. Er bezichtigt sie des Mobbings, obwohl er weiß, dass sich der Vorwurf des Mobbings nur schwer beweisen lässt. (_____/_____)
2. Das ständige Hervorheben einer gesunden Lebensführung und einer guten Kondition macht ihn im Bekanntenkreis unbeliebt. (_____) Er rühmt sich ständig seiner gesunden Lebensführung und guten Kondition. (_____)
3. Sie bedient sich einer eloquenten Rhetorik. (_____) Die Technik einer eloquenten Rhetorik hat sie sich in Seminaren angeeignet. (_____)

Übung 10
Unterstreiche in den folgenden Sätzen die Genitivobjekte.

Beispiel: In den verschiedenen Kulturen gedenkt man <u>der Toten</u> auf unterschiedliche Art und Weise.

1. Sie erfreut sich einer großen sportlichen Begabung.
2. Der erfolgreiche Manager vergewissert sich ständig seiner Kapitalerträge am Aktienmarkt.
3. Er ist sich seiner Rechtschreibschwäche bewusst und bemüht sich durch gezieltes Training um eine Verbesserung seiner Rechtschreibung.
4. Der Profisportler wird der Steuerhinterziehung angeklagt.
5. Die alte, ein wenig sonderbare Frau nimmt sich der herumstreunenden Katzen des Viertels an.

Das Präpositionalobjekt (Ergänzung aus Präposition und Nomen (Substantiv)/ Pronomen)

➜ S. 160ff.
Präposition

Viele Verben werden mit einer **festen Präposition** gebraucht. Ihnen folgen Objekte, die durch diese Präposition eingeleitet werden und deren Kasus (Dativ/Akkusativ) durch die jeweilige Präposition bestimmt wird. Je nach dem Kasus, den die jeweilige Präposition erfordert, unterscheidet man **präpositionale Dativ- und Akkusativobjekte.**
Das **präpositionale Dativobjekt** antwortet auf die Frage: **Präposition + wem?**
Sie hängt sehr an ihrem Zwillingsbruder.
An wem hängt sie sehr? **An ihrem Zwillingsbruder**

Das **präpositionale Akkusativobjekt** antwortet auf die Frage: **Präposition + wen oder was?** bzw. **wo + (r) + Präposition ...?** (woran, worauf, wovon, wogegen, worin, wonach, worüber, wovor, worum)
Er regt sich ständig über Nichtigkeiten auf.
Worüber regt er sich ständig auf? **Über Nichtigkeiten**

Sie regt sich über ihre Schwester auf.
Über wen regt sie sich auf? **Über ihre Schwester**

Präpositionalobjekte werden durch eine Präposition + Nomen (Substantiv)/ Pronomen sowie Adverbien, die wie ein Pronomen verwendet werden, gebildet.
Er wartet lange auf die Prüfungsergebnisse.
Er wartet auf sie.
Er wartet darauf.

Folgende Verben erfordern z.B. ein präpositionales Objekt:
von jmdm. abhängen, auf jmdn./etw. achten, sich über jmdn./etw. ärgern, mit jmdm./etw. beginnen, sich um jmdn./etw. bemühen, sich bei jmdm. über etw. beschweren, jmdm. für etw. danken, sich auf/über etw./ jmdn. freuen, sich vor etw./jmdm. fürchten, auf etw./jmdn. hoffen, sich um etw./jmdn. sorgen, sich nach etw./jmdn. sehnen, sich mit jmdm. über etw. streiten, sich in jmdn./etw. verlieben, auf jmdn./etw. vertrauen, an jmdm./etw. zweifeln etc.

BESONDERHEIT Unterscheidung zwischen präpositionalem Objekt und adverbialer Bestimmung

Da die äußeren Erscheinungsformen des präpositionalen Objekts und der adverbialen Bestimmung identisch sind, ist eine Abgrenzung nicht immer eindeutig möglich. Grundsätzlich gilt jedoch, dass adverbiale Bestimmungen sich nicht auf bestimmte Verben beziehen und somit in der Umgebung eines jeden Verbs vorkommen können.

Der Satz und seine Glieder

Präpositionale Objekte sind hingegen an bestimmte Verben gebunden; sie hängen von der Rektion des jeweiligen Verbs ab.

*Sie wartet am Bahnsteig **auf ihren Freund.***
Auf wen wartet sie am Bahnsteig? **Auf ihren Freund** (präpositionales Objekt, abhängig von dem Verb auf jmdn. warten)
*Er ist gerne **auf dem Fußballplatz.***
Wo ist er gerne? **Auf dem Fußballplatz** (adverbiale Bestimmung des Ortes, da nicht verbspezifisch)

Das präpositionale Objekt antwortet auf die Fragewörter woran? / an wen? – worauf? auf wen? – wovon?/von wem? – wonach? – worüber?/über wen? – wovor?/vor wem? – worum/um wen? etc...
Die adverbiale Bestimmung antwortet hingegen auf die Fragewörter wo?, wohin?, woher?, wann?, wie?, warum? etc.

Übung 11 Präpositionalobjekt (= Präp. Obj.) oder adverbiale Bestimmung (= adv. Best.)? Bestimme die unterstrichenen Satzglieder.

Beispiel: Sie ist in eine schwierige Lage geraten. (Präp. Obj.) Doch in der Krise hat sie ihre Stärke entdeckt. (adv. Best.)

1. An einem langen Wochenende im Mai würde sie gern nach Paris fahren. Er schreibt an einem Roman. (_____/_____)
2. Wir streiten uns ständig über das Thema Ordnung. Über dem Meer braut sich ein Unwetter zusammen. (_____/_____)
3. Ich bitte dich um einen Rat, da ich nicht weiß, ob ich die Reise nicht verschieben soll. (_____) Er kommt um 15.45 Uhr in Frankfurt an. (_____/_____)
4. Die Polizei fahndet nach einem Bankräuber. Nach monatelanger kriminalistischer Detailarbeit überraschte sie ihn in einem Eiscafé. (_____/_____)

Übung 12 Unterstreiche die Präpositionalobjekte und bestimme ihren Kasus (Akkusativ/Dativ)

Beispiel: Er interessiert sich sehr für die französische Literatur. (präpositionales Objekt im Akk.)

1. Sie freut sich auf unbeschwerte Sommerferien. (_____)
2. Die Hausärztin kümmert sich intensiv um ihre Patienten. (_____)
3. Es hängt vom Wetter ab, ob wir am Wochenende Inliner fahren oder ins Schwimmbad gehen. (_____)
4. Die Abiturientin verfügt über sehr gute Sprachkenntnisse und wird zum Wintersemester mit einem Übersetzerstudium beginnen. (_____/_____)
5. Er sehnt sich nach ihr. (_____)
6. Er fürchtet sich vor Spinnen. (_____)
7. Sie hat sich beim Kellner über die versalzenen Spagetti beschwert. (_____/_____)

Das Objekt (Satzergänzung)

197

8. Sie streitet sich ständig mit ihrem Freund über das Thema Geld.
   (_____/ _____)
9. Er zweifelt an ihrer Loyalität. (_____)

Übung 13 Ergänze mögliche Objekte und bestimme sie. Beachte dabei, dass auch doppelte Objekte vorkommen können.

1. Unerwartet erkrankte er an _____.
2. So mussten wir _____
   verschieben.
3. Mein Vater schlug statt dessen _____ vor.
4. Wir waren _____ dankbar, konnten uns aber
   _____ nicht so recht freuen.
5. Der Kranke bedurfte _____.
6. Der Arzt verschrieb _____.
7. Die Mutter versorgte ihn _____.
8. Wir kauften _____ für ihn.
9. Der Kranke nahm _____ gerührt an.
10. Er erzählte _____ und wir
    berichteten _____.
11. So überbrückten wir gemeinsam _____ und
    halfen _____, gesund zu werden.
12. Einige Wochen später konnten wir doch noch _____ antreten.

Übung 14 Bestimme in dem folgenden Text alle Objekte, indem du sie unterstreichst und benennst. Verwende folgende Abkürzungen: Akkusativobjekt = Akk. Obj., Dativobjekt = Dat. Obj., Genitivobjekt = Gen. Obj., Präpositional-objekt = Präp. Obj.

Alphabet

Beispiel: Um 1500 v.Chr. gibt es in der Welt <u>die ägyptischen Hieroglyphen, die babylonische Keilschrift und die chinesische Schrift</u> (_____).

1. Doch alle drei waren entsetzlich kompliziert und dienten der Verständigung (_____) nur wenig; das Chinesische gehört heute noch zu den schwierigsten Sprachen der Welt (_____).
2. Zwischen Ägypten und dem babylonischen Reich zollte man den Phöniziern (_____) großen Respekt (_____).
3. Die Phönizier waren in einer langen Kaufmannstradition (_____) verhaftet und verkauften ägyptische Waren (_____) nach Babylon und babylonische Waren (_____) nach Ägypten.
4. Deshalb mussten sie die ägyptische und die babylonische Sprache (_____) lernen.
5. Ein paar unbekannte Phönizier wollten das Schreiben (_____) durch eine Art Kurzschrift vereinfachen.
6. Warum, so überlegten sie, gab man nicht jedem gängigen Laut (_____) ein eigenes Zeichen (_____)?

Der Satz und seine Glieder

7. Aus solchen Lautzeichen (_____) ließen sich sämtliche Wörter einer Sprache zusammensetzen!
8. Tatsächlich hatten die Ägypter schon solche Lautzeichen (_____) verwendet. Für Silben und ganze Wörter (_____) hatten sie aber auch Zeichen beibehalten.
9. Die phönizischen Erfinder gingen einen Schritt (_____) weiter: Sie verwendeten ausschließlich Lautzeichen und bildeten nur aus ihnen (_____) die Wörter (_____).
10. In dieser Zeichenfolge begannen sie mit *aleph* und *beth* (_____). *Aleph* stellte das gängige Zeichen (_____) für Rind (_____) dar, *beth* das gängige Zeichen (_____) für Haus (_____).
11. Die Griechen machten daraus *alpha* und *beta* (_____).
12. Noch heute nennen wir das Zeichensystem (_____) Alphabet.
13. Das phönizische Alphabet revolutionierte die Schrift (_____).
14. Es erhöhte die Fähigkeit des Schreibens und Lesens ganz enorm und gab dem Einzelnen (_____) die Chance, beides zu lernen (_____).
15. Alle heute gebräuchlichen Alphabete stammen vom ersten Alphabet der Phönizier (_____) ab.

(Nach: Asimov: I. 500000 Jahre Erfindungen und Entdeckungen, Bechtermünz Verlag/Weltbild Verlag, 1996, S.31)

Das Prädikativum

⇒ S. 188
Subjekt
⇒ S. 190
Objekt

Das **Prädikativ/Prädikativum** ist ein **selbstständiges Satzglied,** das entweder eine **enge inhaltliche Ergänzung** zum **Subjekt** oder zum **Objekt** aufweist.

*Sie ist **hübsch**.* (hübsch: Prädikativum; inhaltliche Ergänzung des Subjekts)
*Charlotte wird **Ärztin**.* (Ärztin: Prädikativum; inhaltliche Ergänzung des Subjekts)
*Sie nennen ihn einen **Faulpelz**.* (Faulpelz; inhaltliche Ergänzung des Objekts)

Stellt das Prädikativum/Prädikativ eine enge inhaltliche Ergänzung des **Subjekts** dar, so kann es als **Gleichsetzungsnominativ** (prädikativer Nominativ) auftreten. Als Gleichsetzungsnominativ, der im selben Kasus wie das Subjekt steht, kommt es insbesondere in Verbindung mit den Verben **sein, bleiben, werden, scheinen/wirken** etc. vor und bezeichnet häufig die Zugehörigkeit zu einer sozialen Gruppierung (Herkunft, Beruf, Nationalität, Gattung etc.).

*Er ist **Spanier**.*
*Sie wird **Tischlerin**.*

Stellt das Prädikativum/Prädikativ eine enge inhaltliche **Ergänzung des Subjekts** dar, so kann es auch als **kasusloses Adjektiv** auftreten. Es kommt besonders häufig nach den Verben **sein, bleiben, werden, scheinen/wirken, aussehen,** etc. vor.

*Der Mantel sieht **gut** aus.*
*Sie ist **intelligent**.*
*Der Fisch sieht **sonderbar** aus.*

Stellt das **Prädikativum/Prädikativ** eine enge inhaltliche **Ergänzung des Objekts** dar, so kann es als **Gleichsetzungsakkusativ** (prädikativer Akkusativ) auftreten. Als **Gleichsetzungsakkusativ**, der im selben Kasus wie das Objekt steht, findet es sich nach den Verben **nennen, heißen, schimpfen, schelten, taufen**.

*Sie nennen ihn **einen Karrieristen**.*

Stellt das **Prädikativum/Prädikativ** eine enge inhaltliche **Ergänzung des Objekts** dar, so kann es auch als **kasusloses Adjektiv** auftreten. Es kommt besonders häufig nach den Verben **des Urteilens und Wahrnehmens** vor.

*Ich finde ihn **attraktiv**.*

Übung 15 Unterstreiche in den folgenden Sätzen alle Prädikativa.

1. Sie nannten ihre Tochter Franziska.
2. Sie wirkt unscheinbar, kann sich aber dennoch gut durchsetzen.
3. Als er klein war, wollte Michael Astronaut werden.
4. Das alte Haus wirkt verlassen.
5. Sie findet ihn sympathisch.
6. Die Entdeckung des Radiums und Poloniums durch Marie Curie war eine großartige wissenschaftliche Leistung.
7. Annette und Carina sind Kunststudentinnen.
8. Die Klasse 9b ist eine sehr unruhige Lerngruppe.

Das Adverbiale (adverbiale Bestimmung, Umstandsbestimmung)

Adverbialien kennzeichnen **die näheren Umstände eines Geschehens** oder eines Zustands im Satz. Sie machen z.B. **Zeit, Ort, Grund, Art und Weise usw.** des Geschehens deutlich. Sie gehören zum Verb, welches ohne das Adverbiale oft wenig aussagt.

Wir lernen.
*Wo lernen wir? → Wir lernen **in der Schule**.*
*Wann lernen wir? → Wir lernen **jedes Wochenende**.*
*Wie lernen wir? → Wir lernen **sehr intensiv**.*
*Warum lernen wir? → Wir lernen **aus Wissbegier**.*

Adverbialen können auf sehr unterschiedliche Weise gebildet werden:
aus einem **Adverb**,
aus einem **Adjektiv**,

Der Satz und seine Glieder

aus einem **Nomen/Substantiv**,
aus einer **Präposition, einem Nomen/Substantiv und anderen Wortarten** als **Präpositionalgruppe**,
aus einem **Gliedsatz**,
aus einem **Indefinitpronomen**.

*Lisa wartet **oben**.* (Adverb)
*Lisa wartet **ungeduldig**.* (Adjektiv)
*Lisa wartet **einen Moment**.* (Nomen/Substantiv)
***Weil die Heizung kaputt ist**, bleibt Lisa **in ihrem Zimmer**.*
      (Gliedsatz)   (Präpositionalgruppe)
*Während Lisa wartet, langweilt sie sich **etwas**.* (Indefinitpronomen)

Einteilung der Adverbialien nach ihrer Bedeutung

Man unterscheidet verschiedene Adverbialien. Die häufigsten sind: **Lokaladverbiale, Temporaladverbiale, Modaladverbiale, Kausaladverbiale** und **Instrumentaladverbiale**. Weniger häufig kommen **Konditionaladverbiale, Konsekutivadverbiale, Finaladverbiale** und **Konzessivadverbiale** vor.

Das Lokaladverbiale

Umstandsbestimmung des Ortes und der Richtung

Es gibt Antwort auf die Fragen: Wo? Wohin? Woher? Wie weit?

*Der Flughafen liegt **im Norden**.*
*Das Flugzeug fliegt **nach Kapstadt**.*
*Das Flugzeug kommt **aus Palma**.*
*Das Flugzeug fliegt **von Palma nach Düsseldorf**.*

Übung 16   Formuliere mit den folgenden Temporaladverbialien Sätze.

Beispiel: jenseits des Gebirges → Jenseits des Gebirges wurde die Landschaft immer schöner.

empor, nach Süden, über das Meer, aus dem fernen Istanbul, am Ufer, von Norden nach Süden

Das Temporaladverbiale

Umstandsbestimmung der Zeit

Es gibt Antwort auf die Fragen: Wann? Seit wann? Bis wann? Wie lange? Wie oft?

Das Adverbiale (adverbiale Bestimmung, Umstandsbestimmung)

Sonntag treffen wir uns wieder.
Seit gestern ist Anja krank.
Bis morgen ist Anja krankgeschrieben.

*Anja ist **eine Woche** krankgeschrieben.*
*Anja langweilt sich **jeden Tag**.*

Übung 17 Unterstreiche die adverbialen Bestimmungen der Zeit und setze die entsprechende Frage in die Klammern.

Beispiel: <u>Jeden Tag</u> sollst du die Zähne zweimal putzen. (Wie oft?)

1. Wir müssen bis Dienstag auf den Ablehnungsbescheid warten. ( )
2. Die Familie Meier lebte zwölf Jahre in Soest. ( )
3. Das Seminar findet im Wintersemester statt.( )
4. Seit Anfang des Jahres wartet Herr Meier auf seine Abrechnung. ( )
5. Die Jugendgruppe trifft sich jede Woche. ( )
6. Bis zur Lösung des Problems behalten wir die alte Regelung bei. ( )

Das Modaladverbiale

Umstandsbestimmung der Art und Weise

Es gibt Antwort auf die Fragen: Wie? Wie viel? Auf welche Art und Weise? Woraus?

*Den ganzen Sommer lang fiel der Regen **in Strömen**.*
*Heute war es **um einige Grade** heißer als gestern.*
*Die Strandkörbe wurden **ordnungsgemäß** gewartet.*
*Die neuen Liegestühle sind **aus Plastik** gefertigt.*

Übung 18 Unterstreiche die Modaladverbialien und setze die entsprechende Frage in die Klammern.

Beispiel: Wir gehen <u>schnell</u> zum Unterricht. (Wie?)

1. Sie schrieb ihren Brief in höchster Eile zu Ende. ( )
2. Der Buchhändler empfiehlt wortreich das Hörbuch.( )
3. Die Familie plante ihre nächste Reise sehr sorgfältig.( )
4. Mit dem Fahrrad fahre ich schnell nach Hause. ( )
5. Der Zustand der alten Dame stimmt mich nachdenklich. ( )
6. Nach der Turmbesteigung fühlten wir uns unbeschreiblich gut. ( )
7. Das Gartenhaus wurde aus Natursteinen gemauert. ( )

Das Kausaladverbiale

Umstandsbestimmung des Grundes

Es gibt Antwort auf die Fragen: Warum? Weshalb? Aus welchem Grund?

***Wegen ihrer Kopfschmerzen** war sie nicht anwesend.*
***Vor Glück** umarmte er seine Freunde.*
***Aus Überzeugung** nahm er an der Demonstration teil.*

Der Satz und seine Glieder

Übung 19 Formuliere mit den folgenden Kausaladverbialien Sätze.

Beispiel: wegen seiner Allergie → Wegen seiner Allergie geht er nicht mit auf die Wanderung.

aufgrund von Straßenarbeiten, vor lauter Freude, wegen einer Trauerfeier, vor Schmerzen, aus Geldgier, aus Neid

Das Instrumentaladverbiale

Umstandsbestimmung des Mittels

Es gibt Antwort auf die Fragen: Mit welchem Mittel? Womit? Wodurch?
*Anna malt **mit einem dicken Pinsel.***
***Durch das sofortige Eingreifen der Feuerwehr** konnte der Schaden begrenzt werden.*
***Mithilfe eines Kompasses** findet er sich in jedem Gelände zurecht.*

Übung 20 Setze passende Instrumentaladverbialien in die Lücken. Ergänze fehlende Angaben.

Beispiel: Der Gärtner bearbeitete den Rasen <u>mit einer Harke.</u>

1. _____ gelang es dem Schüler schließlich, die Versetzung zu erreichen.
2. Der Kunstkurs stellte _____ interessante Collagen her.
3. Der Direktor machte _____ deutlich, dass sich das Pausenverhalten der Schüler ändern muss.
4. Die Klassen 9 und 10 machten _____ einen Ausflug nach Köln.
5. Der Hausmeister benachrichtigte den Direktor _____ .

Das Konditionaladverbiale

Umstandsbestimmung der Bedingung

Es gibt Antwort auf die Frage: Unter welcher Bedingung?
***Bei guter Konjunkturlage** stellen wir neue Leute ein.*

Übung 21 Bilde Sätze mit den folgenden Konditionaladverbialien.

Beispiel: unter anderen Umständen → Unter anderen Umständen würden wir uns beteiligen.

bei Sonnenschein, bei Nebel, im Wiederholungsfall, bei diesen Voraussetzungen, bei diesen Gegebenheiten

Das Adverbiale (adverbiale Bestimmung, Umstandsbestimmung)

203

Das Konsekutivadverbiale

Umstandsbestimmung der Folge

Es gibt Antwort auf die Frage: Mit welcher Wirkung?

*Der neue Superstar rührte seine Fans **zu Tränen**.*

Übung 22 Unterstreiche in den folgenden Sätzen die Konsekutivadverbiale.

Beispiel: <u>Zur Freude seines Freundes</u> schloss er sich der Gruppe an.

1. Die Zwillinge sehen sich zum Verwechseln ähnlich.
2. Die Reinigung des Mantels wurde zu meiner Zufriedenheit durchgeführt.
3. Zu ihrem Entsetzen lief die kleine Karin, ohne die Autos zu beachten, über die Straße.
4. Der neue Anstrich der Wände sieht zum Weglaufen aus.

Das Finaladverbiale

Umstandsbestimmung des Zwecks

Es gibt Antwort auf die Fragen: Wozu? in welcher Absicht? zu welchem Zweck?

***Zur Klärung der Angelegenheit** fuhren wir nach Berlin.*
*Wir fuhren nach Berlin **mit der Absicht, die Angelegenheit zu klären**.*
***Zwecks Klärung der Angelegenheit** fuhren wir nach Berlin.*

Übung 23 Unterstreiche in den folgenden Sätzen die Finaladverbialien.

Beispiel: Sie wurde <u>zur endgültigen Genesung</u> in die Schweizer Berge geschickt.

1. Zwecks Erhellung der Affäre wurden die Akten des Steuerberaters beschlagnahmt.
2. Die Familie kam zum Surfen an die Küste.
3. Die Mutter gab ihrer Tochter Geld zum Einkaufen.
4. Die Kapelle spielte zum Tanz auf.
5. Sie schwänzten den Unterricht mit der Absicht, einen kurzen Stadtbummel zu machen.

Das Konzessivadverbiale

Umstandsbestimmung der Einräumung (wirkungsloser Gegengrund)

Es gibt Antwort auf die Frage: Trotz wessen?

***Trotz der schlechten Stimmung** wurde das Betriebsfest durchgeführt.*

Der Satz und seine Glieder

Übung 24 Bilde mit den folgenden Konzessivadverbialien Sätze.

Beispiel: Trotz seiner schlechten Laue → Trotz seiner schlechten Laune machte er ein fröhliches Gesicht.

trotz aller Warnungen, bei all ihrem Talent, ungeachtet der Warnhinweise, trotz des Regens

Übung 25 Schreibe die unterstrichenen Adverbialien heraus und bestimme sie.

Beispiel: rücklings: Modaladverbiale

„Schlafordnung"

Das Fenster ist verschlossen. Agnes will das so. Da kann man nichts machen. Agnes ist die Älteste der Warga-Bande und die Einzige, die ein Bett für sich allein hat. Sie schläft <u>rücklings</u>, die Arme unter dem Kopf, breitbeinig, als sonnte sie sich <u>im Strandbad.</u> Birgitt und Dagmar dagegen liegen <u>dicht aneinandergedrückt</u> wie junge Ratten <u>in der Kuhle ihrer ausgeleierten Matratze.</u> Ihre Haare sind ineinanderverfilzt, ihre Ellbogen <u>im gleichen Winkel</u> angezogen wie ihre mageren Kinderknie. Wenn Schocker sie jetzt <u>ein wenig</u> zwickte, dann würden sie sich <u>automatisch und ohne aufzuwachen</u> umdrehen.
<u>Seit vorigem Jahr</u> haben Birgitt und Dagmar ein Erwachsenenbett. Bis dahin mussten sie mit dem Gitterbett vorliebnehmen. Aber als die fünfjährige Birgitt zu groß geworden war, sagte Herr Warga, dass ein neues Bett her müsse. Das war dann das dritte Erwachsenenbett <u>im Zimmer.</u> Die beiden Kleinen, die vorher <u>in Waschkörben</u> genächtigt hatten, konnten ab jetzt das Gitterbett für sich in Anspruch nehmen. <u>Quer und voneinander abgewandt</u> liegen sie <u>zwischen den Gittern,</u> die Hände <u>im Draht</u> verkrallt. Die weggestrampelte Decke bedeckt nicht einmal ihre nackten Füße.

(Aus: Leonie Ossowski: Die große Flatter. Frankfurt/Main: Fischer Taschenbuch Verlag, 1980)

Satzgliedteile

Das Attribut (Beifügung)

Attribute sind **Satzgliedteile**, die dem **Kern eines Satzgliedes** hinzugefügt sind und ihn **näher bestimmen:**

S. 184
Satzglied

Das **alte** Haus soll verkauft werden.
Das Haus **der Familie Roggenkamp** soll verkauft werden.
Das Haus **am Stadtpark** soll verkauft werden.

Satzgliedteile

Man bezeichnet sie als Satzgliedteile, da sie nur zusammen mit ihrem Bezugswort umgestellt werden können und somit **keine eigenständigen Satzglieder** sind. Als **Bezugswort** treten insbesondere **Nomen/Substantive,** aber auch **Adjektive/Partizipien, Adverbien und Pronomen** auf.

Eine Kollegin Isabels arbeitet jetzt als Internetredakteurin.
Bezugswort: *Kollegin* (Nomen/Substantiv)
Attribut: *Isabels*

*Sie ist jetzt sehr **zufrieden** mit ihrem neuen Job.*
Bezugswort: *zufrieden* (Adjektiv)
Attribut: *sehr*

*Auf die gestern **ausgeschriebene** Stelle gab es Hunderte von Bewerbungen.*
Bezugswort: *ausgeschriebene* (Partizip Perfekt)
Attribut: *gestern*

***Hier** im Konferenzraum ist die Stimmung angespannt.*
Bezugswort: *hier* (Adverb)
Attribut: *im Konferenzraum*

***Sie,** die seit längerem über eine berufliche Veränderung nachgedacht hat, ist jetzt sehr zufrieden.*
Bezugswort: *sie* (Pronomen)
Attribut: *die seit längerem über eine berufliche Veränderung nachgedacht hat*

Attribute können ihrerseits auch durch Attribute erweitert werden.
*Der **sehr anstrengende** Gymnastikkurs macht trotzdem Spaß.*

Je nach ihrer spezifischen grammatischen Ausprägung lassen sich Attribute als **Adjektivattribut, Genitivattribut, adverbiales Attribut, präpositionales Attribut, Apposition, Infinitivattribut** und als **Attributsätze** klassifizieren. Man erfragt sie mit: **Was für einer/eine/ein ...?**

Das Adjektivattribut

➡ S. 122ff.
Adjektiv

Das **attributive Adjektiv/attributive Partizip** stimmt in **Genus, Numerus** und **Kasus** mit dem **Bezugsnomen/-substantiv,** dem es fast immer vorangestellt ist, überein.

*Die **katastrophale** Personalsituation in den Krankenhäusern wird sich weiterhin verschlechtern.* (Adjektivattribut)
*Die **überarbeitete** Oberärztin denkt über eine Mitarbeit in einer Praxisgemeinschaft nach.* (attributives Partizip Perfekt)
*Die **anstrengende** Arbeit der Krankenschwestern und -pfleger müsste besser bezahlt werden.* (attributives Partizip Präsens)

Mehrere vorangestellte Adjektivattribute bzw. attributive Partizipien sind kasusgleich.
*Er schlief in dem **großen, warmen, behaglichen** Bett.*

Der Satz und seine Glieder

> **BESONDERHEIT** Adjektivattribut

Um ein Adjektivattribut handelt es sich auch, wenn das flektierte Adjektiv allein steht, sein Bezugsnomen/-substantiv aber in Gedanken ergänzt werden kann.

*Er war das **tollpatschigste** (Kind) aller Kinder.*

Übung 26 Unterstreiche in den folgenden Sätzen die attributiven Adjektive rot und die attributiven Partizipien grün.

Beispiel: Der niedliche Hund meiner Oma kläfft leider ziemlich viel.

1. Außerdem knabbert er gern an ihrer edlen Polstergarnitur.
2. Eine geräumige, lichtdurchflutete Altbauwohnung in einem ruhigen Stadtteil ist in vielen Städten unbezahlbar.
3. Im schönen Berlin gibt es jedoch noch attraktive Mietangebote.
4. Der durchtrainierte, ehrgeizige Jogger läuft jeden Morgen zehn Kilometer.
5. Dies gibt ihm Kraft für seinen anstrengenden Beruf.
6. Sie kauft gerne ausgefallene, extravagante Kleidungsstücke, insbesondere gefallen ihr rosafarbene, hochhackige Schuhe und große, breitkrempige Hüte.
7. Die gestressten Schüler freuen sich auf wohlverdiente Ferien ohne meckernde, strenge Lehrer.

Das Genitivattribut

Das **Genitivattribut,** das aus einem Nomen (Substantiv)/einer Nominalgruppe im Genitiv besteht, steht in der Regel hinter dem Bezugsnomen/-substantiv, mit dem zusammen es eine Einheit bildet. In der **Umgangssprache** wird es zunehmend durch die **präpositionale Konstruktion von + Dativ** ersetzt.

*Das Fahrrad **meines Bruders** gefällt mir sehr gut.*
*Das Fahrrad **von meinem Bruder** gefällt mir sehr gut.*

Das Genitivattribut bezeichnet:

– **den Besitz/die Zugehörigkeit/die Herkunft (genitivus possessivus):**
  *Das Fahrrad **meines Bruders** war sehr teuer.*
– **eine charakteristische Eigenschaft oder Beschaffenheit (genitivus qualitatis):**
  *Ein Mouthon-Rothschild **besten Jahrgangs** ist wunderbar.*
– **ein Ganzes, von dem das Bezugswort nur ein Teil ist (genitivus partitivus):**
  *In der Mitte **des Lebens** gibt es oftmals grundlegende Veränderungen.*
– **als genitivus obiectivus das Ziel der Handlung (das Objekt):**
  *Die Durchführung **der Bauarbeiten** verlief zufriedenstellend.* (Das Genitivattribut ist das Ziel der Handlung, auf die die Tätigkeit gerichtet ist, und entspricht somit dem Objekt: *Sie führten **die Bauarbeiten** zufriedenstellend durch.*)

Satzgliedteile

– als genitivus subiectivus den Träger (das Subjekt) der Handlung:

*Der drastische Fall **der Aktien** überraschte sie völlig.* (Das Genitivattribut ist der Träger der Handlung und entspricht somit dem Subjekt: ***Die Aktien*** *fielen drastisch und dies überraschte sie völlig.*)

Übung 27 Unterstreiche in den folgenden Sätzen die Genitivattribute und bezeichne ihre inhaltliche Leistung.

Beispiel: Sie hat sich für ihren Sommerurlaub die Digitalkamera <u>ihrer Freundin</u> ausgeliehen. (genitivus possessivus)

1. Die Hälfte der Sommerferien will sie in diesem Jahr in Portugal verbringen. (_____)
2. Der Mann meiner Schwester ist Portugiese. (_____)
3. Sie ist eine Frau mittlerer Größe. (_____)
4. Die Übersetzung des Theaterstücks brachte ihr nur wenig Geld ein. (_____)
5. Sie trinken Weine erlesenster Qualität und besuchen Hotels der Luxusklasse. (_____/_____)
6. Die Renovierung der Wohnung dauerte wesentlich länger als erwartet. (_____)
7. Die schnelle Genesung des Fußballprofis erfreute seinen Trainer. (_____)

Das adverbiale Attribut

Das **adverbiale Attribut,** das aus einem Adverb besteht, stellt das Bezugswort, dem es stets nachgestellt wird, in einen **örtlichen bzw. zeitlichen Kontext.**

S. 144ff.
Adverb

*Der Baum **hier** ist genauso alt wie ich.*
*Der Mann **dahinten** erinnert mich an meinen Bruder.*

Das präpositionale Attribut

S. 160ff.
Präposition

Das **präpositionale Attribut,** das seinem Bezugsnomen/-substantiv unmittelbar folgt, besteht aus einer Präposition und einem Nomen/Substantiv bzw. Pronomen in dem jeweiligen Präpositionalkasus.

*Der Frust **über die misslungene Prüfung** saß tief.*
*Die Hoffnung **auf ein baldiges Wiedersehen** macht ihn glücklich.*

Der Satz und seine Glieder

> **BESONDERHEIT** Unterscheidung zwischen präpositionalem Attribut und adverbialer Bestimmung

S. 199ff.
Adverbiale

Das präpositionale Attribut folgt seinem Bezugswort unmittelbar, wohingegen die Stellung der adverbialen Bestimmung variabel ist.

Der Vogel **im Wald** singt. (Attribut)
Der Vogel singt **im Wald**. **Im Wald** singt der Vogel. (adverbiale Bestimmung des Ortes)

Die Apposition

S. 101ff.
Kasus

Die **Apposition** besteht aus einem **nachgestellten Nomen/Substantiv** bzw. einer nachgestellten Nominalgruppe, das/die denselben **Kasus** wie das Bezugswort aufweist. Als eingeschobene Beifügung dient sie zur **Hervorhebung** und **Spezifizierung**. Sie wird vom übrigen Satz durch Kommas abgetrennt.

Nominativ: Guernica, **das berühmte Bild Picassos,** ist im Nationalmuseum Madrids ausgestellt.
Genitiv: Das ist ein Werk Picassos, **des berühmten spanischen Malers.**
Dativ: Die Journalistin begegnet Picasso, **einem Genie des 20. Jahrhunderts.**
Akkusativ: Sie bewundert Picasso, **den berühmten spanischen Maler.**

Es steht jedoch **kein Komma,** wenn die Apposition **Teil eines Namens** ist.

Karl **der Große** wurde 800 n. Chr. zum Kaiser gekrönt.

Übung 28 Setze die Kommas.

1. Wir sind Schüler Herrn Müllers, eines Französischlehrers unserer Schule.
2. Ich verspreche Herrn Hagenhof meinem Nachbarn etwas Schönes zum Geburtstag.
3. Tokio die Hauptstadt Japans ist eine der größten Städte Asiens.
4. Herr Hagenhof der Gemüsehändler unseres Viertels hat einen neuen Lieferwagen.
5. Gutenberg ein Mainzer Buchdrucker machte eine großartige Erfindung.
6. Wir hörten viel über Kolumbus den Entdecker.
7. Ludwig der Fromme ein Frankenkönig war ein machtloser Herrscher.
8. Emily die beste Sportlerin der Klasse erkrankte.

Das Infinitivattribut

Das **Infinitivattribut** besteht aus einem **reinen bzw. erweiterten Infinitiv,** der dem **Bezugsnomen/-substantiv** unmittelbar **nachgestellt** ist.

Die Fähigkeit, **loslassen zu können**, ist wesentlich.

Der Attributsatz

S. 221
Relativsatz

Attributsätze sind alle **Nebensätze**, die **anstelle des Satzgliedteils Attribut** stehen und sich somit in ein Attribut umformen lassen. Relativsätze sind die am häufigsten vorkommenden Attributsätze.
*Die Personalsituation in den Krankenhäusern, **die derzeit katastrophal ist**, wird sich weiterhin verschlechtern.* (Relativsatz, der aus einem Adjektivattribut gebildet worden ist: *Die **derzeit katastrophale** Personalsituation in den Krankenhäusern wird sich weiterhin verschlechtern.*)

Übung 29 Forme die Attributsätze in Attribute um.

Beispiel: Der Junge, der eine rote Mütze trägt, drängelt sich vor.
Der Junge mit der roten Mütze drängelt sich vor.

1. Die Situation auf dem Arbeitsmarkt, die momentan katastrophal ist, bedrückt die Menschen.
2. Das ist der Hund, den wir gestern aus dem Tierheim mitgebracht haben.
3. Am Wochenende kommt meine Freundin, die schon lange in Berlin lebt, zu Besuch.
4. Sie möchte nur in Wohnungen leben, die einen großen Balkon haben.
5. Die Fischdampfer, die aus Hamburg kommen, fangen große Mengen Seefische.

Übung 30 Schreibe die folgenden Sätze ab. Unterstreiche die Attribute und bestimme die jeweilige Attributart. Verwende folgende Abkürzungen:

Adjektivattribut = Adj. Attr., partizipiales Attribut = part. Attr., adverbiales Attribut = adv. Attr., Infinitivattribut = Inf. Attr., Apposition = App., Attributsatz = Attr. S.

Beispiel: Als sie in den grauen Himmel blickte, bekam sie schlechte Laune.
 (Adj. Attr.) (Adj. Attr.)

1. Die Hoffnung auf ein neues Glück lässt ihn ins Ausland gehen.
2. In diesem Geschäft findet man eine Auswahl erstklassiger Rotweine.
3. Die Hoffnung auf Besserung ist gering.
4. Mir gefällt das Fahrrad meines Bruders.
5. Sie liebt weiße Lilien und er schenkt ihr rote Rosen.
6. Die Plätze dahinten sind leider reserviert.
7. Vielen fällt es schwer, Entscheidungen zu treffen.
8. Sie interviewt Pedro Almodóvar, einen großartigen spanischen Regisseur.
9. Ihrer Liebe zum Theater blieb sie ein Leben lang treu.
10. Herr Jürgens, unser neuer Schulleiter, stellte den Eltern das Schulprogramm vor.
11. Tollpatschige Hundewelpen sind niedlich anzusehen.

Der Satz und seine Glieder

12. Dunkelheit und Tristesse des November machen viele Menschen depressiv.
13. Von ihrer Arbeit, die anstrengend ist, kann sie kaum leben.
14. Die Aussprache gestern hat nichts Neues gebracht.

Die Satzarten

➠ S. 21ff.
Verb

Sätze lassen sich einer bestimmten Satzart zuordnen, die jeweils eine spezifische Satzform aufweist.
Als **Satzarten** bezeichnet man feste sprachliche Muster, die aus dem Zusammenspiel unterschiedlicher Aspekte resultieren. Solche Aspekte sind: **der Modus des konjugierten Verbs, die Stellung des konjugierten Verbs im Satz, die Intonation und das Satzschlusszeichen.**
Im Deutschen lassen sich **fünf Satzarten** unterscheiden.

1. der **Deklarativsatz** (Aussagesatz)
2. der **Interrogativsatz** (Fragesatz)
3. der **Imperativsatz** (Aufforderungssatz)
4. der **Desiderativsatz** (Wunschsatz)
5. der **Exklamativsatz** (Ausrufesatz)

Der Deklarativsatz (Aussagesatz)

Der **Aussagesatz** bezeichnet eine **Mitteilung**, eine **Beschreibung**, eine **Behauptung**. Die **konjugierte Verbform** bildet das **zweite Satzglied**. Die **Intonation ist** am Satzende **fallend**.
Das Satzschlusszeichen ist der **Punkt**.
*Frankfurt **hat** den größten Flughafen Deutschlands.*

Der Imperativsatz (Aufforderungssatz)

➠ S. 89
Imperativ

Der Aufforderungssatz bezeichnet eine **Bitte**, einen **Befehl**, eine **Forderung**, einen **Ratschlag** oder einen **Vorschlag**. Die **konjugierte Verbform** steht im **Imperativ** und bildet das **erste Satzglied**. Die **Intonation** ist am Satzende **fallend**.
Das Satzschlusszeichen ist entweder der **Punkt** oder – bei größerem Nachdruck – das **Ausrufezeichen**.

Hör mir zu!
Lasst mich in Ruhe!
Sei nicht traurig.

Die Satzarten

Der Desiderativsatz (Wunschsatz)

S. 66ff.
Modus

Der Wunschsatz kann in zwei Ausprägungen auftreten: Er bezeichnet sowohl einen **Wunsch**, dessen **Erfüllbarkeit** angenommen wird, als auch einen Wunsch, von dessen **Unerfüllbarkeit** man ausgeht.
Im ersten Fall **(Erfüllbarkeit)** steht die konjugierte Verbform im **Konjunktiv I oder II** und bildet das **zweite Satzglied**. Das Satzschlusszeichen ist der **Punkt** oder das **Ausrufezeichen**.

*Man **reiche** mir die Butter!*
*Ich **hätte** gerne noch etwas Mineralwasser.*

Im zweiten Fall **(Unerfüllbarkeit)** steht die konjugierte Verbform im **Konjunktiv II** und bildet das **erste oder letzte Satzglied**. Die **Intonation** ist am Satzende **fallend**.
Das Satzschlusszeichen ist das **Ausrufezeichen**.

***Wäre** ich doch Millionär!*
*Wenn ich doch Millionär **wäre**!*

Der Exklamativsatz (Ausrufesatz)

Der **Ausrufesatz** bezeichnet ein Gefühl, insbesondere das der **Verwunderung** oder der **Bewunderung**. Die **konjugierte Verbform** steht im **Indikativ oder Konjunktiv II** und bildet das **erste, zweite oder letzte Satzglied**.
Das Satzschlusszeichen ist das **Ausrufezeichen**.

***Wäre** ich doch an deiner Stelle!*
*Das **ist** ja eine tolle Idee!*
*Was du schon alles **erreicht hast**!*

Der Interrogativsatz (Fragesatz): Ergänzungsfrage

S. 117ff.
Interrogativpronomen
S. 144ff.
Adverb

Der **Fragesatz** kann in zwei Ausprägungen auftreten, als **Ergänzungsfrage** und als **Entscheidungsfrage**. **Ergänzungsfragen** beziehen sich **nicht auf die gesamte Satzaussage**, sondern lediglich **auf einen Teilaspekt**.
Sie werden durch ein **Interrogativpronomen/Adverb eingeleitet**. Die konjugierte **Verbform** steht im **Indikativ oder Konjunktiv II** und bildet in der Re-

Der Satz und seine Glieder

gel das **zweite Satzglied**. Die **Intonation** am Satzende ist **steigend**. Die Frage wird mit einem **Fragezeichen** abgeschlossen.

Wann wird das Tennisspiel beginnen?
Fraglich ist nicht, dass es beginnen wird, fraglich ist nur die genaue Zeitangabe.
*Wie weit **bist*** du mit deinen Prüfungsvorbereitungen ***vorangekommen**?*
Fraglich ist nicht, dass die Person vorangekommen ist, fraglich ist nur, wie viel sie geschafft hat.

Der Interrogativsatz (Fragesatz): Entscheidungsfrage

Im Gegensatz dazu **steht bei Entscheidungsfragesätzen die Gesamtaussage zur Disposition.** Sie werden somit üblicherweise mit *ja, nein, kaum, sicher, wahrscheinlich, möglicherweise* beantwortet.
Die **konjugierte Verbform** steht im **Indikativ** oder **Konjunktiv II** und bildet in der Regel das **erste Satzglied**. Die **Intonation** kann **sowohl steigend als auch fallend** sein. Beendet wird der Satz mit einem **Fragezeichen**.

Verbringt ihr dieses Jahr euren Urlaub im Ausland?

Entscheidungsfragen drücken oft Folgendes aus:

Nachfragen: *Beginnt das Konzert wirklich schon um 19 Uhr?*
Vergewisserungen: *Sie haben mich doch verstanden?*
Bestätigungen: *Ihr Name ist Meier?*
Alternativen: *Fahrt ihr dieses Jahr nach Finnland oder nach Norwegen?*

> **BESONDERHEIT** Die rhetorische Frage

Sowohl Ergänzungsfragesätze als auch Entscheidungsfragesätze treten auch in Fällen auf, in denen man gar keine Antwort erwartet, da diese im Grunde bereits feststeht. Solche **rhetorischen Fragen** dienen als sprachliches Stilmittel.

Wollen wir wirklich so gleichgültig bleiben?
Wer möchte wohl in diesem Fall nicht zustimmen?

Satzart und Handlung

Zwischen **Satzart** und **Sprechabsicht** gibt es zwar oft Entsprechungen, aber **keine ausschließliche Übereinstimmung.** So lassen sich beispielsweise **Aufforderungen** nicht nur durch Aufforderungssätze ausdrücken, sondern auch durch

Die Satzarten
213

- **Fragesätze** (enthalten häufig die Wörter mal oder bitte)
  Können Sie bitte die Musik leiser stellen?
- **Aussagesätze** (enthalten häufig Modalverben). Diese Aussagesätze schließen in der Regel mit einem Ausrufezeichen.
  Ihr müsst ganz langsam und vorsichtig fahren!
- **Infinitiv- oder Partizipgruppen**
  Aufpassen! Aufgepasst jetzt!
- **Wörter, deren Bedeutung eine Aufforderung impliziert**
  Hilfe!, Schneller!
- und durch den **kommunikativen Kontext**
  „Ich habe Hunger." (Unter Einbezug des kommunikativen Kontextes lässt sich diese Aussage als eine Aufforderung, etwas zu kochen, verstehen.)
  Das Satzschlusszeichen ergibt sich aus der Entschiedenheit, mit der der Satz vom Sprecher artikuliert wird.

Übung 31 Welche unterschiedlichen Sätze lassen sich in diesem Textauszug feststellen? Nimm eine sinnvolle Interpunktion vor und verbessere die Groß- und Kleinschreibung, indem du den Text richtig abschreibst.

Roboter

esisteineparadiesischevorstellungdassroboterdiearbeiterledigenwährendsich diemenschendemmüßigganghingebenwirddieseseintraumbleibenoderschon baldwirklichkeitwerdeneinblickindiemodernenfabrikhallenzeigtdassimmer mehrunternehmenaufden"kollegenroboter"setzenidealsinddie"maschi nenmenschen"beispielsweisefürdeneinsatzbeiarbeitenaufdemmeeresgrund zurgewinnungvonbodenschätzenfürtätigkeitenimkernkraftwerkoderbeider brandbekämpfungdasisteinunglaublicherfortschrittabervorsichtrobotervern nichtenaucharbeitsplätzeundwiesähewohldieteamarbeitmiteinem"maschi nenmenschen"aus worüberredetmanmitihmwährendderfrühstückspausebis zumjahre2000verrichtenweltweitfasteinemillionindustrieroboterihrendienstin denfabrikhallenauchindeutschlandnimmtihrezahlstetigzu

(Nach: Deutschbuch, Grundausgabe 7. Berlin: Cornelsen 2000, S. 247)

Übung 32 Ordne die folgenden Sätze ihrer Satzart zu und setze das entsprechende Satzschlusszeichen.

Beispiel: Wozu ist die Schule da? (Interrogativsatz/Ergänzungsfrage)

Die Pisa-Studie

1. Was müssen Schüler und Schülerinnen heute lernen (_____)
2. Wie sollen sie es lernen (_____)
3. Dieses sind nur einige dringende Fragen, die die Veröffentlichung der Pisa-Studie 2001 provoziert hat (_____)
4. Den deutschen Schulen wird dabei ein schlechtes Zeugnis ausgestellt (_____)

Der Satz und seine Glieder

5. In allen getesteten Fächern – wie dem Textverständnis, der Mathematik und den Naturwissenschaften – schneiden deutsche Schüler und Schülerinnen überdurchschnittlich schlecht ab (_____)
6. So liegt beispielsweise das mathematische Können bei fast einem Viertel der 15-Jährigen auf Grundschulniveau (_____)
7. Am schlimmsten aber ist vielleicht die Erkenntnis, dass die Chancengleichheit in der Bundesrepublik faktisch nicht besteht (_____)
8. Denn Kinder aus sozial benachteiligten Familien gehören eindeutig zu den Bildungsverlierern, sie haben es äußerst schwer, ihr geistiges Potenzial zu entwickeln (_____)
9. Das ist eine sozialpolitische Bankrotterklärung (_____)
10. Doch konnte dieses Ergebnis wirklich überraschen (_____)
11. Viele Fachleute haben dieses Ergebnis bereits im Vorfeld prognostiziert und für eine neue Bildungsoffensive geworben (_____)
12. Hätte man doch schon früher in die Zukunft von Kindern investiert (_____)
13. Hätte man die enorme gesellschaftliche Bedeutung einer fundierten schulischen Ausbildung doch ernster genommen (_____)
14. Manch sozialpolitisches Problem fände hier seinen Lösungsansatz (_____)
15. Blicken wir nach vorn (_____)
16. Schauen wir zu den Gewinnern der Studie: nach Finnland und Korea (_____)
17. Vielleicht finden wir dort Antworten (_____)
18. Diese sollten möglichst schnell gefunden werden, denn der nächste Pisa-Test ist schon in Vorbereitung (_____)
19. Wie sollen wir es schaffen, Defizite bis zu diesem Zeitpunkt abzubauen (_____)
20. Es wäre gut, wenn schnell etwas geschähe (_____)
21. Denn Bildungsexperten warnen bereits heute vor einem drastischen Mangel an qualifizierten und hochqualifizierten Arbeitskräften (_____)

Die Satzreihe (Satzverbindung)

Unter einer Satzreihe versteht man einen **zusammengesetzten Satz aus mindestens zwei gleichgeordneten** und damit voneinander **unabhängigen Teilsätzen (Hauptsätze)**, die jedoch inhaltlich zusammengehören und somit eine Aussageeinheit bilden.
Man unterscheidet zwischen **unverbundenen (asyndetischen) und verbundenen (syndetischen) Satzreihen**.

Asyndetische Satzreihe

Bei einer asyndetischen Satzreihe werden die **gleichgeordneten Teilsätze (Hauptsätze)** nebeneinandergestellt, **ohne** dass das gedankliche Verhältnis der Sätze zueinander durch eine **Konjunktion** deutlich wird. Sie werden durch ein Komma oder bei einem größeren Satzumfang durch ein Semikolon oder im Einzelfall einen Punkt getrennt.

Der Gegner ist sehr stark, wir müssen unser Tor besser verteidigen.
Wir waren durch die anstrengende Wanderung alle ziemlich erschöpft, manche hatten Blasen an den Füßen; erstaunlicherweise hatten aber einige von uns abends noch Energie genug, um tanzen zu gehen.

Möglich ist auch, dass ein Hauptsatz in den anderen eingeschoben wird. Man spricht dann von einer **Parenthese.** Sie wird in Gedankenstrichen eingefasst und erhält entsprechend ihrer Satzart ein Satzschlusszeichen, jedoch nie einen Punkt.

*Laut Wahlprogramm der SPD – **es ist in den letzten Tagen erschienen** – ist die Familienpolitik ein Schwerpunkt ihres Wahlkampfes.*

Gehören die Teilsätze einer Satzreihe unterschiedlichen Satzarten an, richtet sich das Satzschlusszeichen nach der Satzart des letzten Teilsatzes.

Petra geht heute Nachmittag ins Schwimmbad, Annette begleitet sie, ob Rainer sich wohl anschließen möchte?

Die **gedankliche Zusammengehörigkeit** einer asyndetischen Satzreihe kann neben der Stimmführung durch folgende sprachliche Mittel gekennzeichnet werden: **pronominaler Rückgriff, Anaphorisierung, Gebrauch eines inneren Gegensatzes.**

Pronominaler Rückgriff: Ein Personal- oder Demonstrativpronomen im zweiten Satz verweist auf ein Satzglied im vorangegangenen Teilsatz:
*Eine Rakete zischte hoch, **sie** erleuchtete den Festplatz.*
*Eine Rakete zischte hoch, **dies** war das Zeichen zum Beginn.*

Anaphorisierung: Die Teilsätze einer Satzreihe beginnen mit demselben Wort oder derselben Wortgruppe:
***Selten** wird er übermütig, **selten** lacht er.*
***Manche Leute** bevorzugen Zeitschriften, **manche Leute** lesen lieber Bücher.*

Bestehen eines inneren Gegensatzes zwischen den Teilsätzen:
***Groß** war die Freude, **gering** war das Leid.*

Syndetische Satzreihe

Bei einer syndetischen Satzreihe wird die **gedankliche Beziehung der Teilsätze** zueinander **durch eine Konjunktion** deutlich. Man unterscheidet folgende Verbindungsarten:
- **kopulative** (anreihend)
  *Wir gehen heute Abend essen **und** anschließend schauen wir uns einen Kinofilm an.*

Der Satz und seine Glieder

- **disjunktive** (ausschließend)
  Entweder werde ich eine Ausbildung beginnen *oder* ich werde mich um einen Studienplatz bemühen.
- **restriktive** (einschränkend) / **adversative** (entgegensetzend)
  *Rainer treibt sehr gerne Sport, **aber** eine Knieverletzung zwingt ihn zur Ruhe.*
- **kausale** (begründend)
  *Sie war sehr glücklich, **denn** sie hatte ihre Führerscheinprüfung bestanden.*

 S. 175ff. koordinierende (nebenordnende) Konjunktionen

Die syndetische Satzreihe wurde bereits im Rahmen des Kapitels Konjunktionen behandelt.

Satzreihe und Stil

Textpassagen, die überwiegend durch Satzreihen, durch eine Folge von selbstständigen Hauptsätzen und durch Fehlen von Nebensätzen auffallen, weisen einen parataktischen Stil auf.

Sie gingen nebeneinander her. Keiner sagte ein Wort. Niemand kam auf den Gedanken zu widersprechen. Sie schämten sich. Ihre Wege trennten sich an der Kreuzung.

Übung 33 Formuliere die folgende Passage aus der Kurzgeschichte „San Salvador" von Peter Bichsel so um, dass der Text auch Nebensätze enthält.

Beispiel: Später räumte er die Zeitungen vom Tisch, während er die Kinoinserate überflog.

[...]
Später räumte er die Zeitungen vom Tisch, überflog dabei die Kinoinserate, dachte an irgendetwas, schob den Aschenbecher beiseite, zerriss den Zettel mit den Wellenlinien, entleerte seine Feder und füllte sie wieder. Für die Kinovorstellung war es jetzt zu spät. Die Probe des Kirchenchores dauert bis neun Uhr, um halb zehn würde Hildegard zurück sein. Er wartete auf Hildegard. Zu all dem Musik auf dem Radio. Jetzt drehte er das Radio auf. Auf dem Tisch, mitten auf dem Tisch, lag nun der gefaltete Bogen, darauf stand in blauschwarzer Schrift sein Name Paul. [...]

(Aus: Peter Bichsel: Eigentlich möchte Frau Blum den Milchmann kennen lernen. Frankfurt/M.: Suhrkamp Verlag 1964, S. 34/35)

Übung 34 Schreibe den Anfang des folgenden Textes bis zum Beginn der wörtlichen Rede neu auf und verwende dabei auch Satzgefüge.

Helga M. Novak: Schlittenfahren

Das Eigenheim steht in einem Garten. Der Garten ist groß. Durch den Garten fließt ein Bach. Im Garten stehen zwei Kinder. Das eine der Kinder kann noch nicht sprechen. Das andere Kind ist größer. Sie sitzen auf einem Schlitten. Das kleinere Kind weint. Das größere sagt, gib den Schlitten her. Das kleinere weint. Es schreit.
Aus dem Haus tritt ein Mann. Er sagt, wer brüllt, kommt rein. Er geht in das Haus zurück. Die Tür fällt hinter ihm zu.

Das kleinere Kind schreit.
Der Mann erscheint wieder in der Haustür. Er sagt, komm rein. Na wird's bald.
Du kommst rein. Wer brüllt, kommt rein.
Komm rein.
Der Mann geht hinein. Die Tür klappt.
Das kleinere Kind hält die Schnur des Schlittens fest. Es schluchzt.
Der Mann öffnet die Haustür. Er sagt, du darfst Schlitten fahren, aber nicht brüllen. Wer brüllt kommt rein. Ja. Ja. Jaaa. Schluss jetzt.
Das größere Kind sagt, Andreas will immer allein fahren.
Der Mann sagt, wer brüllt, kommt rein. Ob er nun Andreas heißt oder sonst wie.
Er macht die Tür zu.
Das größere Kind nimmt dem kleineren den Schlitten weg. Das kleinere Kind schluchzt, quietscht, jault, quengelt.
Der Mann tritt aus dem Haus. Das größere Kind gibt dem kleineren den Schlitten zurück. Das kleinere Kind setzt sich auf den Schlitten. Es rodelt.
Der Mann sieht in den Himmel. Der Himmel ist blau. Die Sonne ist groß und rot. Es ist kalt.
Der Mann pfeift laut. Er geht wieder ins Haus zurück. Er macht die Tür hinter sich zu.
Das größere Kind ruft, Vati, Vati, Vati, Andreas gibt den Schlitten nicht mehr her.
Die Haustür geht auf. Der Mann steckt den Kopf heraus. Er sagt, wer brüllt, kommt rein. Die Tür geht zu.
Das größere Kind ruft, Vati, Vativativati, Vaaatiii, jetzt ist Andreas in den Bach gefallen.
Die Haustür öffnet sich einen Spalt breit. Eine Männerstimme ruft, wie oft soll ich das noch sagen, wer brüllt, kommt rein.

(Aus: Geselliges Beisammensein: Prosa. Neuwied: Luchterhand 1968)

Das Satzgefüge

Form und Funktion

Ein Satzgefüge ist ein **zusammengesetzter Satz aus mindestens einem Haupt- und einem Nebensatz.** Der Nebensatz ist dabei dem Hauptsatz untergeordnet. Man spricht daher auch von einer **subordinierenden (unterordnenden) Verbindung** der beiden Teilsätze. Sie sind durch ein Komma getrennt.
Nebensätze erkennt man an folgenden Merkmalen:
– Die Personalform des Verbs steht am Ende.
– Nebensätze werden meistens mit einer unterordnenden Konjunktion (z.B. *weil, dass, als*) oder einem Relativpronomen (z.B. *der, die, das*) eingeleitet.

Der Satz und seine Glieder

— Nebensätze können in der Regel (besonders in der Schriftsprache) nicht alleine stehen.

*Der Krug geht so lange zum Brunnen, **bis er bricht**.*
*Man muss das Eisen schmieden, **solange es heiß ist**.*

Übung 35 Der folgende Text ist der Anfang des Romans „Der Fänger im Roggen" von J. D. Salinger. Unterstreiche die Nebensätze.

Beispiel: Wenn ihr das wirklich hören wollt, dann wollt ...

Wenn ihr das wirklich hören wollt, dann wollt ihr wahrscheinlich als Erstes wissen, wo ich geboren bin und wie meine miese Kindheit war und was meine Eltern getan haben und so, bevor sie mich kriegten, und den ganzen David-Copperfield-Mist, aber eigentlich ist mir gar nicht danach, wenn ihr's genau wissen wollt. Erstens langweilt mich der Kram und zweitens hätten meine Eltern dann jeweils ungefähr zwei Blutstürze, wenn ich was ziemlich Persönliches über sie erzählen würde. Bei solchen Sachen sind sie ganz schön empfindlich, besonders mein Vater. Sie sind schon *nett* und so – da sag ich ja gar nichts –, aber sie sind eben ungeheuer empfindlich. Außerdem erzähl ich euch auch nicht meine ganze verfluchte Autobiografie oder so was. Ich erzähl euch bloß von diesem Irrsinnskram, der mir so um letztes Weihnachten passiert ist, bevor es mit mir ziemlich bergab ging und ich hierher kam und es ruhiger angehen lassen musste. Also, mehr hab ich nicht mal D. B. erzählt, und der ist mein *Bruder* und so. Er ist in Hollywood. Das ist nicht besonders weit von diesem schmierigen Laden, und er kommt mich praktisch jedes Wochenende besuchen. Er wird mich auch nach Hause fahren, wenn ich nächsten Monat vielleicht nach Hause kann. Er hat sich gerade einen Jaguar gekauft. So eine kleine englische Kiste, die um die dreihundert Stundenkilometer macht. Hat ihn verdammt fast viertausend Eier gekostet. Er hat jetzt jede Menge Kohle. Das war nicht *immer* so. Als er noch zu Hause wohnte, war er ein ganz normaler Autor. Er hat *Der geheime Goldfisch* geschrieben, so ein irrsinniges Buch mit Kurzgeschichten, falls ihr noch nichts von D. B. gehört habt. Die Beste darin war „Der geheime Goldfisch". Sie handelt von so einem kleinen Jungen, der niemand seinen Goldfisch zeigen wollte, weil er ihn von seinem eigenen Geld gekauft hat. Das machte mich fertig. Jetzt ist D. B. in Hollywood und prostituiert sich. Wenn ich eines hasse, dann Filme. Fangt mir erst gar nicht davon an.

Ich möchte mit dem Tag anfangen, an dem ich von der Pencey Prep weg bin. Die Pencey Prep ist so eine Schule in Agerstown, Pennsylvania. Wahrscheinlich habt ihr davon gehört. Wenigstens die Anzeigen habt ihr wahrscheinlich gesehen. Die werben in ungefähr tausend Zeitschriften, mit einem Spitzentypen auf einem Pferd, wie er gerade über einen Zaun springt. Als würde man an der Pencey bloß immerzu Polo spielen. Ich hab in der ganzen Zeit dort kein einziges Pferd auch nur von weitem gesehen. Und unter dem Bild von dem Typen auf dem Pferd steht dann immer: „Seit 1888 formen wir Jungen zu tüchtigen, klar denkenden jungen Männern." Das kann glauben, wer will. An der Pencey *formen* sie verdammt nicht anders als an jeder anderen Schule. Und mir ist dort keiner begegnet, der tüchtig war und klar denken konnte und so. Viel-

leicht zwei. Wenn überhaupt. Und wahrscheinlich waren die schon so, als sie an die Pencey *kamen*.
(Aus: J. D. Salinger: Der Fänger im Roggen. Deutsch von Eike Schönfeld. Verlag Kiepenheuer & Witsch. Köln 2003)

Übung 36 Verbinde die folgenden Sätze aus der Fabel von dem Löwen und der Maus so, dass ein anschaulicher und interessanter Text entsteht!

Beispiel: Der Löwe war wütend. Die Maus hatte ihn geweckt.
Der Löwe war wütend, weil die Maus ihn geweckt hatte. Oder:
Der Löwe war wütend darüber, dass die Maus ihn geweckt hatte.

Der Löwe und die Maus

Der Löwe schlief. – Eine Maus lief ihm über den Körper. – Er wachte auf. – Er packte die Maus und schüttelte sie voll Zorn. – Der Löwe wollte sie auffressen. – Das merkte die Maus. – Sie flehte ihn an: „Du schenkst mir das Leben. – Ich werde mich dankbar erweisen." – Der Löwe lachte und ließ sie laufen. – Bald darauf aber wurde der Löwe von Jägern gefangen. – Sie fesselten ihn. – Sie banden ihn mit einem Seil an einen Baum. – Die Maus näherte sich. – Der Löwe stöhnte. – Sie benagte das Seil rundherum. – Sie befreite ihn. –
„Damals", sagte sie, „hast du gelacht. – Du hast nicht an mein Versprechen geglaubt. – Sage: Habe ich zu viel versprochen?"

Einteilung von Nebensätzen nach ihrer Stellung

Nebensätze können nach ihrer Stellung zum Hauptsatz unterschieden werden. Sie können dem Hauptsatz vorausgehen, in den Hauptsatz eingeschoben sein oder ihm folgen. Der Nebensatz ist also entweder **Vordersatz, Zwischensatz** oder **Nachsatz.**

Vordersatz: *Sobald die Sonne aufging,* begannen wir die Wanderung. (NS – HS)
Zwischensatz: Schon bald, *nachdem wir unser Quartier verlassen hatten,* erreichten wir die Baumgrenze. (HS – NS – HS)
Nachsatz: Wir erreichten die Hütte, *als die Sonne hinter der Bergspitze verschwand.* (HS – NS)

Komplexes Satzgefüge

Ein Satzgefüge kann aber auch aus mehreren Haupt- und Nebensätzen bestehen. Man spricht dann von einem komplexen oder erweiterten Satzgefüge.

Wenn der Winter vorüber ist, kehren die Zugvögel zurück, *die im Herbst weggeflogen sind.* (NS 1 – HS – NS 2)

Nebensätze in einem erweiterten Satzgefüge können **nebengeordnet (gleichrangig)** oder einander **untergeordnet** auftreten.
Das Verhältnis der einander untergeordneten Sätze fasst man als Rangordnung auf. Der Abhängigkeit nach werden Nebensätze verschiedenen Grades unter-

Der Satz und seine Glieder

schieden: Ein Nebensatz 1. Grades hängt von einem Hauptsatz, ein Nebensatz 2. Grades von einem Nebensatz 1. Grades ab usw.

An Ende des Winters kehren die Zugvögel zurück, **die im Herbst weggeflogen sind und wärmere Länder aufgesucht haben.** (nebengeordnete/gleichrangige Nebensätze mit *und* verbunden)

Als die Vögel spürten, dass es wärmer wurde, *kehrten sie zurück.* (unterordnende Nebensätze: NS 1. Grades – NS 2. Grades – HS)

Stilistische Anmerkungen

Nebensätze, die über den 3. Grad hinausgehen, sind zu vermeiden. Es entstehen sonst unschöne „Treppensätze":

Ich habe gehört, dass der Preis für Erdbeeren so gesunken ist, dass sie jeder kaufen kann, der diese Frucht gern isst, weil sie wohlschmeckender ist als andere Früchte, die im Frühsommer reifen.

Ebenso unschön wirken sogenannte „Schachtelsätze". Es gibt in der deutschen Literatur zwar einige Meister des Schachtelsatzes (z.B. Heinrich von Kleist), in der Alltagssprache wirken sie jedoch gekünstelt und schwer verständlich:

Der Arzt, der gestern kam, um meinen Vater zu behandeln, weil ich ihm gesagt hatte, dass dieser erkrankt sei, musste heute, weil auch meine Mutter krank wurde, wieder kommen, obgleich sein Wagen, der in der Werkstatt stand, noch nicht fahrbereit war.

Besser ist es, statt solcher Treppen- und Schachtelsätze kürzere Satzgefüge zu bilden.

Übung 37 Vereinfache die folgenden Sätze aus der Erzählung „Das Bettelweib von Locarno" (H. von Kleist), indem du mehrere kürzere Satzgefüge bildest.

Beispiel: Am Fuße der Alpen, bei Locarno im oberen Italien, befand sich ein altes Schloss. Es gehörte einem Marquese. Wenn man vom St. Gotthard kommt, sieht man es jetzt in Schutt und Trümmern liegen.

1. Ein Schloss mit hohen und weitläufigen Zimmern, in deren einem einst, auf Stroh, das man ihr unterschüttete, eine alte kranke Frau, die sich bettelnd vor der Tür eingefunden hatte, von der Hausfrau aus Mitleiden gebettet worden war.

2. Der Marchese, der, bei der Rückkehr von der Jagd, zufällig in das Zimmer trat, wo er seine Büchse abzusetzen pflegte, befahl der Frau unwillig, aus dem Winkel, in welchem sie lag, aufzustehen, und sich hinter den Ofen zu verfügen.

3. Die Frau, da sie sich erhob, glitschte mit der Krücke auf dem glatten Boden aus und beschädigte sich, auf eine gefährliche Weise, das Kreuz; dergestalt, dass sie zwar noch mit unsäglicher Mühe aufstand und quer, wie es ihr vorgeschrieben war, über das Zimmer ging, hinter dem Ofen aber, unter Stöhnen und Ächzen, niedersank und verschied.

Das Satzgefüge

Formale Einteilung von Nebensätzen

Die meisten Nebensätze sind mit ihrem übergeordneten Hauptsatz und auch untereinander durch besondere **Einleitewörter** verbunden, die den Nebensatz formal und inhaltlich an den Hauptsatz angliedern.
Nach der Art der Einleitewörter kann man in **Konjunktionalsätze** (Bindesätze) und **Pronominalsätze** (Bezugswortsätze und Fragewortsätze) unterteilen.

Konjunktionalsätze

S. 177ff.
Konjunktion

Konjunktionalsätze werden durch eine **unterordnende Konjunktion** eingeleitet. Man spricht daher auch von Subjunktionen bzw. Subjunktionalsätzen.
Die Personalform steht in der Endstellung. Eine Ausnahme bildet die Konjunktion *als* im Sinne von *als ob*. Hier findet sich die Personalform des Verbs hinter der Konjunktion.

Wenn der BVB morgen das Spiel gewinnt, ist er Meister.
Es sieht so aus, als könnte die Mannschaft es schaffen.

Pronominalsätze

S. 115
Relativpronomen

S. 117ff.
Interrogativpronomen

Pronominalsätze werden von **Relativ- oder Interrogativpronomen** eingeleitet. Man unterteilt die Pronominalsätze daher auch in **Relativ- und Interrogativsätze.**

Ein Fussballer, der seine Sache ernst nimmt, trainiert täglich. (Relativsatz)
Kannst du mir sagen, ob die Mannschaft vom BVB trainiert? (Interrogativsatz)

Der Relativsatz

Relativsätze werden durch ein **Relativpronomen** oder ein **Relativadverb** eingeleitet.
- **Relativpronomen**: der, die das; welcher, welche, welches; jener, jene, jenes; wer, was.

S. 144ff.
Adverb

- **Relativadverbien**: wo, wohin, woher, wann, wie, wieso, weshalb, warum, weswegen.

Vor dem Relativpronomen oder dem Relativadverb kann auch eine Präposition stehen.

Ich nehme die U-Bahn, die zum Stadion fährt. (Relativpronomen)
Ich stehe dort, von wo er gekommen ist. (Relativadverb)
Man muss die Südtribüne, auf der sich die treuesten BVB-Fans versammeln, einmal gesehen haben. (Präposition + Relativpronomen)

Der Satz und seine Glieder

Der Interrogativsatz

Interrogativsätze als Nebensätze sind indirekte Fragesätze. Sie lassen sich deshalb oft in direkte Fragen umwandeln. Einleitewörter sind:
- **Interrogativpronomen**: wer, was, welcher, welche, welches, was für ein
- **Interrogativadverbien**: wo, wohin, woher, wann, wie, wieso, weshalb, warum, weswegen
- außerdem die **Konjunktion** *ob*.

*Sage mir, **welcher Spieler das ist**.* → *Sage mir: „Welcher Spieler ist das?"* (Interrogativpronomen)
*Kannst du mir sagen, **wieso Matthias Sammer nicht beim Training ist?*** → *Sage mir: „Wieso ist Matthias Sammer nicht beim Training?"* (Interrogativadverb)
*Weißt du, **ob er heute noch kommt?*** → *Ich frage ihn: „Kommt er heute noch?"*

> **Übung 38** Unterstreiche die Gliedsätze und entscheide, ob es sich um einen Relativ- oder Interrogativsatz handelt. Füge die entsprechende Abkürzung in die Klammer ein: Relativsatz (R), Interrogativsatz (I).

1. Amnesty International ist eine Organisation, die sich um die Einhaltung der Menschenrechte bemüht. ( )
2. Ich bin mir nicht sicher, ob er ein blaues Auto fährt. ( )
3. Weißt du, welche U-Bahn-Linie nach Finkenwerder fährt? ( )
4. Der beste Campingplatz, den ich kenne, ist der von Aix. ( )
5. Das, was du meinst, wird nicht ganz deutlich. ( )
6. Durch das Anklicken der Verweise wird die Information, die dahinter verborgen ist, sichtbar. ( )
7. Es ist fraglich, wie viele Teilnehmer das Seminar haben wird. ( )
8. Sag mir, warum du nicht angerufen hast. ( )
9. Das Problem, um das es geht, ist schwer zu lösen. ( )

Satzwertige Konstruktionen

Infinitiv- und Partizipgruppen haben die gleiche Funktion wie Nebensätze. Man bezeichnet sie deshalb als **satzwertige Konstruktionen** oder **Nebensatzäquivalente**.
Im Gegensatz zu den Nebensätzen verfügen sie weder über ein eigenes Subjekt noch über ein finites Verb.

*Katja hofft darauf, **den Zug zu erreichen**.* (Infinitivgruppe)
***In Stuttgart angekommen** stieg sie in die S-Bahn.* (Partizipgruppe)

S. 59ff.
Infinitiv

Infinitivgruppen (erweiterter Infinitiv)

Satzwertige Konstruktionen mit einem Infinitiv bezeichnet man als **Infinitivgruppe**, früher sprach man auch vom erweiterten Infinitiv. Sie werden teilweise

Das Satzgefüge
223

durch unterordnende Konjunktionen eingeleitet *(um, ohne, außer, anstatt …)*.
Eine Infinitivgruppe kann durch einen Nebensatz ersetzt werden.

Katja hofft darauf, den Zug zu erreichen. (Infinitivgruppe)
Katja hofft darauf, dass sie den Zug erreicht. (Nebensatz/Objektsatz)

➡ S. 246ff.
Zeichen-
setzung

Hinweis für die Zeichensetzung

Infinitivgruppen werden wie Nebensätze behandelt. Deshalb werden sie in vielen Fällen durch Komma abgetrennt. Dies ist in der Regel dann der Fall, wenn eine der folgenden Bedingungen erfüllt ist:

– Die Infinitivgruppe ist **mit *um, ohne, statt, anstatt, außer, als* eingeleitet**:
   ***Um** sich zu erholen, ging sie im Park spazieren.*
   *Er zog sich zurück, **ohne** ein Wort zu sagen.*
   *Ihr fiel nichts Besseres ein, **als** den Besuch abzusagen.*

– Die Infinitivgruppe **bezieht sich auf ein Substantiv im übergeordneten Satz**:
   *Sie hatte nicht die **Absicht**, ihn zu kränken.*
   *Wir machten einen weiteren **Versuch**, ihn zu überzeugen.*

– Die Infinitivgruppe wird **durch ein hinweisendes Wort im übergeordneten Satz angekündigt**:
   *Er dachte nicht **daran**, die Tür zu schließen.*
   *Die Übung dient **dazu**, den Bauch zu straffen.*

– Auf die Infinitivgruppe wird durch einen **Rückverweis** Bezug genommen:
   *Das Krankenhaus zu verlassen, **das** war ihr größter Wunsch.*
   *Die Gäste zu begrüßen, **dazu** kam es gar nicht.*

– Fehlt ein hinweisendes Wort oder ein Bezugsnomen/-substantiv, **kann** eine Infinitivgruppe durch Komma abgetrennt werden.
   Er versuchte(,) die Tür zu öffnen.

– Bezieht sich ein einfacher Infinitiv mit ***zu*** auf ein Nomen/Substantiv oder ein anderes Wort im übergeordneten Satz, **kann** ein Komma gesetzt werden.
   Er äußerte die Absicht(,) zu kommen(,) beinahe stündlich.

– In den anderen Fällen wird kein Komma gesetzt:
   Er hörte nicht auf zu lachen.
   Er wagte nicht aufzuschauen.

➡ S. 54ff.
Partizipien

Partizipgruppen

Satzwertige Konstruktionen mit einem Partizip bezeichnet man als **Partizipgruppe.** Die meisten stehen anstelle von Adverbialsätzen.

➡ S. 227ff.
Adverbial-
sätze

In Stuttgart angekommen stieg sie in die S-Bahn nach Leonberg. (Partizipgruppe)

Als sie in Stuttgart angekommen war, stieg sie in die S-Bahn nach Leonberg. (Nebensatz/Objektsatz)

Das Zeugnis schwenkend kam sie auf uns zugelaufen.

Während sie das Zeugnis schwenkte, kam sie auf uns zugelaufen.

Der Satz und seine Glieder

Die Partizipgruppe wird nur dann mit Komma abgetrennt, wenn sie zwischen Subjekt und Prädikat eingeschoben ist:

Manuel, ununterbrochen hustend, verließ die Klasse.

Für Infinitivgruppen und Partizipgruppen gilt gleichermaßen: Wenn ein Satz ohne Komma unübersichtlich oder missverständlich ist, sollte man ein Komma setzen.

Wir versuchten, es ihm mit gleicher Münze heimzuzahlen.
Er lief(,) über das ganze Gesicht strahlend(,) auf sie zu.

Übung 39 Achte auf Hinweise und Rückverweise und setze ein Komma, wo es erforderlich ist.

Beispiel: Rolf brachte drei Tage damit zu, sein Arbeitszimmer aufzuräumen.

1. In Gedanken versunken saß er am Fenster.
2. Er dachte nicht daran die Tür zu schließen.
3. Von der Sorge getrieben so eilte sie nach Hause.
4. Die Abgaskontrolle dient dazu die Umweltverschmutzung einzudämmen.
5. Ute zögert nicht mit der Arbeit fortzufahren.

Übung 40 Markiere in dem folgenden Text
Konjunktionalsätze – _____
Pronominalsätze – __ __ __ __ __
Satzwertige Konstruktionen – ....

Space Coast

Die Space Coast in Florida entstand, als die amerikanische Weltraumbehörde NASA 1963 hundert Quadratkilometer unerschlossenes Land auf der Halbinsel Merritt Island kaufte. Die Weltall-Pioniere wollten ungestört arbeiten. Cape Canaveral (das heutige John F. Kennedy Space Center) wurde errichtet. Die Natur blieb dennoch unberührt: Mit über 5000 verschiedenen Tier- und Pflanzenarten gelten Insel und Umgebung als artenreichstes Biotop in ganz Nordamerika. Dutzende Naturparks laden heute zum Entdecken ein. Wer es will, kann mit Seekühen schwimmen, Otter und Alligatoren beobachten oder zuschauen, wie Seeschildkröten ihre Eier legen. „Ein irrsinniger Glücksfall, dass gerade hier alles erhalten geblieben ist", sagte Steve Wagner, einer der Führer, der Besucher über die vielen Lehrpfade und Wanderwege führt. „Bei uns treffen gemäßigte und tropische Klimazone aufeinander und hier befindet sich der Atlantic Flyway, einer der größten Korridore für Zugvögel."
Als Geschäftsleute und Kommunalpolitiker in dem Städtchen rund um das Kennedy Space Center vor ein paar Jahren erkannten, dass mit der Natur ein einzigartiger Schatz erhalten geblieben war, erschlossen sie Merritt Island vorsichtig für den Tourismus und richteten zahlreiche Schutzzonen ein.
Während in Orlando weiter westlich immer neue Vergnügungsparks artifizielles Abenteuer bieten und Miami jedes Jahr 10,5 Millionen Strandtouristen verkraftet, geht es in Space Coast fast noch beschaulich zu. „Bei uns gibt es keine

Autofahrer, die dauernd auf die Hupe drücken", sagt Victoria Wilmarth, Managerin in einem der Strandhotels in Melbourne Beach. „Mehr und mehr kommen Leute nach einem Besuch in Walt Disneys Orlando an die Space Coast, um sich bei uns richtig zu erholen." Auf Themen-Parks verzichtet man hier gern: Fischer nehmen Touristen mit zum Bird-Watching in die Lagunen oder zum Angeln auf hoher See. Kanu- und Kajak-Touren werden angeboten. Und wer mag, kann auch hier einfach nur am weißen Strand in der Sonne braten.

Hauptattraktion aber ist immer noch die NASA. Wie Zwerge wirken die Besucher, die unter dem Bauch eines detailgetreuen Nachbaus der Saturn V entlangschlendern. Mit 111 Metern Höhe und einem Startgewicht von mehr als 3000 Tonnen war sie die größte Rakete, die je gebaut wurde. Sie beförderte den ersten Menschen auf den Mond. Einen Steinwurf entfernt können Besucher von einer Plattform aus die historischen Abschussrampen in Augenschein nehmen. Und im International Space Station Center dürfen sie den modernen Raketenbauern bei der Arbeit zuschauen.

(Quelle: Lufthansa)

Funktionale Einteilung von Nebensätzen

Nebensätze sind vielfach Äquivalente bzw. Ausdrucksformen für Satzglieder oder Satzgliedteile. Man spricht daher auch von **Gliedsätzen** bzw. **Gliedteilsätzen**.

Zu unterscheiden sind: **Subjektsätze, Objektsätze, Prädikativsätze, Attributsätze** und **Adverbialsätze**.

Subjektsätze und Objektsätze

Sätze, **die die Aufgaben von Subjekten und Objekten** übernehmen, nennt man Subjekt- bzw. Objektsätze. Sie lassen sich wie die entsprechenden Satzglieder erfragen.

Häufig werden sie durch die **Konjunktion dass,** ein **Relativpronomen** oder ein **Fragewort** eingeleitet.

Da sie den Inhalt dessen wiedergeben, was man weiß, denkt, sagt, vermutet, hofft, bezweifelt usw., spricht man auch von **Inhaltssätzen**.

Dass du mein Buch liest, gefällt mir. (Wer oder was gefällt mir?: Subjektsatz)
Ich hoffe, dass dir das Buch gefällt. (Wen oder was hoffe ich?: Objektsatz)

Übung 41 Verwandle die folgenden Sätze in Satzgefüge mit Subjektsätzen.

Beispiel: *Die Dauer* des Festes ist ungewiss. → Es ist ungewiss, *wie lange das Fest dauert.*

1. *Der Geduldige* kommt ans Ziel.
2. *Deine Abreise* hat uns traurig gemacht.
3. *Dein Besuch* ist uns sehr willkommen.
4. *Das Ziel unserer diesjährigen Urlaubsreise* ist noch immer ungewiss.
5. *Die Ankunftszeit des Fluges* steht noch immer nicht fest.

Der Satz und seine Glieder

226

Übung 42   Bilde aus den folgenden Sätzen Satzgefüge mit einem Objektsatz.

Beispiel: Halte immer *dein Versprechen!* → Halte immer, was du versprichst.

1. Ich erinnere mich noch gut *an seine Erzählungen.*
2. Wir müssen *die Bestätigung dieser Nachricht* noch abwarten.
3. Wir kennen *die Gründe für diese Maßnahme* nicht.
4. *Deine Neugier* mag ich nicht.
5. Der Verkehrsfunk meldete *einen Unfall am Westhofener Kreuz.*

➠ S. 198f.
Prädika-
tivum

Prädikativsätze

Prädikativsätze treten als **Ergänzungen** zu Sätzen mit *ist, bin, sind* usw. auf. Wie die Subjekt- und Objektsätze werden sie oft durch die **Konjunktion dass,** ein **Relativpronomen** oder ein **Fragewort** eingeleitet.

Das Mindeste ist, **dass du dich entschuldigst.**
Das ist der, **der sich schon dreimal beschwert hat.**
Markus wird, **was sein Vater war.**

Übung 43   Ergänze die folgenden Satzanfänge sinnvoll durch Prädikativsätze.

Beispiel: Das ist es, was ich dir sagen wollte.

1. Wir sind die, ...
2. Sie ist es, ...
3. Ich bin diejenige, ...
4. Dies ist das Kind, ...
5. Wir werden sein, ...

Attributsätze

➠ S. 204
Attribut

Attributsätze bestimmen **wie ein Attribut** ein Nomen/Substantiv näher. Sie entsprechen nicht einem Satzglied, sondern einem Satzgliedteil. Daher bezeichnet man sie als **Satzgliedteilsätze.**
Attributsätze treten als **Relativsätze** auf.

Bellende Hunde beißen nicht. (Attribut)
Hunde, **die bellen,** *beißen nicht.* (Attributivsatz)

Übung 44   Wandle das Attribut in einen Attributsatz um.

Beispiel: Die *sonst überpünktliche* Eva kam heute eine Stunde zu spät → Eva, *die sonst überpünktlich ist,* kam heute eine Stunde zu spät.

1. Luther, *der Übersetzer der Bibel,* wurde in Eisleben geboren.
2. Unsere Studienfahrt *durch Polen* war sehr aufschlussreich.
3. Der *anschwellende Fluss* bedrohte langsam die Deiche.

Das Satzgefüge
227

4. Du sprichst von *längst vergangenen* Zeiten.
5. Gestern habe ich eine Dokumentation *über das harte Leben der Eskimos* gesehen.

Adverbialsätze

➡ **S.199**
Adverbiale

Adverbialsätze ersetzen in den meisten Fällen eine **adverbiale Bestimmung.** Im Unterschied zu den Subjekt-, Objekt-, Prädikativ- und Attributsätzen lassen sich die Adverbialsätze inhaltlich unterteilen. Entsprechend den Arten der Adverbialbestimmung kann man die folgenden semantischen (inhaltlichen) Klassen der Adverbialsätze unterscheiden: **Lokal**sätze, **Temporal**sätze, **Modal**sätze, **Komparativ**sätze, **Adversativ**sätze, **Kausal**sätze, **Konditional**sätze, **Konsekutiv**sätze, **Final**sätze und **Konzessiv**sätze.

Der Lokalsatz (Ortssatz)

Lokalsätze ersetzen die adverbiale Bestimmung des **Ortes.** Sie antworten wie diese auf die Fragen: Wo?, Wohin?, Woher?, Wie weit? Sie bestimmen also einen **Ort**, ein **Ziel**, einen **Ausgangspunkt** oder die **Ausdehnung** näher.
Der Form nach sind Lokalsätze **Pronominalsätze.**

*Ich komme **aus deiner Richtung.*** (adverbiale Bestimmung)
*Ich komme daher, **woher du gekommen bist.*** (Lokalsatz)

Der Temporalsatz (Zeitsatz)

Temporalsätze ersetzen eine adverbiale Bestimmung der **Zeit.** Sie bestimmen die **Dauer** oder den **Zeitpunkt** einer Handlung, wobei dieser als gleichzeitig *(als),* vorzeitig *(nachdem)* oder nachzeitig *(bevor)* angegeben werden kann.
Temporalsätze antworten auf die Fragen: Wann?, Wie lange?, Wie oft?, Seit wann?, Bis wann?
Ihrer Form nach sind Temporalsätze Konjunktionalsätze.

Bei Sonnenuntergang erreichten wir die Hütte. (adverbiale Bestimmung)
*Wir kamen an, **als die Sonne unterging.*** (Temporalsatz)

Der Kausalsatz (Begründungssatz)

Kausalsätze im engeren Sinne geben den **Grund** oder die **Ursache** an. Sie antworten auf die Fragen **Warum?**, **Weshalb**?.
Formal gehören sie zu den Konjunktionalsätzen.

Wegen des Regens blieben wir im Hotel. (adverbiale Bestimmung)
Weil es regnete, blieben wir im Hotel. (Kausalsatz)

Kausalsätze im weiteren Sinne geben darüber hinaus Auskünfte über die **Bedingungen bzw. Voraussetzungen** einer Handlung oder Sache (Konditionalsatz), über **Folgen** (Konsekutivsatz) und **Absichten** (Finalsatz) oder sie führen einen **Gegengrund** an (Konzessivsatz).

Der Satz und seine Glieder

– **Konditionalsatz (Bedingungssatz)**
Der Konditionalsatz enthält eine **Bedingung** oder die **Voraussetzung**, unter der die Aussage des Hauptsatzes gilt. Er antwortet auf die Frage **In welchem Fall?**, **Unter welcher Bedingung?**
Der Konditionalsatz gehört formal zur Gruppe der Konjunktionalsätze.

Bei Sonnenschein werden wir aufbrechen. (adverbiale Bestimmung)
Wenn/Falls die Sonne scheint, werden wir aufbrechen. (Konditionalsatz)

– **Konsekutivsatz (Folgesatz)**
Der Konsekutivsatz bezeichnet die **Folge** eines Sachverhalts. In einem solchen Folgesatz werden Grund und Folge in eine enge Verbindung gebracht. Die entsprechende Frage lautet: **Mit welcher Folge?**
Zur Satzverbindung dienen die Konjunktionen *dass, sodass*. Im Hauptsatz weist oft ein stark betontes *so, solcher, zu, allzu* auf den Konsekutivsatz hin. Der Form nach gehören auch die Konsekutivsätze zu den Konjunktionalsätzen.

Sie singt *zum Davonlaufen*. (adverbiale Bestimmung)
Sie singt so, *dass man davonlaufen möchte*. (Konsekutivsatz)

– **Finalsatz (Absichtssatz)**
Der Finalsatz bezeichnet die **Absicht,** in der etwas geschieht. Diese Absicht ist der treibende Grund für das Geschehen. Finalsätze lassen sich mit **Wozu?** erfragen.
Formal treten sie mit der Konjunktion **damit** als Konjunktionalsatz oder mit **um zu** als Infinitivgruppe auf.

*Wir fahren **zur Erholung** nach Schweden.* (adverbiale Bestimmung)
*Wir fahren nach Schweden, **damit wir uns erholen**.* (Finalsatz als Konjunktionalsatz)
*Wir fahren nach Schweden, **um uns zu erholen**.* (Finalsatz als Infinitivgruppe)

Aus stilistischer Sicht zieht man den Infinitivsatz dann vor, wenn Haupt- und Nebensatz das gleiche Subjekt haben.
*Ich mag es nicht, **in der Sonne zu liegen**.*

– **Konzessivsatz (Einräumungssatz)**
Der Konzessivsatz gibt einen dem Inhalt des Hauptsatzes **widersprechenden Grund** an, der das Gegenteil dessen erwarten ließe, was der Hauptsatz aussagt. Der Konzessivsatz antwortet fast immer auf die Frage **Trotz welchen Umstandes?**
Formal gehört er zu den Konjunktionalsätzen.

Trotz der Schwierigkeiten werde ich die Aufgabe lösen. (adverbiale Bestimmung)
Obwohl die Schwierigkeiten groß sind, werde ich die Aufgabe lösen. (Konzessivsatz)

Der Modalsatz (Umstandssatz der Art und Weise)

Modalsätze drücken adverbiale Bestimmungen der **Art und Weise** aus. Sie antworten daher auf die Fragen „Wie?" oder „Wie sehr?".
Der Form nach gehören sie zu den Konjunktionalsätzen.

Rennend kam Julius auf uns zu. (adverbiale Bestimmung)
*Er kam auf uns zu, **indem er rannte**.* (Modalsatz)

Die **Komparativsätze**, die einen **Vergleich** wiedergeben, sind ebenfalls der Gruppe der Modalsätze zuzuordnen.

*Er wütete, **als ob er besinnungslos wäre**.*

Adversativsätze geben einen **Gegensatz** an. Auch sie gehören zur Gruppe der Modalsätze.

*Er las gelangweilt in der Zeitung, **während sie interessiert dem Vortrag lauschte**.*
(Adversativsatz)

Übersicht

Lokalsatz	Ort Ziel Ausgangspunkt	*wo* *wohin* *woher*
Temporalsatz	<u>Zeitpunkt</u> gleichzeitig vorzeitig nachzeitig <u>Zeitdauer</u>	 *als* *nachdem* *bevor, ehe* *seitdem, solange, während*
Kausalsatz Konditionalsatz Konsekutivsatz Finalsatz Konzessivsatz	Grund im engeren Sinne Bedingung, Voraussetzung Folge, Wirkung Absicht, Zweck Einräumung	*da, weil* *wenn, falls* *dass, sodass* *damit, um zu* *obwohl*
Modalsatz Komparativsatz Adversativsatz	Art und Weise Vergleich Gegensatz	*indem, dadurch ..., dass* *als ob, wie, je ... desto* *während*

Übung 45 Bestimme in dem folgenden Text die Adverbialsätze nach folgendem Muster.

lokal (l), temporal (t), kausal im engeren Sinne (kau), konditional (kond), konsekutiv (kons), final (fin), konzessiv (konz), modal (mod), komparativ (kom), adversativ (adv)

Gewitter

Blitze entstehen durch Elektrizität in der Luft. 1752 hat Benjamin Franklin dies gezeigt, indem (   ) er bei Gewitter einen Drachen an einem nassen Band

Der Satz und seine Glieder

230

hochsteigen ließ. Das Band war unten an einen Schlüssel geknotet und dieser wurde durch ein trockenes Seidenband festgehalten. Als ( ) es blitzte, konnte Franklin aus dem Schlüssel Funken ziehen. Franklin begab sich mit diesem Experiment in Lebensgefahr. Wenn ( ) ein Blitz in den Drachen eingeschlagen hätte, wäre er auf der Stelle tot gewesen! Obwohl ( ) heute die Risiken bei einem Gewitter bekannt sind, werden Jahr für Jahr etwa 100 Menschen vom Blitz erschlagen, weil ( ) sie nicht beachten, dass Blitze oft an der höchsten Stelle einschlagen. Deshalb soll man niemals unter einzelnen Bäumen Schutz suchen oder einen Drachen steigen lassen, während ( ) es gewittert. Auch in Booten oder auf dem Fahrrad ist man vor Blitzen nicht sicher, während ( ) man im Auto vor ihnen geschützt ist. Falls ( ) man im Freien von einem Gewitter überrascht wird, sollte man sich auf den Boden hocken.
Gewitterwolken entstehen dadurch, dass ( ) starke Aufwinde die Wolken hoch auftürmen. In der Wolke bilden sich dann Hagelkörner. Diese zerschlagen Wassertröpfchen und werden dabei elektrisch geladen. Im unteren Teil der Wolke geben die Hagelkörner ihre Elektrizität ab, sodass ( ) dieser Teil immer stärker aufgeladen wird, bis ( ) ein Blitz zur Erde überspringt. Der Blitz erhitzt die Luft schlagartig auf ein paar tausend Grad. Dabei glüht sie auf und dehnt sich so plötzlich auf, als ( ) würde sie explodieren. So entsteht der Donner.
Eine Blitzmaschine kannst du bauen, indem ( ) du zunächst ein Plastikdöschen mit Teppichklebeband oder Flüssigkleber als Griff auf ein Blech klebst. Breite anschließend eine Alufolie auf dem Tisch aus, worauf ( ) du eine Schallplatte legst. Reibe die Schallplatte nun kräftig mit einem Tuch, damit ( ) sie sich elektrisch auflädt. Dann setzt du das Blech auf die Schallplatte. Wenn ( ) du nun die überstehende Alufolie so umbiegst, dass ( ) sie das Blech berührt, wirst du einen winzigen Funken überspringen sehen.

(Aus: Löwenzahn – Technik und Umwelt. Tandem: 2001, S.42)

Übung 46 Kennzeichne die unterstrichenen adverbialen Bestimmungen der Sätze und forme die Sätze in Satzgefüge mit Adverbialsätzen um.

Beispiel: Beim Morgengrauen brachen wir auf. (adv. Bestimmung der Zeit)
Als der Morgen graute, brachen wir auf.

1. In meiner Jugendzeit gab es immer Schnee an Weihnachten.
   ( )
2. Aufgrund des schlechten Wetters fahren viele Leute in den Süden.
   ( )
3. Im Falle einer Wetterbesserung sollten wir spazieren gehen.
   ( )
4. Durch den Verzicht auf Süßigkeiten kann man Übergewicht vermeiden.
   ( )
5. Zur Finanzierung der Klassenfahrt verkauften die Schüler selbstgebackene Waffeln. ( )
6. Vor dem Wintereinbruch muss das Dach repariert werden.
   ( )

Das Satzgefüge

231

7. <u>Durch seine Behutsamkeit</u> gewann der kleine Prinz das Vertrauen des Fuchses. ( )
8. <u>Aus Neugier</u> versammelten sich die Menschen auf dem Marktplatz.
( )

Übung 47 Der folgende Textauszug stammt aus dem Roman „Die Frau und der Affe" von Peter Høeg. Bestimme die Gliedsätze, indem du die entsprechende Abkürzung in die vorgesehene Klammer einträgst:

Inhaltssatz (I), Attributsatz (Att), Adverbialsatz (Adv)

„... Es lag eine Veränderung in der Luft, das erste Licht des Frühjahrsmorgens entwuchs den Häusern wie ein grauer Pelz. Bally dachte wieder an den Affen und drehte sich um.

Der Affe hatte die Augen geöffnet und sich vorgebeugt. Seine eine Hand ruhte nun auf dem kleinen Schalthebel des Armaturenbretts, der den Autopiloten justierte ( ). Bally hatte die Tiere, mit denen er fuhr ( ), immer an Deck kommen lassen, weil das die Wahrscheinlichkeit erhöhte ( ), dass sie nicht an Seekrankheit sterben würden ( ), und er hatte damit stets nur gute Erfahrungen gemacht. Er hatte den Tieren eine Sicherungsleine umgebunden, sie in Decken gehüllt und ihnen zweimal täglich ein wirksames Neuroleptikum verpasst, ein Milligramm pro Kilo Körpergewicht. Festgebunden und ohne ihre Umgebung deutlich wahrzunehmen, hatten sie die Reise verdöst.

Diese Prozedur, dachte er bei sich so schnell, wie man zuweilen in einer Zeitspanne denken kann ( ), die zu kurz ist ( ), um physisch zu reagieren, würde man jetzt vermutlich ändern müssen.

Verzögert, im Verhältnis zur Hand des Affen jedoch nur ganz wenig, drehte der Autopilot den Schiffsteven einige wenige, verhängnisvolle Grade aus dem Wind. Das Schiff rollte ungeschickt auf einer kurzen, flachen See. Dann halste es.

In dieser Sekunde sah der Affe die drei Männer direkt an.

Vor vielen Jahren hatte Bally entdeckt, dass das Leben aus Wiederholungen besteht ( ), die jedes Mal nach weniger schmecken, und in dieser allgemeinen Abgeschmacktheit war der Mensch selbst nur eine Repetition. Ihm war klar, er hatte in seinem Leben stets die Nähe von Tieren gesucht, und dies hatte etwas damit zu tun, dass in dem allgemeinen mechanischen Überdruss etwas Erhebendes darin lag ( ), Macht über einen Automaten zu haben, der einer niedrigeren Ordnung angehörte als man selbst ( ). Diese Erfahrung der Leblosigkeit aller Dinge wurde jetzt unterlaufen. Die Bewegungen des Affen waren zielbewusst und wohlüberlegt, doch das war nicht das Schlimmste. Das Schlimmste, das in den Rest von Ballys Leben hineinreichte ( ), obwohl es nur den Bruchteil einer Sekunde andauerte ( ), war das, was er in den Augen des Affen sah ( ).

Dafür hatte er kein Wort – hatte zu der Zeit kein Mensch ein Wort. Aber in gewissem Sinne war es das Gegenteil von automatisch.

Der Mast des Segelbootes war siebzehn Meter hoch, die Fläche des Großsegels betrug über fünfundvierzig Quadratmeter, sodass die Bewegung zu schnell war ( ), als dass man ihr mit den Augen hätte folgen können ( ). Alles, was die

Der Satz und seine Glieder

drei Männer noch wahrnehmen konnten (   ), war ein leichtes Krängen und ein Knall wie ein Pistolenschuss, als der Großbaum an Backbord zwei Stahlwanten sprengte (   ). Darauf wurden sie in die Themse gefegt. ..."

(Aus: Peter Høeg. Die Frau und der Affe. Rowohlt 1999, S. 7f.)

Anhang

Rechtschreibung im Überblick

Im Folgenden werden ausgewählte Regeln der Rechtschreibung aufgeführt und mit Beispielen erläutert. Die Darstellung ist nicht auf Vollständigkeit angelegt, sondern es sind die Bereiche genannt, die im alltäglichen Schreibgebrauch eine besondere Rolle spielen. Im Zweifelsfall sollte ein Wörterbuch herangezogen werden.

Kurze Vokale – Schärfung

Folgen nach einem kurzen, betonten Vokal zwei oder mehr verschiedene Konsonanten, wird meist keiner verdoppelt. Man spricht hier von Konsonantenhäufung.

- Hund, Wald, rund, wandern, kündigen, klatschen

Folgt nach einem kurzen, betonten Vokal nur ein Konsonant, wird dieser fast immer verdoppelt. Hier spricht man von Konsonantenverdopplung.

- Himmel, Tonne, hell, kommen, fallen, nummerien

Die Laute k und z werden in deutschen Wörtern nicht verdoppelt. Nach kurzem, betontem Vokal steht fast immer ck und tz.

- Bäcker, eckig, zucken
- Tatze, Ritze, kitzeln

Nach den Konsonanten l, n und r stehen nie tz und ck. Hier gibt es einen Merkvers: Nach l, n, r, das merke ja, steht nie tz und nie ck.

- Walze, Arzt, ganz, tanzen
- Balken, Schrank, stark, tanken

Ausnahmen:
In einigen Fremdwörtern werden die Laute k und z verdoppelt.

- Pizza, Skizze, Razzia
- Akku, Mokka, Trekking

In vielen Wörtern mit einem k-Laut, die einer fremden Sprache entstammen, steht nach einem kurzen Vokal ein einfaches k.

- Artikel, Direktor, Oktober, Spektakel, Elektriker, Tabak, Insekt

Einige einsilbige Wörter und ein paar mehrsilbige Wörter aus anderen Sprachen enthalten trotz kurzen, betonten Vokals keinen doppelten Konsonanten.

- bis, um, man, an, er hat, ich bin, es, in, das, des, was
- Hotel, Kamera, Roboter, April, Ananas

Rechtschreibung im Überblick

Lange Vokale und Diphthonge – Dehnung

Viele Wörter mit einem langen, betonten Vokal werden ohne Dehnungszeichen, also mit einfachem Vokal geschrieben.

- T**a**t, D**o**se, **E**sel, St**u**fe, s**a**gen, w**o**

Ein langer, betonter Vokal wird in manchen Wörtern mit einem Dehnungs-h gekennzeichnet. Das Dehnungs-h wird oft geschrieben, wenn ein l, m, n oder r folgt.

- W**oh**nung, Z**ah**l, z**ah**m, r**üh**ren, **oh**ne

In einigen Wörtern wird der lange, betonte Vokal verdoppelt. Der Vokal u, die Umlaute (ä, ö, ü) und Diphthonge (au, äu, eu, ei, ai) werden immer nur einfach geschrieben, also nicht verdoppelt.

- W**aa**ge, **Aa**l, T**ee**, Sp**ee**r, M**oo**s, Z**oo**

Die Wortbausteine ur-, -tum, -sam, -bar, -sal werden immer ohne Dehnungszeichen, also einfach geschrieben.

- **Ur**großvater, Reicht**um**, eins**am**, wunder**bar**, Schick**sal**

Der lang ausgesprochene i-Laut

Der lang ausgesprochene i-Laut wird häufig ie geschrieben.

- R**ie**se, S**ie**b, W**ie**se, l**ie**gen, er r**ie**f, z**ie**mlich, v**ie**l

Vor allem in Wörtern aus anderen Sprachen wird der lang gesprochene i-Laut manchmal mit einfachem i geschrieben.

- Masch**i**ne, Pr**i**mel, Vitam**i**ne, Med**i**z**i**n, Vamp**i**r, Apfels**i**ne

In wenigen Wörtern wird der lang ausgesprochene i-Laut ih oder ieh geschrieben.

- **ih**r, **ih**m, **ih**nen, **ih**re
- V**ieh**, es z**ieh**t (zie-hen), sie s**ieh**t (se-hen)

Der Umlaut ä und die Doppellaute äu und eu

Den Umlaut ä schreibt man in der Regel, wenn es Wortverwandte mit a gibt.

- er f**ä**llt – f**a**llen, pr**ä**chtig – Pr**a**cht, erkl**ä**ren – kl**a**r, w**ä**rmen – w**a**rm

Einige Wörter mit dem Umlaut ä lassen sich nicht durch verwandte Wörter erklären. Man muss sie sich einprägen.

- B**ä**r, s**ä**gen, schr**ä**g, gr**ä**sslich, vorw**ä**rts, rückw**ä**rts, Gel**ä**nder

Den Doppellaut/Zwielaut (Diphthong) äu schreibt man, wenn es Wortverwandte mit au gibt.

- tr**äu**men – Tr**au**m, er l**äu**ft – l**au**fen, B**äu**me – B**au**m, sich schn**äu**zen – Schn**au**ze

Anhang

Einige Wörter mit äu lassen sich nicht durch verwandte Wörter erklären. Man muss sie sich ebenfalls einprägen.

- sich str**äu**ben, sich r**äu**spern, S**äu**le, Kn**äu**el

Alle anderen Wörter mit diesem Laut, zu denen es keine Wortverwandten mit au gibt, werden mit eu geschrieben.

- Ef**eu**, K**eu**le, l**eu**gnen, h**eu**te

s-Laute

s

Der stimmhafte, gesummte s-Laut wird mit einfachem s geschrieben.

- Ho**s**e, Ra**s**en, le**s**en, dö**s**en, gla**s**ig

Der stimmlose, gezischte s-Laut wird mit einfachem s geschrieben, wenn es verwandte Wörter mit s gibt.

- Los – Lo**s**e, Gras – Grä**s**er, Moos – moo**s**ig, sie lie**s**t – le**s**en, er nie**s**t – nie**s**en

In Konsonantenverbindungen wie sk, st oder sp wird der s-Laut mit einfachem s geschrieben.

- Mu**s**kel, Ta**s**te, ra**s**peln

Wörter mit den Endungen –nis, -is, -as, -us werden im Singular (Einzahl) immer mit einfachem s geschrieben. Im Plural (Mehrzahl) steht allerdings ss, wenn der s-Laut bei der Pluralbildung erhalten bleibt.

- das Geheim**nis** – die Geheimnisse
der Kürb**is** – die Kürbisse
der Atl**as** – die Atlanten
der Glob**us** – die Globusse

ss

Nach kurzem, betontem Vokal wird der stimmlose s-Laut meist ss geschrieben.

- Ta**ss**e, Flu**ss**ufer, e**ss**en, er i**ss**t, gefa**ss**t

ß

Nach langem, betontem Vokal oder Doppellaut/Zwielaut (Diphthong) wird der stimmlose s-Laut ß geschrieben, wenn es keine verwandten Wörter mit s gibt.

- Grü**ß**e, So**ß**e, gro**ß**, au**ß**en, wei**ß**, flie**ß**en, sie gie**ß**t

das

Der Artikel und das Pronomen *das* werden mit einfachem s geschrieben.

- **das** Auto
- Sie will **das**.
- Das Haus, **das** hier stand, wurde abgerissen.

dass

Die Konjunktionen *dass* oder *so dass* (auch: *sodass)* werden mit ss geschrieben.

- Ich weiß, da**ss** es geht.

Gleich und ähnlich klingende Konsonanten

1. die Konsonanten b – p; g – k; ig, -lich, -isch

   Diese Laute klingen im Wortinnern oder am Wortende häufig gleich oder ähnlich. Hier hilft die Verlängerung des Wortes um die Schreibweise herauszubekommen.

   - er blei**b**t – blei**b**en
     sie hu**p**t – hu**p**en
   - jun**g** – jün**g**er
     kran**k** – erkran**k**en
   - richt**ig** – richt**ig**e Antworten
     herbst**lich** – herbst**liche** Stimmung
     die**bisch** – die**bische** Elster

2. die Wortbausteine end- und ent-

   Hier muss unterschieden werden, ob der Wortbaustein betont ist und sich auf das Nomen/Substantiv „Ende" bezieht oder ob es sich um die unbetonte Vorsilbe ent- handelt.

   - der **End**lauf (der Lauf des Wettkampfes)
   - **end**los (ohne Ende)
   - sich **ent**schuldigen (unbetonte Vorsilbe)
     der **Ent**wurf (unbetonte Vorsilbe)

3. die Wörter und Wortbausteine Stadt/stadt und Statt/statt

   Hier kommt es darauf an, die jeweilige Bedeutung zu unterscheiden. Mit dem Wort Stadt ist ein größerer Ort gemeint. Das Wort Statt/Stätte meint meistens eine Stelle oder einen Platz.

   - die Kreissta**dt** – die Kreistä**dt**e
     stä**dt**isch
     sta**dt**bekannt
   - die Ruhesta**tt**
     die Gaststä**tt**e
     ansta**tt**
     sta**tt**finden

4. die Wörter tot und Tod

   Das Adjektiv tot wird immer mit t geschrieben, das Nomen/Substantiv mit d.

   - der To**d**
   - er ist to**t**

   Zusammengesetzte Verben und daraus gebildete Partizipien werden meist mit tot- gebildet.
   Zusammengesetzte Adjektive werden meist mit tod- gebildet, wenn dieser Bestandteil vorn steht.

   - to**t**schlagen, sich to**t**ärgern, to**t**gesagt
   - to**d**unglücklich, to**d**müde, to**d**sicher

Groß- und Kleinschreibung

Großschreibung

Das erste Wort eines Ganzsatzes, der wörtlichen Rede oder einer Überschrift wird großgeschrieben.

- **A**m Himmel fliegt ein Ballon.
- Klaus sagt: „**I**ch komme nicht."
- **S**chiff im Orkan gesunken

Nomen/Substantive und einfache Eigennamen werden großgeschrieben.

- die **S**onne, das **G**eld, der **V**erein, die **T**reue, **L**ukas, **P**aris

Verben, Adjektive und andere Wortarten, die zu Nomen/Substantiven werden, werden großgeschrieben.

- Am Beckenrand ist das **L**aufen verboten und im **Ü**brigen auch sehr gefährlich.
- Sie erlebte etwas **S**chönes.
- Mich interessiert das **H**ier und **J**etzt, nicht die Zukunft.

Superlative, nach denen mit „Woran?" („An was?") oder „Worauf?" („Auf was?") gefragt werden kann, schreibt man groß.

- Es fehlt uns am **N**ötigsten/an dem **N**ötigsten

Die höflichen Anredepronomen **Sie** und das entsprechende Possessivpronomen **Ihr** werden in allen Formen großgeschrieben.

- Wir teilen **I**hnen mit, dass **S**ie die Stelle als Auszubildende erhalten werden. Holen **S**ie bitte **I**hren Vertrag ab.

Die persönlichen Anredepronomen **du** und **ihr** und die Possessivpronomen **dein** und **euer** werden kleingeschrieben. Nur in Briefen können sie auch großgeschrieben werden.

- Ich bin **d**ein bester Freund, weißt **d**u das noch?
- Liebe Esra, **d/D**u schreibst in **d/D**einem letzten Brief, dass ...

Mit Ausnahme von Artikeln, Präpositionen und Konjunktionen im Inneren des Ausdrucks werden alle Bestandteile mehrteiliger Eigennamen großgeschrieben.

- Johann **W**olfgang von **G**oethe
- **W**alther von der **V**ogelweide
- der **H**eilige **V**ater
- **E**uropäischer **G**erichtshof
- der **A**tlantische Ozean

Herkunfts- und Ortsbezeichnungen auf -er werden großgeschrieben.

- **B**ielefelder Rathaus
- **F**uldaer Dom
- **H**amburger Fischmarkt

Zeitangaben in der Form eines Nomens/Substantivs schreibt man groß.

- am **A**bend, der **F**reitagmorgen, an jedem **D**ienstag, heute **M**orgen

Kleinschreibung

Außer Nomen/Substantiven werden alle Wortarten kleingeschrieben.

- **g**ehen, **t**rinken, **s**ein, **g**ut, **k**lein, **o**ben, **u**nten, **a**ls, **w**eil

Substantivierte Adjektive, die sich auf ein vorhergehendes Nomen/Substantiv beziehen, werden kleingeschrieben.

- Im Zoo sah ich viele **Tiere,** die **w**ilden gefielen mir besonders.

In Verbindung mit den Verben **sein, werden** und **bleiben** schreibt man die Wörter **schuld, pleite, bange, leid, gram** und **angst** klein.

- Die Firma ist **p**leite.
- Ihm wurde **a**ngst und **b**ange.
- Du bist auf keinen Fall daran **s**chuld.

Rechtschreibung im Überblick

239

Die nebenstehenden Zahlwörter und Mengenangaben schreibt man in der Regel klein.

- viel, das viele, wenig, das wenige, das meiste, (der, die, das) eine, (der, die, das) andere, die beiden

Die unbestimmten Zahlwörter *ein bisschen* und *ein paar (= einige)* werden kleingeschrieben.

- Darf es ein **b**isschen mehr sein?

Bruchzahlen auf -tel und -stel, die direkt **vor Maßangaben oder Zahlen stehen,** werden kleingeschrieben.

- eine **h**undertstel Sekunde (auch: eine Hundertstel Sekunde)

Die Grundzahlen (Kardinalzahlen) unter einer Million werden kleingeschrieben.

- Meine Großmutter ist **d**reiundachtzig.
- Du musst die Zahl durch **s**echs teilen.
- In der Metropole wohnen **s**echs Millionen Menschen.

Orts- und Herkunftsbezeichnungen auf -isch werden kleingeschrieben, wenn sie nicht Bestandteil eines Eigennamens sind.

- Die **h**olländische Nordseeküste ist sehr beliebt.
- Zu einem **c**hinesischen Essen gehört fast immer Reis.

Adjektive auf -isch bzw. -sch, die von Personennamen abgeleitet werden, werden ebenfalls kleingeschrieben.

- die **b**rechtschen Dramen (auch: die Brecht'schen Dramen)

Zeitangaben in der Form eines Adverbs schreibt man klein.

- Jonas geht **m**orgens fast immer zum Frühschwimmen.
- Die Innenstadt ist **f**reitagsmittags ziemlich voll.

Wörter mit dem Wortbaustein -mal werden kleingeschrieben, wenn es Adverbien sind.

- Er hat beim Weitsprung **d**reimal übergetreten.
- Das solltest du **n**iemals vergessen.

Die persönlichen Anredepronomen *du* und *ihr* und die Possessivpronomen *dein* und *euer* werden in der Regel kleingeschrieben.

- Leihst **du** mir bitte **dein** Fahrrad?

Manche Verben sind mit ursprünglichen Nomen/Substantiven, die ihre eigenständige Bedeutung verloren haben, zusammengesetzt. Wird solch ein Ausdruck im Satzzusammenhang getrennt, werden die ursprünglichen Nomen/Substantive kleingeschrieben.

- leidtun: Es tut mir **l**eid.
- teilnehmen: Sie nimmt **t**eil.

Präpositionen (Verhältniswörter) wie dank, kraft, trotz, seitens, zeit (seines Lebens) werden kleingeschrieben.

- Er ist **d**ank seiner Ausdauer gut ins Ziel gekommen.

Substantivierte Adjektive, die sich auf ein vorhergehendes Nomen/Substantiv beziehen, werden kleingeschrieben.

- Im Zoo sah ich viele **Tiere**, die **w**ilden faszinierten mich besonders.

Einige feste Verbindungen aus einer Präposition und einem nicht gebeugten (nicht deklinierten) Adjektiv ohne vorangehenden Artikel schreibt man klein.

- über **k**urz oder **l**ang
- durch **d**ick und **d**ünn
- von **f**ern

Groß- oder kleingeschrieben

Die Wörter recht/Recht und unrecht/Unrecht können in Verbindung mit Verben wie *behalten, bekommen, geben, haben, tun* klein- oder großgeschrieben werden.

- Du hast mir **u/U**nrecht getan.

Ausdrücke, die die Aufgabe einer Präposition haben und mit einem Nomen/Substantiv verbunden sind, können häufig getrennt oder zusammengeschrieben werden. Bei der Getrenntschreibung wird das Nomen/Substantiv großgeschrieben.

- anstelle/an Stelle, aufgrund/auf Grund, aufseiten/auf Seiten, mithilfe/mit Hilfe, vonseiten/von Seiten, zugunsten/zu Gunsten, zulasten/zu Lasten, zuungunsten/zu Ungunsten (aber: infolge von)

Einige Verbindungen mit einem Nomen/Substantiv können getrennt oder zusammengeschrieben werden. Bei Getrenntschreibung wird das Nomen großgeschrieben.

- außerstande sein/außer Stande sein, infrage stellen/in Frage stellen, zugrunde gehen/zu Grunde gehen, zuhause bleiben/zu Hause bleiben, zuleide tun/zu Leide tun, zumute sein/zu Mute sein ...

Ausdrücke, die die Aufgabe einer adverbialen Bestimmung übernehmen und mit *aufs* oder *auf das* eingeleitet werden, können groß- oder kleingeschrieben werden. Diese Ausdrücke, die eine Höchststufe beinhalten, erfragt man mit „Wie?".

- aufs Schärfste/aufs schärfste

Feste Verbindungen aus einer Präposition und einem gebeugten (deklinierten) Adjektiv ohne vorangehenden Artikel kann man groß- oder kleinschreiben.

- von neuem/von Neuem
- von weitem/von Weitem
- bis auf weiteres/bis auf Weiteres
- ohne weiteres/ohne Weiteres
- seit längerem/seit Längerem

Die nebenstehenden Zahlwörter und Mengenangaben werden in der Regel kleingeschrieben. Sie können auch großgeschrieben werden, wenn der

- viel, das viele, wenig, das wenige, das meiste (der, die, das) eine, (der, die, das) andere, die beiden, ein bisschen

Schreiber/die Schreiberin den substantivischen Charakter betonen möchte.

- Die Einen meinen dies, die Anderen das.
- Willst du die Beiden einmal kennenlernen?
- Die Meisten waren seiner Meinung.

Getrennt- und Zusammenschreibung

Bei der Getrennt- und Zusammenschreibung muss man **Wortgruppen** von **Zusammensetzungen** unterscheiden. Wortgruppen werden getrennt geschrieben, Zusammensetzungen zusammen. Welche Wörter, die in einem Satz nebeneinanderstehen, eine Wortgruppe bilden und welche eine Zusammensetzung, ergibt sich häufig erst aus dem Satzzusammenhang.

Wortgruppe: Oft liegt bei einer Wortgruppe die Betonung auf allen Wortbestandteilen.

Du kannst **zu jeder Zeit** kommen.
Nach der Operation kann er **wieder sehen**.

Zusammensetzung: Bei einer Zusammensetzung liegt die Betonung oft auf dem ersten Wortbestandteil.

Du kannst **jederzeit** kommen.
Ich möchte sie gern **wiedersehen**.

Verbindungen mit einem Verb als zweitem Bestandteil

Verbindungen mit einem Verb werden zusammengeschrieben, wenn die Reihenfolge der Bestandteile in allen gebeugten Formen gleich bleibt (untrennbare Verbindungen).

- hintergehen, ich hintergehe, ich wurde hintergangen
- schlussfolgern, ich schlussfolgere, ich habe geschlussfolgert
- weitere untrennbare Verbindungen: handhaben, lobpreisen, maßregeln, nachtwandeln, schlafwandeln

Verben können mit anderen Wortarten (Partikeln, Adjektive, Nomen/Substantive) Verbindungen eingehen, die nur im Infinitiv, im Partizip und bei Endstellung im Satz zusammengeschrieben werden.

- herabsteigen, herabsteigend, herabgestiegen; ich möchte nicht, dass ihr jetzt schon herabsteigt

Häufig sind es ehemalige Präpositionen oder Adverbien, die mit Verben eine solche trennbare Verbindung bilden können: an-, auf-, auseinander-, vorwärts-, zurück-, ...
Bei diesen Verbindungen liegt die Wortbetonung auf dem ersten Bestandteil.

- **an**kommen, **auf**steigen, **zurück**laufen, **auseinander**gehen, **vorwärts**fahren

In einigen Fällen liegt bei einer Verbindung aus einer Präposition oder einem Adverb und einem Verb die Betonung deutlich auf dem zweiten Bestandteil. Auch hier wird zusammengeschrieben.

- eine Regel **durchbrechen**, jemandem **widersprechen**, die Umleitung **umfahren**, einen Text **übersetzen**, etwas Böses **unterstellen** …

Verbindungen aus einem Verb und einem vorangestellten Adjektiv werden zusammengeschrieben, wenn bei dieser Verbindung eine neue Bedeutung entsteht.

- den Angeklagten **freisprechen**, sich **kranklachen**, etwas **richtigstellen**, den Papst **heiligsprechen**, **schwerfallen**, etwas **kürzertreten** …

Verbindungen aus einem Verb und einem vorangestellten einfachen Adjektiv können sowohl zusammen- als auch getrennt geschrieben werden, wenn das Adjektiv ein Ergebnis des im Verb ausgedrückten Vorgangs bezeichnet.

- leer essen/leer essen, kaputt machen/kaputtmachen, klein schneiden/kleinschneiden, fett drucken/fettdrucken …

Verbindungen aus einem Nomen/Substantiv und einem Verb werden in der Regel getrennt geschrieben.

- Ski laufen, Rad fahren, Urlaub machen, Silben trennen

Verbindungen aus einem Nomen/Substantiv und einem Verb können getrennt oder zusammengeschrieben werden, wenn sie wie ein Adjektiv gebraucht werden.

- die **Rad fahrende** Bevölkerung/ die **radfahrende** Bevölkerung Dieser Stoff ist **Krebs erzeugend/ krebserzeugend**.

Verbindungen aus einem ehemaligen Nomen/Substantiv und einem Verb werden zusammengeschrieben, wenn das Nomen/Substantiv seine eigenständige Bedeutung verloren hat.

- eislaufen, kopfstehen, leidtun, heimkehren, nottun, standhalten, stattfinden, teilhaben, teilnehmen …
- Wenn es dir **leidtut**, dann entschuldige dich.
  aber
  Er hat ihm **großes Leid angetan**.

In einigen Fällen ist es freigestellt, ob Verbindungen aus einem Nomen/Substantiv und einem Verb getrennt oder zusammengeschrieben werden.

- Acht geben/achtgeben, Halt machen/haltmachen, Maß halten/maßhalten, Staub saugen/staubsaugen

Verbindungen aus zwei Verben werden in der Regel getrennt geschrieben.

- laufen lernen, schwimmen gehen, sprechen lernen, auf einer Bank sitzen bleiben

Zusammenschreibung von zwei Verben ist dann möglich, wenn der zweite Bestandteil aus den Verben *bleiben*

- in der Schule sitzen bleiben/ sitzenbleiben, jemanden links liegen lassen/liegenlassen

Rechtschreibung im Überblick

oder *lassen* besteht und eine übertragene Bedeutung entsteht.
Auch die Schreibweise von kennen lernen/kennenlernen ist freigestellt.

Verbindungen mit dem Hilfsverb *sein* werden in allen Formen getrennt geschrieben.

- Im Urlaub habe ich einen Olympiasieger kennen gelernt/kennengelernt.

- Morgen um diese Zeit will ich wieder **zurück sein**.
- Er ist bereits **da gewesen**.

Verbindungen mit einem Adjektiv oder Partizip als zweitem Bestandteil

Kann der erste Bestandteil einer Verbindung mit einem Adjektiv oder Partizip durch eine Wortgruppe umschrieben werden, wird zusammengeschrieben.

- Der Staub lag **fingerdick** (einen Finger dick) auf dem Regal.
- Maja ist ein **sportbegeistertes** (vom Sport begeistertes) Mädchen
- knielang, selbstsicher, jahrelang, freudestrahlend, redegewandt, denkfaul ...

Kann ein Bestandteil einer Verbindung mit einem Adjektiv oder Partizip nicht allein stehen, wird zusammengeschrieben.

- blauäugig, schwerstbehindert, letztmalig, großspurig, kleinmütig
- ein **schwerwiegenderer** Vorwurf, die **zeitsparendste** Lösung

Partizipien, die aus zusammengesetzten Verben gebildet werden, werden zusammengeschrieben.

- Klaus zog **schlafwandelnd** (schlafwandeln) durch die Jugendherberge.
- Heute haben wir viel **ferngesehen** (fernsehen).

Verbindungen aus gleichrangigen Adjektiven werden zusammengeschrieben.

- Bei **nasskaltem** Wetter sollte man zu Hause bleiben.
- Die Bodenfliese hat einen **gelbgrünen** Farbton.

Ist der erste Bestandteil einer Verbindung mit einem Adjektiv bedeutungsverstärkend oder -abschwächend, wird zusammengeschrieben.

- Die Mittelstürmerin ist heute wieder **superbeweglich** und **brandgefährlich**.
- bitterböse, dunkelgrau, erzkonservativ, lauwarm, stocksauer, supermüde, todtraurig, uralt ...

In einigen Fällen kann eine Verbindung mit einem Partizip sowohl als Zusammensetzung als auch als Wortgruppe angesehen werden. Hier ist die Schreibweise freigestellt. Dieses ist vor allem dann der Fall, wenn die Verbindung adjektivisch (z.B. als Attribut) gebraucht wird.

- die Bus fahrenden/busfahrenden Schüler
- eine allein erziehende/alleinerziehende Mutter
- eine klein geschnittene/kleingeschnittene Möhre
- ein selbst gebackener/selbstgebackener Kuchen

Anhang

Freigestellt ist die Schreiweise in einigen Fällen auch, wenn dem Partizip (oder Adjektiv) ein einfaches Adjektiv vorangestellt ist, das die Bedeutung verstärkt oder abschwächt.

- eine allgemein gültige/allgemeingültige Aussage
- eine schwer verständliche/schwerverständliche Rede
- ein leicht behinderter/leichtbehinderter Sportler
- eine schwer kranke/schwerkranke Frau

Ist der erste Bestandteil jedoch gesteigert oder erweitert, wird getrennt geschrieben.

- eine sehr schwer verständliche Rede
- ein leichter behinderter Sportler

Verbindungen der Partikel *nicht* mit einem Adjektiv können getrennt oder zusammengeschrieben werden.

- eine nicht öffentliche/nichtöffentliche Sitzung

Weitere Regeln zur Getrennt- und Zusammenschreibung

Verbindungen mit dem Bestandteil *irgend-* werden in der Regel zusammengeschrieben.

- irgendjemand, irgendeiner, irgendetwas, irgendwo, irgendwann ...
  aber
  irgend so einer, irgend so etwas

Mehrteilige Adverbien werden zusammengeschrieben, wenn die Wortart, die Wortform oder die Bedeutung der einzelnen Bestandteile nicht mehr deutlich erkennbar ist.

- bergab, kopfüber, infolgedessen, umständehalber, diesmal, keinmal, allerorten, seitwärts, bisweilen, probeweise, jederzeit, zurzeit, nichtsdestoweniger

In einigen Fällen ist es freigestellt, adverbial gebrauchte Verbindungen getrennt oder zusammenzuschreiben.

- außerstande sein/außer Stande sein, infrage stellen/in Frage stellen, zugrunde gehen/zu Grunde gehen, zuhause bleiben/zu Hause bleiben, zuleide tun/zu Leide tun, zumute sein/zu Mute sein, zurande kommen/zu Rande kommen, zuschulden kommen lassen/zu Schulden kommen lassen, zustande bringen/zu Stande bringen ...

Ist die Wortart, Wortform oder die Bedeutung der Bestandteile solcher adverbial gebrauchten Ausdrücke deutlich erkennbar, wird getrennt geschrieben.

- zu Ende gehen, zu Fuß kommen, zu Hilfe kommen, zu Wasser und zu Lande, zu Schaden kommen

Mehrteilige Präpositionen werden zusammengeschrieben, wenn die einzelnen Bestandteile ihre eigene Bedeutung verloren haben.

- inmitten von, infolge von, anhand der, anstatt des ...

Die Bausteine des Wortes

In einigen Fällen ist die Schreibweise mehrteiliger präpositionaler Ausdrücke freigestellt.

- anstelle/an Stelle, aufgrund/auf Grund, aufseiten/auf Seiten; mithilfe/mit Hilfe, vonseiten/von Seiten, zugunsten/zu Gunsten, zulasten/zu Lasten, zuungunsten/zu Ungunsten

Verbindungen der Partikeln *so, zu, wie* mit unbestimmten Zahlwörtern oder Adjektiven werden getrennt geschrieben.

- so viele Bonbons, so weit kommen, zu viele Spieler, wie viel Arbeit, wie viele Schülerinnen, zu weit gehen

Konjunktionen mit der Partikel *so* werden zusammengeschrieben.

- **Soweit** ich weiß, treffen wir uns um 14.00 Uhr.
- Ich komme, **sobald** es geht.
- Ruf an, **sooft** du kannst.

Verbindungen mit den Partikeln *gar* und *überhaupt* werden getrennt geschrieben.

- gar nicht, gar nichts, gar kein, gar sehr, gar wohl
- überhaupt nicht

Worttrennung am Zeilenende

Grundregel: Wörter werden nach den Silben getrennt, die sich bei langsamem Sprechen ergeben.
Ein einfacher Vokal wird nicht abgetrennt.

- Leh-rer-zim-mer, Bil-dungs-po-li-tik, un-ter-su-chen, Fei-er-abend, Ober-stu-fe

Steht in einfachen (nicht zusammengesetzten) deutschen Wörtern zwischen zwei Vokalen ein Konsonant, wird dieser bei der Trennung mit in die folgende Zeile aufgenommen.
Stehen mehrere Konsonanten zwischen zwei Vokalen, wird der letzte mit in die neue Zeile genommen.

- Zu-fall, rei-ßen, ru-fen, Kin-der
- Run-de, Kas-se, ras-ten, knusp-rig, imp-fen, Städ-ter, Emp-fang

Buchstabenverbindungen, die für einen Konsonanten stehen, werden nicht getrennt. Dazu gehören: ck, ch, sch, ph, rh und th.

- Zu-cker, ba-cken, Goe-the, Wä-sche

In Fremdwörtern können Verbindungen aus einem Konsonanten + l, n oder r getrennt werden **oder** zusammen mit auf die neue Zeile genommen werden (vgl. die zweite Regel oder die Grundregel).

- Mag-net / Ma-gnet
  Pub-li-kum / Pu-bli-kum
  Dip-lom / Di-plom
  Sak-ra-ment / Sa-kra-ment

Anhang

Zusammengesetzte Wörter und Wörter mit einer Vorsilbe (Präfix) trennt man zwischen den einzelnen Bestandteilen / Wortbausteinen. Das gilt auch für Fremdwörter und Eigennamen.

- Kon-trast, Ver-knüp-fung, Pro-gramm

Wenn ein Wort nicht mehr als Zusammensetzung erkannt oder empfunden wird, kann es nach Sprechsilben **oder** nach Wortbausteinen getrennt werden. Das gilt auch für einige häufig verwendete Fremdwörter.

- hi-nauf / hin-auf
  ei-nan-der / ein-an-der
  in-te-res-sant / in-ter-es-sant
  Pä-da-go-gik / Päd-a-go-gik

Zeichensetzung – Regeln im Überblick

Im Folgenden werden wichtige Regeln zur Zeichensetzung aufgeführt und mit Beispielen erläutert. Auch diese Darstellung ist nicht auf Vollständigkeit angelegt. Ausgewählt wurden Regeln, die im alltäglichen Schreibgebrauch eine besondere Rolle spielen und Probleme bereiten können.

Satzschlusszeichen

1. Der Punkt

Am Ende eines Aussagesatzes steht ein Punkt. Der Aussagesatz kann aus einem einfachen Hauptsatz oder einem Satzgefüge (Hauptsatz und Nebensatz/Gliedsatz) bestehen.

- Maike springt über den Gartenzaun.
- Lukas ruft seinen Freund an, weil er mit ihm spielen möchte.

Am Ende eines Aufforderungs- oder Wunschsatzes kann anstelle des Ausrufezeichens ein Punkt stehen, wenn die Sätze ohne Nachdruck gesprochen oder geschrieben werden.

- Packen Sie mir das Geschenk bitte ein.
- Unterstreiche im Text alle Adjektive.

2. Das Ausrufezeichen

Das Ausrufezeichen steht nach Wörtern oder Sätzen, die mit besonderem Nachdruck gesprochen oder geschrieben werden. Sie können zum Beispiel einen Befehl, eine Aufforderung, einen Wunsch oder einen Ausruf der Freude, des Erstaunens oder des Bedauerns beinhalten.

- Gib mir sofort den Schlüssel zurück!
- Beeil dich, der Bus kommt in zwei Minuten!
- Betreten verboten!
- Welch ein Glück!
- Ach!

Das Ausrufezeichen kann nach einer Anrede im Brief stehen; immer häufi-

- Sehr geehrter Herr Schmidt!
  Vielen Dank für Ihr Angebot.

Rechtschreibung im Überblick

ger wird hier jedoch ein Komma gesetzt.

3. Das Fragezeichen

Das Fragezeichen steht nach Fragesätzen und allein stehenden Fragewörtern.

Kein Fragezeichen steht nach Sätzen, die wie ein Fragesatz gebaut sind, jedoch eine eindeutige Aufforderung beinhalten. Hier wird nach der Sprechabsicht ein Ausrufezeichen gesetzt.

- Sehr geehrter Herr Schmidt, vielen Dank für Ihr Angebot.

- Hast du mir das Buch mitgebracht?
- Wer ist Mitglied in einem Verein?
- Wer oder was? Wann? Wo?

- Was hast du wieder angestellt!
- Geht ihr bitte sofort nach Hause!

Komma

1. Das Komma in Aufzählungen

Das Komma steht zwischen den Gliedern einer Aufzählung, wenn sie nicht durch nebenordnende Konjunktionen wie **und** oder **oder** verbunden sind. Die Aufzählung kann aus einzelnen Wörtern, Wortgruppen oder ganzen Sätzen bestehen.

A Einzelwörter, die eine Aufzählung bilden

B Wortgruppen, die eine Aufzählung bilden

C Sätze, die eine Aufzählung bilden

- Ich mag <u>Erbsen</u>, <u>Möhren</u>, <u>Blumenkohl</u> und <u>Spinat</u> besonders gern.

- Im Urlaub werde ich <u>Ski fahren</u>, <u>Bücher lesen</u>, <u>viele Briefe schreiben</u> und <u>nicht an die Arbeit denken</u>.

- <u>Anke fährt Fahrrad</u>, <u>Toni liegt in der Sonne</u>, <u>Justus bläst die Luftmatratze auf</u> und <u>Irene mäht den Rasen</u>.
- <u>Pack deine Schultasche</u>, <u>vergiss dein Butterbrot nicht</u>, <u>hol dein Sportzeug</u> und <u>lauf dann zur Bushaltestelle</u>!
- Ich mag dich, <u>weil du immer so viel lachst</u>, <u>weil du mir bei den Aufgaben hilfst</u> und <u>weil du mir deine Rollschuhe geliehen hast</u>.

2. Das Komma vor entgegensetzenden Konjunktionen

Das Komma steht vor entgegensetzenden Konjunktionen wie **aber, doch, jedoch, sondern**.

- Ich komme, aber nicht sofort.
- Sie liest nicht nur gern, sondern schreibt auch selbst Texte.

3. Das Komma in Satzgefügen

Das Komma steht zwischen Hauptsatz und Nebensatz/Gliedsatz.

- Wir gingen ins Haus, als das Unwetter begann.
- Das Buch, das ich mir gerade gekauft habe, ist sehr spannend.

Das Komma steht zwischen Nebensätzen/Gliedsätzen, die voneinander abhängen.

- Obwohl der Computer, den ich mir gekauft habe, sehr preiswert war, ist er sehr leistungsstark.

Vor **als** und **wie** steht nur dann ein Komma, wenn ein vollständiger Nebensatz/Gliedsatz folgt.

- Er war schneller fertig, als ich es erwartet hatte.
  Er war schneller als ich.

4. Das Komma bei Infinitivgruppen

Unter einer Infinitivgruppe versteht man ein Verb im Infinitiv (Grundform) mit der Partikel *zu*, zu dem weitere Wörter hinzukommen. Infinitivgruppen müssen in vielen Fällen durch Komma vom übrigen Satz abgetrennt werden.
Die Infinitivgruppe kann am Ende des Gesamtsatzes stehen oder darin eingefügt sein. In diesem Fall steht ein Komma davor und dahinter.

- Lea hat die Absicht, <u>Jonas in den Ferien in Berlin</u> **zu besuchen**.
- Mit der Möglichkeit, <u>so früh</u> **anzukommen**, hatte ich auf keinen Fall gerechnet.

Eine Infinitivgruppe muss durch Komma abgetrennt werden, wenn im übergeordneten Satz ein Nomen/Substantiv darauf hinweist.

- Du solltest die **Chance** nutzen, eine Klasse **zu überspringen**.

Eine Infinitivgruppe muss ebenfalls durch Komma abgetrennt werden, wenn ein Wort wie *daran, darauf, dazu, es ...* im übergeordneten Satz darauf hinweist.

- Maja denkt nicht **daran,** <u>sich bei ihrem Freund</u> **zu entschuldigen**.

Wird eine Infinitivgruppe durch *um, ohne, statt, anstatt, außer, als* eingeleitet, muss sie ebenfalls durch Komma abgetrennt werden.

- Lukas besucht Rosalie, **um** mit ihr **zu lernen**.
- Für mich gibt es nichts Schöneres, **als zu faulenzen**.
- Er lief, **ohne** auf den Verkehr **zu achten**, auf die Straße.

In den anderen Fällen bleibt es dem Schreiber oder der Schreiberin überlassen, die Infinitivgruppe durch Komma abzutrennen oder nicht.

- Wir planen(,) in den Ferien an die Nordsee zu fahren.

5. Das Komma bei Einschüben und nachgestellten Erläuterungen

- Johann Wolfgang von Goethe, der bekannteste deutsche Dichter,

Rechtschreibung im Überblick

Einschübe oder nachgestellte Erläuterungen werden durch Kommas vom übrigen Satz abgetrennt, weil sie deutlich den Lesefluss unterbrechen.

Wörter oder Wortgruppen, die durch ein hinweisendes Wort im Satz angekündigt werden, werden durch Komma abgetrennt. Das gilt auch, wenn ein hinweisendes Wort hinter den Ausdrücken steht, auf die es sich bezieht.
Hinweisende Wörter sind zum Beispiel: **daran, darauf, dazu, es ...**

6. Das Komma bei Anreden und Ausrufen
Das Komma trennt Anreden und Ausrufe vom übrigen Satz ab.

7. Hier *kann* ein Komma stehen:
a) bei kurzen, formelhaften Nebensätzen

b) zur Verdeutlichung der Gliederung eines Ganzsatzes und zur Vermeidung von Missverständnissen

8. Hier kann ebenfalls ein Komma stehen:
a) bei kurzen, formelhaften Nebensätzen/Gliedsätzen

b) zur Vermeidung von Missverständnissen

c) bei vollständigen Haupt- oder Nebensätzen, die durch nebenordnende Konjunktionen (und, oder, weder-noch, entweder-oder, bzw. ...) miteinander verbunden sind, um die Gliederung des Gesamtsatzes zu verdeutlichen

- wurde 1749 in Frankfurt am Main geboren.
- Ich betreibe viele Sportarten, zum Beispiel Hockey.
- Ich habe keinen Führerschein, leider.

- **Daran,** die Tür zu verschließen, hatte er nicht gedacht.
- Er konnte ihn nicht **dazu** überreden, noch einmal in den See zu springen.
- Er hatte **es** verdient, ausgezeichnet zu werden.
- Die Feuerwehr zu rufen, **das** kam ihm nicht in den Sinn.
- **So,** ohne festes Schuhwerk, durchquerten sie das Geröllfeld.

- Isabell, hast du deine Hausaufgaben schon gemacht?
- Ach, das habe ich nicht gewusst!
- Du siehst schlecht aus, oh weh!

- Ich werde(,) wie gesagt(,) nicht kommen.

- Sie fotografierte ihren Hund(,) und ihr Kind saß in der Schaukel.
- Er versprach(,) dem Jungen(,) sofort zu helfen.

- Ich werde(,) falls nötig(,) sofort kommen.
- Wie bereits gesagt(,) ist diese Entscheidung unsinnig.

- Sie fotografierte ihren Hund(,) und ihr Kind saß in der Schaukel.
- Er versprach(,) dem Jungen(,) sofort zu helfen.

- Ich kann die Entscheidung weder nachvollziehen(,) noch will ich mich weiter mit dem Thema auseinandersetzen.
- Wir treffen uns wieder, wenn deine Reise beendet ist(,) und wenn ich wieder gesund bin.
- Entweder entscheidest du dich jetzt sofort(,) oder das Angebot verfällt.

Semikolon

Das Semikolon trennt Sätze oder Wortgruppen voneinander, wenn ein Komma vom Schreiber als zu schwach oder ein Punkt als zu stark empfunden wird.

- Er fuhr vorsichtig; denn es schien glatt zu sein.
- An dieser Tankstelle wird verkauft: Benzin und Autoöl; Süßigkeiten und Getränke; Zigaretten und Tabak.

Doppelpunkt

Der Doppelpunkt zeigt an, dass etwas Weiterführendes folgt. Das können Aufzählungen, besondere Angaben oder weitergehende Erklärungen sein. Folgt ein vollständiger Satz, wird groß begonnen. Ansonsten erfolgt die Schreibweise entsprechend der Wortart, mit der die Weiterführung beginnt.

- Dies musste er besorgen: zwei Fahrradschläuche, Glühbirnen, eine Klingel, eine Satteltasche.
- Ein französisches Sprichwort sagt: Irgendwann kommt der Wolf aus dem Wald.

Der Doppelpunkt steht vor der wörtlichen Rede, wenn diese durch einen Redebegleitsatz angekündigt wird.

- Er sagte: „Ich komme heute nicht."
- Sie fragte: „Wann kommst du?"
- Ich rief: „Komm doch endlich!"

Zeichensetzung in der wörtlichen Rede

Je nach Satzart in der wörtlichen Rede und der Stellung des Redebegleitsatzes werden die Zeichen folgendermaßen gesetzt:

Der Redebegleitsatz steht vor der wörtlichen Rede

Redebegleitsatz: „Aussagesatz."　　　　*Er sagte: „Wir kommen."*
Redebegleitsatz: „Fragesatz?"　　　　　*Sie fragte: „Wann kommt ihr?"*
Redebegleitsatz: „Aufforderungssatz!"　*Er rief: „Kommt sofort her!"*

Der Redebegleitsatz steht hinter der wörtlichen Rede

„Aussagesatz", Redebegleitsatz.　　　　*„Wir kommen", sagte er.*
„Fragesatz?", Redebegleitsatz.　　　　　*„Wann kommt ihr?", fragte sie.*
„Aufforderungssatz!", Redebegleitsatz.　*„Kommt sofort her!", rief er.*

Der Redebegleitsatz unterbricht die wörtliche Rede

„Aussagesatz", Redebegleitsatz, „Aussagesatz."
„Ich werde sofort kommen", erwiderte sie, „und die Unterlagen mitbringen."

„Fragesatz", Redebegleitsatz, „Fragesatz?"
„Hast du wirklich", fragte sie, „alle Unterlagen vergessen?"

„Aufforderungssatz", Redebegleitsatz, „Aufforderungssatz"!
„Geht sofort zurück", befahl er, „und lasst die Rucksäcke liegen!"

Rechtschreibung im Überblick

Gedankenstrich

Der Gedankenstrich steht vor und nach eingeschobenen Wörtern, Wortgruppen oder Sätzen.
Einschübe dieser Art können auch durch Kommas oder Klammern abgetrennt werden.

Der Gedankenstrich kann innerhalb eines Satzes oder Textes eine längere Pause oder einen plötzlichen Stopp in der Darstellung bezeichnen.

- Es war – und das möchte ich noch einmal betonen – der schönste Augenblick in meinem Leben.
- Ich traf gestern – welch ein Zufall – meinen ehemaligen Trainer.

- Wo hatte er das prächtige Bild schon einmal gesehen? – Lange musste er nachdenken.
- Plötzlich – ein lauter Schrei!

Klammern

Mit Klammern können innerhalb eines Satzes erklärende Zusätze eingeschlossen werden. Anstelle der Klammern können häufig auch Kommas oder Gedankenstriche gesetzt werden.

- Bertolt Brecht (geb. 1989 in Augsburg) entwickelte eine völlig neue Theaterkonzeption.

Apostroph/Auslassungszeichen

Ein Apostroph zeigt an, dass in einem Wort ein oder mehrere Laute ausgelassen werden, die gewöhnlich gesprochen oder geschrieben werden.

Eigennamen erhalten im Genitiv einen Apostroph, wenn sie im Nominativ mit einem s-Laut enden.

- Borussia M'gladbach = Borussia Mönchengladbach

- Lukas' Geburtstag haben wir ausgiebig gefeiert.

Auslassungspunkte

Mit drei Punkten wird verdeutlicht, dass in einem Text Sätze, Wörter oder Buchstaben ausgelassen worden sind.

- Mit dem bekannten Satz „Es war einmal …" beginnen viele Märchen.

Schrägstrich

Mit dem Schrägstrich wird verdeutlicht, dass Wörter, Zahlen oder Ähnliches eng zusammengehören.

- Frag deine Mitschüler/Mitschülerinnen nach ihrer Meinung.
- 05246/999 999

Ergänzungsstrich

Ein Ergänzungsstrich wird gesetzt, wenn mehrere Wörter den gleichen Bestandteil haben, dieser Bestandteil aber nur einmal genannt wird.

- Das Ein- und Ausladen ist erlaubt.
- Wir führen Wanderschuhe, -jacken und -rucksäcke.

Sprachgeschichte

1. Entwicklung von Sprache

Zur Zeit geht man davon aus, dass 4.000 bis 5.000 gesprochene Sprachen existieren. Seit mehr als 150.000 Jahren existiert diese mündliche Kommunikation, die Schriftsprache entwickelte sich erst vor ca. 5.000 Jahren. Trotz unterschiedlicher Forschungen kann bis heute nicht geklärt werden, welche Sprache die älteste der Welt ist.

Fest steht aber, dass zunächst verschiedene biologische, geologische und soziologische Veränderungen stattfinden mussten, bis eine voll ausgebildete Sprache entstehen konnte. So mussten sich z.B. zunächst die Sprechorgane ausbilden, damit sich über primitive Lautäußerungen (z.B. bei Gefahr) hinaus Sprache entwickeln konnte. Ebenso musste das Gehirnvolumen zunehmen. Weitere wichtige Faktoren waren klimatische Veränderungen und fundamentale Veränderungen in der Lebensweise des Frühmenschen, z.B. Anlegen von Nahrungsvorräten, bewusste Nutzung von Naturvorräten, geplante Herstellung von Arbeitsgeräten, Suche nach geeignetem Lebensraum u.a. Alle diese Entwicklungen führten dazu, dass sich innerhalb einer Gruppe (eines Stammes) eine Sprache entwickelte, deren Zeichen von allen Mitgliedern verstanden, verarbeitet und angewandt werden konnte.

2. Entwicklung verschiedener Sprachgruppen

Die geografische Trennung der Lebensgruppen wird als die wichtigste Bedingung für die Entstehung der verschiedenen Stammessprachen angesehen. Die historisch vergleichende Sprachwissenschaft unterscheidet aufgrund des Wortschatzes und der Morphologie (Wissenschaft von den Formveränderungen aufgrund von Deklination und Konjugation) verschiedene Sprachfamilien:
Turksprachen: z.B. Türkisch
semitisch-hamitische Grundsprachen: z.B. Arabisch
finno-ugurische Grundsprachen: z.B. Finnisch
kaukasische Grundsprachen: z.B. Georgisch
indoeuropäische Grundsprachen: z.B. Griechisch, italische Sprachen, Albanisch, Germanisch

3. Entwicklung der germanischen Sprachen

Die Abtrennung der germanischen Sprachen aus dem Indoeuropäischen begann etwa 2000 v. Chr. mit der Neubesiedlung der westlichen Ostseeländer. Die Germanen sind nie ein einheitliches Volk gewesen, Texte von Cäsar erwähnen 20, Texte von Tacitus nennen etwa 50 verschiedene Stämme. Die verschiedenen Formen des Germanischen waren also Stammessprachen. Diese germanischen Sprachen unterscheiden sich von den anderen indoeuropäischen Sprachen durch
– die erste (germanische) Lautverschiebung
– Akzentwandel
– Herausbildung schwacher Verben.

Sprachgeschichte

3.1 Die erste (auch germanische) Lautverschiebung

Jakob Grimm hat 1822 diese erste Lautverschiebung beschrieben, sie wird auch die germanische Lautverschiebung genannt.

a) Die stimmhaften Verschlusslaute b, d und g wurden zu den stimmlosen Verschlusslauten p, t und k.

Beispiele:

b → p	lat. labium, dt. Lippe
d → t	lat. duo, frz. deux, engl. two
g → k	lat. genu, frz. genou, dt. Knie

b) Die behauchten Verschlusslaute, bh, dh und gh wurden zu stimmhaften Reibelauten und schließlich zu den stimmhaften Verschlusslauten b, d und g.

Beispiele:

bh → b	altind. bhratr, lat. frater, frz. frère, dt. Bruder
dh → d	idg. dhur, lat. fores, engl. door, dt. Tür
gh → g	idg. ghostis, lat hostis, dt. Gast

c) Die Laute p, t und k werden zu f, p, th (engl), ch bzw. h.

Beispiele:

p → f	lat.pellis, frz. poile, dt. Fell
t → p	lat. tres, frz. trois, engl. three
k → ch (h)	lat. cornu, frz. cor, dt. Horn

Die erste (germanische) Lautverschiebung vollzog sich äußerst langsam und war ca. 500 v. Chr. beendet. Jakob Grimm hat diesen allmählichen Lautwandel 1822 im „Grimm'schen Gesetz" systematisch beschrieben und Muster für die Veränderungen der Verschlusslaute aufgezeigt.

3.2 Akzentwandel

Das Werk Jakob Grimms wurde durch die Forschungen des dänischen Philologen Karl Adolf Verner zur Akzentverschiebung vervollständigt.
In den indoeuropäischen Sprachen konnte der Akzent auf **jeder** Silbe liegen, d.h., die Betonung konnte mit der Flexion des Wortes von einer Silbe zur anderen springen bzw. verändert werden, z.B. trápeza, trapézes, trapezón – der Tisch, des Tisches, der Tische. Im Germanischen erfolgte mit der ersten Lautverschiebung auch eine Festlegung der Betonung auf eine „Stammsilbe"; dies war in den meisten Fällen die erste Silbe des Wortes. Folgende Eindeutschungen machen diese Veränderung deutlich: fenéstra – Fénster; Colónia-Köln, Brigántium-Brégenz.

3.3 Herausbildung schwacher Verben

Die indoeuropäischen Sprachen bildeten die verschiedenen Zeitformen, Kasus usw. mithilfe von Endungen. Es gab viele Konjugationsmöglichkeiten, z.B. kennt das Altindische zehn Möglichkeiten für die Bildung des Präsens. Im Germanischen reduzierten sich die Möglichkeiten der Tempusbildung auf zwei, nämlich die der starken und die der schwachen Verben, z.B. starkes Verb: graben – gr**u**b; schwaches Verb: leben – le**b**te.

4. Die Entwicklung der deutschen Sprache aus den germanischen Sprachen

Durch die erste Lautverschiebung löste sich die germanische Sprache von der indoeuropäischen Sprachenfamilie. Durch die zweite Lautverschiebung, die um etwa 600 n.Chr. im alemannischen Raum begann, trennt sich das Hochdeutsche vom Niederdeutschen. Diese Entwicklung wurde durch Wanderbewegungen und den Zusammenschluss kleinerer Gruppen zu Großstämmen begünstigt. An der „Benrather Linie", die von Aachen über Düsseldorf, Kassel, Aschersleben, Saalemünde, Wittenberg, Doberlug, Lübben nach Frankfurt an der Oder führt, endete die Lautverschiebung mehr oder weniger. Oberhalb dieser Linie ist das niederdeutsche Sprachgebiet. Hier blieb die Sprache – mit ei-

Der deutsche Dialektraum

Sprachgeschichte

nigen Ausnahmen – auf der Stufe der ersten Lautverschiebung stehen. Unterhalb der Benrather Linie im Ober- und Mitteldeutschen fand eine zweite, die sogenannte „hochdeutsche Lautverschiebung" statt. Erst vom 16. Jahrhundert an wurde auch das niederdeutsche Sprachgebiet allmählich vom Hochdeutschen durchdrungen. In vielen niederdeutschen Dialekten (Plattdeutsch) sind noch alte Laute enthalten, z.B. *dat* (Niederdeutsch) statt *das* (Hochdeutsch).

4.1 Die zweite (hochdeutsche) Lautverschiebung

a) Die Verschiebung der Verschlusslaute p, t, k

P, t und k wurden vollständig verschoben zu f (v), s (ss, ß) und ch, wenn sie im Inlaut oder Auslaut nach Vokalen standen.

Beispiele:

Niederdeutsch	Hochdeutsch
Stapel	Staffel
schlapp	schlaff
stottern	stoßen
dat	dass/das
maken	machen
Bek	Bach
Ik mutt	Ich muss

Im Anlaut wurden sie nicht vollständig verschoben, sondern nur zu pf und z, zu sog. „angeriebenen Lauten" oder „Affrikaten".

nd. *Pund* wird zu hd. *Pfund*, nd. *twee* wird zu *zwei*

Im In- und Anlaut nach Mitlauten und in der Verdopplung wird p ebenso zu pf, nach l und r meist zu f; t wird zu z oder tz; k geht nach r im Inlaut in ch über:

Niederdeutsch	Hochdeutsch
Kämpe	Kämpfer
Proppen	Pfropfen
helpen	helfen
Dorp	Dorf
Salt	Salz
Hart	Herz
sitten	sitzen
Kark	Kirche

Diese Verschiebung war ca. 800 n. Chr. abgeschlossen.

Anhang

b) b, d und g verlieren im Hochdeutschen weitgehend ihren Stimmton und fallen mit p, t und k zusammen; doch erfolgt bei p und k wieder eine Rückbildung, sodass nur die Verschiebung von d zu t erhalten bleibt:

Niederdeutsch	*Hochdeutsch*
Dor	Tür
gaud	gut
Vader	Vater

5. Die Entwicklung der deutschen Schriftsprache

Bis ca. 500 n. Chr. lasen und schrieben im germanischen Sprachraum nur wenige. Vor allem für kultische Zwecke wurden Runen benutzt. Mit der einsetzenden Christianisierung setzten sich lateinische Lettern durch. Bis ca. 750 war dann auch ausschließlich Latein Schriftsprache. In althochdeutscher Zeit wurde erstmals auch das Deutsche geschrieben. In zeitlicher Reihenfolge wird unterschieden:

Althochdeutsch (750-1050)
Mittelhochdeutsch (1050-1350)
Frühneuhochdeutsch (1350-1650)
Neuhochdeutsch (seit 1650)

5.1 Althochdeutsch

Bei der Bezeichnung Althochdeutsch steht das *alt* für die zeitliche Einordnung, das *hoch* für den Sprachraum (in Abgrenzung zum Niederdeutschen alle Gebiete, die unterhalb der Benrather Linie liegen) und *deutsch* für die Sprache. Man kann aber noch nicht von einer Einheitssprache ausgehen, denn es gab weiterhin viele Dialekte. Besonders in Klöstern und Klosterschulen entwickelten sich Refugien für den Fortschritt und die Ausdehnung des Deutschen als Schriftsprache. An dieser Stelle sollen nur einige der bekanntesten Werke genannt werden: Merseburger Zaubersprüche (vor 750), das Hildebrandslied (810/820), das Wessobrunner Gebet u.a.

5.2 Mittelhochdeutsch

Die Sprache von 1050 bis 1350 wird als Mittelhochdeutsch bezeichnet, dabei unterteilt man aber genauer in Frühmittelhochdeutsch (1050–1170), klassisches Mittelhochdeutsch (1170-1250) und Spätmittelhochdeutsch (1250-1350). Auch während dieser Zeit kann nicht von einer Einheitssprache ausgegangen werden. Die sprachlichen Veränderungen gegenüber dem Althochdeutschen vollzogen sich als regional sehr unterschiedlicher, langsamer Prozess. Die frühmittelhochdeutsche Dichtung ist wie die althochdeutsche Literatur mehr oder weniger mundartlich gebunden und erleichtert damit die Frage nach der Entstehung des Werkes. Während der klassischen mittelhochdeutschen Zeit gab es zwar auch Werke, die in der Mundart des Verfassers geschrieben waren, aber die bekanntesten Arbeiten, z.B. die Epen Hartmanns von Aue, die Lieder und Sprüche Walthers von der Vogelweide, das Nibelungenlied, die Minnelieder Reinmars von Hagenau u.a.m. sind von mundartlichen Einflüssen weitgehend

Sprachgeschichte

frei. Dieses Streben nach einer einheitlichen Dichtersprache erklärt sich durch die Entstehung eines einheitlichen Ritterstandes und die höfische Kultur zur Zeit der Staufer. Mit dem Niedergang des mittelalterlichen Kaisertums und der damit verbundenen Kultur ging diese einheitliche Dichtersprache in spätmittelhochdeutscher Zeit allmählich wieder verloren.

Wie bereits erwähnt, veränderte sich die Sprache nur langsam. Im Folgenden sollen nur einige Veränderungen aufgezeigt werden, die sich während der mittelhochdeutschen Zeit vollzogen:

- Neue Wortbildungselemente wurden notwendig: Im Althochdeutschen konnte ein Adjektiv durch ein î substantiviert werden. Mit dem Mittelhochdeutschen wurden Nachsilben wie – igkeit, -heit, -keit, -ung zur Substantivierung eingeführt.
- Der Umlaut im Plural wurde zu einem wichtigen sprachlichen Mittel, z.B. bruoder-brüeder.
- Unbetonte Nebensilben wurden abgeschwächt, für verschiedene Vorsilben wurde nur noch eine benutzt, z.B. ga, gi → ge; za, zi → fur, fir → ver.
- Der Artikel wurde ein wichtiges syntaktisches Mittel.
- Unbetonte Mittelsilben werden weggelassen, z.B. Kiricha → Kirche
- Bei einigen mittelhochdeutschen Wörtern tritt ein Bedeutungswandel ein, z.B. maget = Mädchen, lebt nur noch in der Magd weiter; hôher muot = edele Gesinnung wird zu Hochmut.

5.3 Frühneuhochdeutsch

Die genannten Veränderungen finden sich z.T. erst in der Sprache von 1350 bis 1650, dem Frühneuhochdeutschen wieder. Einerseits nahmen mundartliche Unterschiede zu – andererseits bildete sich in den fürstlichen Kanzleien und in denen des aufkommenden Bürgertums eine immer einheitlichere Schriftsprache heraus. Die Ausweitung des Handels und die Erfindung des Buchdrucks waren hierfür die wichtigsten Faktoren. In dieser Zeit verlor das Lateinische endgültig seinen Rang als Amtssprache und das Deutsche trat an seine Stelle. Erfindungen, Forschungen, Handel und die erforderliche Verwaltung verlangten eine höhere Abstraktionsstufe der deutschen Sprache. So bestand z.B. der mittelhochdeutsche Satz noch hauptsächlich aus gleichgeordneten Hauptsätzen. Für die Umschreibung komplizierter Sachverhalte mussten nun zunehmend Nebensätze mit entsprechenden Konjunktionen gebildet werden. Partizipial- und Infinitivkonstruktionen wurden aus dem Lateinischen übernommen.

Weitere Veränderungen waren die Diphthongierung und die Monophthongierung: Die Diphthongierung (Diphthon = Zwielaut aus zwei Vokalen, die bei Aussprache ineinander übergehen) führte zu einer Zerdehnung des langen i, u und ü zu ei, au und eu (äu), z.B. mîn → mein; hûs → Haus). Die Monophthongierung (Monophthon = einfacher Vokal) führte andererseits dazu, dass z. B. uo, üe zu u und ü wurden, z.B. guot →; güete → güte. Weiterhin wurde das s zu sch in Verbindung mit sl, sn, sm. Es erfolgt also ein konsonantischer Wechsel, z.B. slange → schlange; sniden → schneiden; smiden → schmieden. Ebenfalls eine wichtige Neuerung war die Dehnung kurzer Vokale, z.B. faren → fahren.

Seit Luthers Bibelübersetzung auf der Grundlage der ostmitteldeutschen Kanzleisprache beginnt sich das Hochdeutsche auch als Volkssprache durchzusetzen. Die rasche Verbreitung der Bibelübersetzung im protestantischen Niederdeutschland führte u.a. dazu, dass sich das Niederdeutsche nicht, wie z.B. das Niederländische, zu einer eigenen Sprache entwickelte.

5.4 Neuhochdeutsch

Natürlich hat das Neuhochdeutsch von 1650 bis heute noch einige Wandlungen durchlaufen, aber die wichtigsten Veränderungen zum heutigen Deutsch waren bereits vollzogen. Bei den Veränderungen des Neuhochdeutschen gegenüber dem Frühneuhochdeutschen ging es z.B. noch um die Veränderung der Flexionsformen. (Bei den Nomen/Substantiven ging es um die Unterscheidung zwischen Singular und Plural durch Artikel, Endungen und Umlaut sowie um den Ersatz des Genitivs und des Dativs durch Akkusativ- und Präpositionalgefüge. Beim Verb setzten sich die schwachen Formen durch.)

Eine erste theoretische Beschreibung der deutschen Sprache versuchte J.G. Schottel 1641 mit der Grammatik „Teutsche Sprachkunst" und 1663 mit dem Buch „Ausführliche Arbeit von der Teutschen Haubt Sprache". Die konkrete wissenschaftliche Auseinandersetzung mit der deutschen Sprache hatte aber erst im 19. Jahrhundert mit den Brüdern Grimm ihren Anfang. Diese erarbeiteten von 1819 bis 1837 eine vierbändige Ausgabe der „Deutschen Grammatik" und ab 1838 das „Deutsche Wörterbuch". Um eine einheitliche Regelung der deutschen Sprache bemühte sich vor allem Konrad Duden mit seinem 1880 erschienenen „Orthographischen Wörterbuch". Der Reformbeschluss der 2. Orthographischen Konferenz im Jahre 1903 regelte und vereinheitlichte schließlich die Rechtschreibung. Allerdings hatte man damals einige Rechtschreibthemen wie z.B. die Getrennt- und Zusammenschreibung noch nicht regeln können. Als vorläufiger Abschluss der Rechtschreibregelung ist der Beschluss zur Rechtschreibreform anzusehen, der am 1.7.1996 in Wien unterzeichnet wurde, am 1.8.1998 in Kraft trat und 2006 noch einmal in Detailfragen eine Veränderung erfuhr.

Aber trotz aller Regelungen wird sich die deutsche Sprache weiter verändern, denn sie ist vielen Einflüssen ausgesetzt. Besonders die Bereiche Wirtschaft, Popkultur und Mode haben viele Wörter aus dem Englischen bzw. Amerikanischen übernommen. Beispiele hierfür sind: Manager, Marketing, T-Shirt.

Literatur:

De Boor, Helmut und Wisniewski, Roswitha: Mittelhochdeutsche Grammatik, 9. Aufl. Berlin, New York: de Gruyter, 1984.
Gärtner, Kurt und Steinhoff, Hans-Hugo: Minimalgrammatik zur Arbeit mit mittelhochdeutschen Texten. Göppingen: Kümmerle Verlag, 1989
Jägel, Wolf-Dietrich: Deutsche Sprachlehre. Paderborn: Schöningh Verlag, 1982
Langemann, Detlef und Felgentreu, Simone (Hg.): Deutsch Basiswissen Schule. Berlin: Bibliographisches Institut/Mannheim: F.A. Brockhaus AG, 2002
Madsen, Rainer: Geschichte der deutschen Literatur in Beispielen, Paderborn: Schöningh Verlag, 1999.

Sprache und Denken

Das altgriechische Wort *logos* – je nach Kontext mit „Rede" oder „Schlussfolgerung" übersetzt – impliziert eine Verbindung zwischen Sprechen und Denken. Doch wie muss man sich das Verhältnis zueinander vorstellen? Dies ist eine oft kontrovers diskutierte Fragestellung.

So geht man in der sogenannten monistischen Auffassung davon aus, dass Sprechen und Denken zwei unterschiedliche Ausprägungen desselben geistigen Prozesses sind. Sprechen ist für die Vertreter dieser Auffassung – zumeist Psychologen und Philosophen – lautes Denken, und Denken ist für sie stilles Sprechen. Die dualistische Auffassung hingegen unterscheidet den Prozess des Denkens von den sprachlichen Vorgängen. Ihre Vertreter – häufig Mathematiker und Naturwissenschaftler – halten den Denkprozess für den wichtigsten Vorgang: Zuerst existiert das Denken, die Sprache benennt nur die gedachten Gegenstände oder Gedanken. Das Sprechen ist nach dieser Vorstellung für den Denkprozess an sich nicht relevant. Die Sprache sei lediglich ein Medium der Verständigung.

Diese zweite Ansicht wird heute weitgehend bestritten: Man ist sich also sicher, dass die Sprache mehr ist als ein bloßes Darstellungsmittel.

Welche Rolle aber spielt nun die Sprache für den Denkprozess? Schon der Philosoph *Johann Gottfried Herder* (1744–1804) nahm an, dass das Denken auf die Sprache angewiesen sei („Metakritik zur Kritik der reinen Vernunft", 1779). So stellte man sich ab dem Ende des 18. Jahrhunderts wiederholt die Frage, ob nicht die Sprache die Wahrnehmung des Menschen so beeinflusst, dass auch die Denkprozesse gelenkt werden. Man nennt diese Vorstellung auch Sprachdeterminismus, weil ihre Vertreter die Meinung äußern, dass das Denken von der Sprache bestimmt, also determiniert sei.

Ein wichtiger Vertreter dieser Ansicht ist *Benjamin Lee Whorf* (1897–1939). Bei der Entschlüsselung und Untersuchung des Hopi, einer Indianersprache, hatte er zum Beispiel herausgefunden, dass diese Sprache keine Vergangenheits- oder Zukunftsformen in ihrer Grammatik aufweist. Diese Besonderheit steht seiner Meinung nach in engem Zusammenhang mit dem Zeitbegriff der Hopi-Indianer, die die uns geläufige mathematische Zeitbestimmung nicht kennen, das heißt, es existiert für sie keine zeitliche Dimension, die sich in Zahlen ausdrücken lässt.

In seinem Buch „Sprache – Denken – Wirklichkeit" (1940) formulierte er die auch als Sapir-Whorf-Hypothese bekannte Annahme, dass Menschen, die sehr verschiedene Grammatiken benützten, durch diese zu verschiedenen Beobachtungen und damit unterschiedlichen Ansichten von der Wirklichkeit kämen. Die Sprache, so Whorf, beeinflusse demnach unsere Denkkategorien. Man kann es noch konkreter fassen: „Die Grammatik formt den Gedanken." Dieser einseitigen These, deren Konsequenz ist, dass der Mensch als denkendes Subjekt in den Wörtern und Satzbauplänen seiner Sprache gefangen wäre, ist in mehrfacher Hinsicht widersprochen worden.

So schränkt schon *Paul Henle* diese extreme Abhängigkeit des Denkens von der jeweiligen Sprache ein. Er betont ausdrücklich, „dass gewisse sprachliche Wesensmerkmale gewisse Arten der Wahrnehmung vorherrschender oder wahrscheinlicher werden lassen, nicht, dass andere dadurch völlig ausgeschlossen werden." (Sprache und Denken, 1969).

Wilhelm Kamlah und *Paul Lorenzen* (Die sprachliche Erschließung der Welt, 1973) leugnen den Einfluss der Sprache in Bezug auf die Wahrnehmung ebenfalls nicht, geben aber zu bedenken, dass auch die Welt gegliedert ist und eine prägende Kraft auf die Wahrnehmung ausübe. Diese vorgegebene Gliederung gelte vor allem für den Bereich der Gegenstände und Lebewesen, also der sinnlich greifbaren Objekte, die sich von der Umwelt abgrenzen. So ließen sich „Bäume" unterscheiden in „Eichen", „Buchen" usw. Umgekehrt lernten wir, was „Eichen", „Buchen" oder „Kiefern" seien, und fassten sie als „Bäume" zusammen. Die Natur selbst gibt also ein Kategorisierungssystem vor, in dem uns das „immer neue Einzelne doch zumeist als Fall des schon bekannten Allgemeinen begegnet." Dies „erklärt sich nicht aus der Sprache, sondern daraus, dass in der Welt selbst die Wiederkehr von Gleichem stattfindet."

Daran anknüpfend nimmt *Dieter E. Zimmer* an, dass alle Sprachen die gegenständliche Welt ähnlich klassifizieren, also einteilen (Wiedersehen mit Whorf, 1986): „So treiben die Sprachen nie allzu weit auseinander: Verständigung bleibt möglich. Bei den abstrakten Begriffen aber kann sie schon schwieriger sein. Und die Bedeutungsnuancen, die den Begriffen durch die Kulturgeschichte ihrer Benutzer zugewachsen sind, sind oft schlechthin unübersetzbar." Das deutsche Wort „Gemütlichkeit" gehört zum Beispiel dazu. Auf der anderen Seite existieren im Deutschen eine Reihe von Fremdwörtern, die übernommen wurden, da ein treffender Ausdruck in unserer Sprache fehlte. So wurde das französische Wort „Ressentiment" in den deutschen Wortschatz aufgenommen.

Wie kommt es zu diesen Unterschieden auf der abstrakten Ebene? Zimmer formuliert seine Erklärung folgendermaßen: „Konkrete Begriffe strukturieren unsere Wahrnehmung, abstrakte Begriffe sind die Bausteine unserer Interpretationen." Wie man die Umwelt interpretiert, das heißt erklärt, hängt aber in hohem Maße von der Kulturgeschichte einer (Sprach-)Gemeinschaft ab.

Schon *Adam Schaff* (Sprache und Erkenntnis, 1964) hat davon gesprochen, dass die Sprache „ein Erzeugnis ausgesprochen gesellschaftlichen Charakters" sei. So wachse ein Mensch im Prozess des Spracherwerbs in ein sprachliches System hinein, das er mit allen teilt, die der gleichen Sprachgemeinschaft angehören, gleichzeitig aber auch mit denen, die in der zurückliegenden Zeit diese Sprache geschaffen beziehungsweise beeinflusst haben. Auf diese Weise übernimmt man bestimmte muttersprachlich gefärbte Begriffe und Strukturen, die durchaus Einfluss nehmen können auf unser Denken.

Dies ist dann problematisch, wenn über die Sprache längst überholte Denkweisen transportiert werden. Die noch hier und da auftretende Unterscheidung zwischen „Frau" und „Fräulein" etwa ist der Ausdruck der nahezu überwundenen Denkweise, dass eine unverheiratete Frau keine vollwertige Person darstelle, sondern eben nur ein „Fräulein" sei. Der Kampf vieler Feministinnen um die Aufhebung dieser Unterscheidung ist verbunden mit der Ansicht, durch die sprachliche Veränderung auch eine Veränderung im Denken hervorzurufen.

Diese Beispiele verdeutlichen auch noch einen anderen Zusammenhang zwischen Sprache und Denken: Die Belegung eines Konzeptes, einer Ansicht oder

Sprache und Denken

einer Denkweise mit einem Wort macht auch etwas Abstraktes „zu einer Art Gegenstand: Es existiert, auch wenn es gerade nicht gedacht wird, es erhält Dauer, man kann damit sehr leicht hantieren, ganze Gefüge von Konzepten zu neuen Aussagen zusammenstellen, man kann mit einem Wort ein Konzept in seinem Geist hervorrufen, man kann seine eigenen Konzepte mit anderen Menschen austauschen". Das heißt dann auch: Man kann sie festigen oder (wie im oben genannten Beispiel) verändern. In diesem Sinne kann man sagen, dass die Sprache das Denken beeinflusst, indem sie die *Denkfähigkeit* der Menschen verstärkt.

Neben diesen sprachphilosophischen Theorien werden heutzutage Ansätze laut, die sich auf so moderne Forschungszweige wie Neurowissenschaften, Hirnforschung oder Kognitionswissenschaften stützen. Diese Ansätze betrachten die Beziehung von Sprache und Denken nicht von außen, das heißt, sie leiten sie nicht von äußerlich angestellten Beobachtungen und Untersuchungen Hypothesen ab. Sie setzen vielmehr am „Kern" an: Sie fragen sich, wie Sprache und Denken im Gehirn lokalisiert sind und wie die Sprache mental, das heißt geistig, repräsentiert ist.

Die stark spezialisierten Forschungsarbeiten dieses jungen Wissenschaftszweiges können an dieser Stelle nicht näher beleuchtet werden. Eine Einführung in die Problematik der Lokalisierung von Sprache gibt aber das folgende Kapitel zu „Sprache und Gehirn".

Anhang

Sprachlokalisation im Gehirn: Wo ist der Sitz der Sprache?

Die frühe Lokalisationsgeschichte, die bereits vor 2500 Jahren begann, beschäftigte sich vornehmlich mit der Frage: Wo ist der Sitz der Seele? Erst zum Ende des 18. Jahrhunderts ändert sich das Forschungsinteresse. Die Bestrebungen, die menschliche Seele zu lokalisieren, wurden ersetzt durch Versuche, Einzelfunktionen mit genau bestimmbaren Gehirnregionen in Verbindung zu

1. Organ des Geschlechtstriebs
2. Organ der Kinder- und Jugendliebe
3. Organ der Erziehungsfähigkeit
4. Organ des Ortsinns
5. Organ des Personensinns
6. Organ des Farbensinns
7. Organ des Tonsinns
8. Organ des Zahlensinns
9. **Organ des Sprachsinns**
10. **Organ des Wortsinns**
11. Organ des Kunstsinns
12. Organ der freundschaftlichen Anhänglichkeit
13. Organ des Raufsinns
14. Organ des Mordsinns
15. Organ der Schlauheit
16. Organ des Diebessinns
17. Organ des Höhensinns
18. Organ der Ruhmsucht und Eitelkeit
19. Organ der Bedächtlichkeit
20. Organ des vergleichenden Scharfsinns
21. Organ des Tiefsinns
22. Organ des Witzes
23. Organ des Induktionsvermögens
24. Organ der Gutmütigkeit
25. Organ des Darstellungsvermögens
26. Organ der Theosophie
27. Organ der Festigkeit

bringen. Von Anbeginn steht dabei die Frage: Wo ist der Sitz der Sprache? im Mittelpunkt des wissenschaftlichen Interesses. Als Erster nimmt der Wiener Anatom Franz Joseph Gall (1776–1832) Abschied von der Seelenlokalisation.

Er begründet Anfang des 19. Jahrhunderts die Kraniologie, nach der sich charakterliche und intellektuelle Dispositionen eines Menschen bereits in seiner Schädelform zeigen. Der Schädel eines Menschen sollte demnach Rückschlüsse auf seine Persönlichkeit eröffnen. Diesem Ansatz folgend erarbeitet er 1807 eine phrenologische Karte zur Lokalisation der psychischen und physischen Fähigkeit des Menschen. Sie umfasst die dargestellten 27 Areale[1]:

In Wissenschaftskreisen wird Galls Phrenologie zu Recht abgelehnt und als Irrlehre entlarvt. Dennoch kommt Gall das Verdienst zu, als Erster eine Lokalisation sprachlicher Funktionen vorgenommen zu haben.

Mit Gall beginnt der Versuch, einen unmittelbaren Bezug zwischen Sprach-

---

[1] Luria, A.R.: Das Gehirn in Aktion. Einführung in die Neuropsychologie. Reinbek bei Hamburg: Rowohlt 1992. S. 16

prozessen und Gehirnstrukturen herzustellen. Diese lokalisatorischen Bestrebungen finden einen Höhepunkt in der Ära des klassischen Lokalisationismus im 19. Jahrhundert. Diese ist eng mit den Namen der Ärzte Broca (1824–1180) und Wernicke (1848–1905) verknüpft.

Paul Broca (1824–1880) stützte seine Erkenntnisse bezüglich der Lokalisation von Sprache auf seine Arbeit mit Patienten, die aufgrund einer Gehirnschädigung an einer Sprachstörung (Aphasie) litten. Er untersuchte die Gehirne von zwei seiner Patienten, die an einer massiven Störung der Sprachproduktion ge-

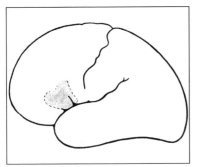

litten hatten. So bestand die Sprache eines dieser Patienten ausschließlich aus dem fortlaufenden Sprachautomatismus „tan...tan".
Aufgrund seiner Untersuchungen nahm Broca einen Lokalisationsversuch vor. Er grenzte das Verletzungsgebiet 1861 auf die Basis der linken dritten Stirnwindung, in die *Pars opercularis*.[2]
Die Abbildung zeigt dieses in der heutigen Terminologie als **Broca-Zentrum** bezeichnete Hirnareal.

Darüber hinaus weist er 1864 die linke Hemisphäre als sprachdominant aus, d.h., er vertrat die Auffassung, dass lediglich die linke Hemisphäre an der Entstehung von Sprache beteiligt sei. Ihm zufolge hat die rechte Hemisphäre keinen Anteil am Sprachgeschehen.
Dieses Dominanzkonzept wurde bis weit in das 20. Jahrhundert hinein vertreten. 1874 erfährt der Lokalisationismus durch die Forschungen Wernickes neuen

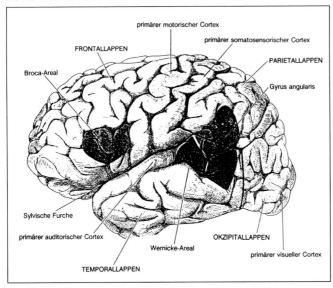

Aufwind. Genau wie Broca arbeitete auch er mit Menschen, die aufgrund einer Hirnverletzung an einer Aphasie litten. Er verkündete, ein zweites Sprachzentrum entdeckt zu haben. Dieses sei im Gegensatz zu dem Broca-Areal nicht für die Produktion von Sprache, sondern für das Sprachverständnis verantwortlich. Während er sein Sprachzentrum als sensorisch bezeichnete, ordnete er

---
[2] vgl. Leischner, Anton: Aphasien und Sprachentwicklungsstörungen. Klinik und Behandlung. Stuttgart: Thieme 1987, S. 13.

dem Brocazentrum den Begriff motorisches Sprachzentrum zu. Patienten mit einer Schädigung des sensorischen Zentrums sind nicht fähig, gesprochene Wörter zu verstehen. Wie zuvor Broca ordnet auch er das Sprachzentrum einem umschriebenen Hirnareal zu, wobei er es in dem hinteren Drittel des *Gyrus temporalis superior* des Temporallappens lokalisiert.[3] Es ist bis heute als das **Wernicke-Zentrum** bekannt.

Die Vorstellung, Teilprozesse der Sprachvorgänge mit umschriebenen Hirnarealen zu korrelieren, ist faszinierend. Doch weiß man heute, dass die Annahme der Lokalisationisten, Sprache entstehe in exakt abgrenzbaren Hirnzentren, nämlich dem Broca- und dem Wernicke-Zentrum, nicht aufrechterhalten werden kann.

Wernicke und Broca unterlagen darüber hinaus dem logischen Fehlschluss, dass das bei einer Aphasie geschädigte Hirnareal den Ort anzeigt, an dem die Fähigkeit entsteht. Es gilt aber heute als gesichert, dass die Lokalisation der Entstehung normaler Sprachprozesse nicht zwangsläufig mit dem Ort der Störungslokalisation übereinstimmt. Broca und Wernicke entdeckten damit nicht das motorische und sensorische Sprachzentrum, sondern „lediglich" Orte, von denen aus diese sprachlichen Modalitäten störbar sind.

Schwierigkeiten bei dem Bemühen um eine Sprachlokalisation zeigen sich bereits in den Versuchen, eine grobe Zuordnung von Sprache in eine der beiden Hemisphären (Hirnhälften) vorzunehmen.

Lange galt – wie bei den Lokalisationisten – die linke Hemisphäre als sprachdominant. Mittlerweile weiß man jedoch, dass sich diese These nicht aufrechterhalten lässt. So versagt diese Zuordnung beispielsweise bei 30 % aller Linkshänder und bei 4 % aller Rechtshänder.[5] Eindeutige Aussagen zur Sprachdominanz können immer nur individuell getroffen werden.

Untersuchungen haben darüber hinaus ergeben, dass auch die rechte Hemisphäre einen wesentlichen Anteil am Sprachhandeln hat. Sie ergänzt die linkshemisphärische Sprachfähigkeit durch paralinguistische Aspekte wie Intonation, Satzmelodie, Rhythmus und emotionale Färbung (Prosodie).

Bei Schädigungen der rechten Hemisphäre kann die Sprache genau diese Aspekte verlieren und dadurch farblos, unmelodisch und monoton wirken. Menschen mit einer solchen Schädigung können beispielsweise mit ihrer Stimme keine Emotionen mehr ausdrücken. Ihre Umwelt vermag nicht einzuschätzen, wann sie fröhlich, ärgerlich oder traurig sind.

Darüber hinaus sind sie nicht fähig, humorvolle, ironische oder metaphorische Aspekte der Sprache zu entschlüsseln.

Als ein rechtshemisphärisch geschädigter Patient aufgefordert wurde, die Bedeutung des Sprichwortes: „Viele Köche verderben den Brei" zu benennen, antwortete er: „Das heißt, dass die Suppe verdirbt, wenn viele Köche sie ko-

---

[3] Ebd.

[4] Müller, R.-A: Der unteilbare Geist: Modularismus und Holismus in der Kognitionsforschung. Berlin: de Gruyter 1991.

[5] vgl. Kolb, B./Whishaw, J.Q.: Neuropsychologie. Oxford: Spektrum, Akademischer Verlag S. 172.

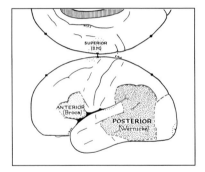
chen." Ein Bedeutungstransfer war ihm nicht möglich.[6]

Noch schwieriger gestaltet sich die Erforschung der Lokalisation von Sprache innerhalb einer Hemisphäre. Stimulationsexperimente und Hirndurchblutungsmessungen weisen drei Sprachregionen aus, die wesentlichen Anteil am Sprachgeschehen haben: **Das Wernicke-, das Broca- und das SMA-Areal** (supplementäres – motorisches Areal). Die Forschungen aus der klassischen Lokalisationslehre wurden damit bestätigt, die Lokalisation wurde jedoch bei beiden Arealen erweitert.

Die Entdeckung der dritten Sprachregion kommt dem Forscherteam um Penfield zu. Im Gegensatz zu den beiden anderen Regionen findet sich das **SMA-Areal** sowohl in der rechten als auch in der linken Hemisphäre.

Die genannten Hirnareale gelten als Bezirke, die unabdingbar für die Steuerung der hochkomplexen Sprachfunktionen sind. Sie sind entscheidende Schaltstellen in der komplexen neuronalen Grundlage von Sprache. Sie sind jedoch nicht die allein verantwortlichen Regionen. Neben diesen Sprachfeldern gewährleisten sowohl subkortikale Strukturen – insbesondere der Thalamus – als auch weitere Gebiete der rechten Hemisphäre den Ablauf sprachlichen Geschehens.

Heute weiß man, dass das Sprachvermögen sich nicht in einem umschriebenen Rindenbezirk lokalisieren lässt. Die Entstehung von Sprache ist nur durch die Aktivierung weiter Bereiche des Gehirns möglich.

Inwieweit es jemals möglich sein wird, eindeutige Antworten auf die Frage nach einer Sprachlokalisation zu geben, hängt wesentlich davon ab, ob es realisierbar sein wird, das komplexe Organ Gehirn zu analysieren. Bis zum gegenwärtigen Zeitpunkt gehen die Wissenschaftler und Wissenschaftlerinnen davon aus, höchstens 10 % der Gehirnaktivitäten entschlüsselt zu haben.

---

[6] vgl. Gardener, H.: The shattered mind: the person after brain damage. London: Routledge and Kegan Paul 1977. zit. n. Rico, G.L.: Garantiert schreiben lernen. Sprachliche Kreativität methodisch entwickeln – ein Intensivkurs auf der Grundlage moderner Hirnforschung. Reinbek bei Hamburg: Rowohlt 1994. S. 65.

[7] vgl. Penfield, W. / Roberts, L.: Speech and brain mechanisms. New Yersey: University Press 1959. S. 211.

Register

A

Ablaut 35, 36
Abstrakta 97
Ach-Laut 15
Adjektiv 25, 57, **122**, 123, 126, 134, 146, 198, 199, 205
Adjektivattribut 60, 205, 206
Adverb 47, 57, 144, **205**
Adverbiale 199
Adverbiale Bestimmung 43, 145, 195, 196, **199**, 208, 227, 230
Adverbialer Gebrauch 145, 146
adverbiales Adjektiv 123, 124, 126
adverbiales Attribut 205, **207**
Adverbialsatz 223, **227ff.**
adversative Konjunktion 176, 216
Adversativsatz 229
Affixe 18
Affrikate 15
Akkusativ **101**, 102 172, 173
Akkusativobjekt 22, 190, **191**
Aktiv 33, **62**
Alphabet 13
anreihende Konjunktion 175, 215
Apposition 205, 208
Artikel 60, **94**, 125
Artikulation 14
Artikulationsart 15
Artikulationsort 15
asyndetische Satzreihe 214, 215
Attribut 57, 145, **204**, 209
attributiver Gebrauch 145
attributives Adjektiv 123, 126
attributives Partizip 205
Attributsatz 205, 209, **227**
Aufforderungssatz 187, 210
Auslautverhärtung 15
Ausrufesatz 211
Aussagesatz 187, 210

B

Bedingungssatz/Konditional-satz 68, 69, **228**
begründende Konjunktion 176. 216
Beifügung 204
besitzanzeigendes Fürwort 111
bestimmter Artikel **60**, 94

Bestimmungswort 107
bezügliches Fürwort 114
Bruchzahl 138, 141
Buchstaben 12

D

Dativ (bei Präpositionen) 170, 171, 173
Dativ 101, 102
Dativobjekt 22, 190, **192**
Deklarativsatz 210
Deklination 105
Demonstrativpronomen 113
Dentallaut 15
Desiderativsatz 211
Determinativzusammenset-zung 134
Diphthong/Doppellaut 13
direkte Frage 222
disjunktive Konjunktion 175, 216
Doppellaut/Diphthong 13

E

echt reflexive Verben 24
e-Erweiterung 41, 43, 44
einfache Tempora 41
einfacher Infinitiv/Infinitiv ohne zu 59, 208
einschränkende Konjunktion 176, 216
einteiliges Prädikat 186
Elativ 132, 148
entgegensetzende Konjunkti-on 176, 216
Entscheidungsfrage 187, 212
Ergänzungsfrage 187, 211, 212
Ersatzform 70, 80
Ersatzinfinitiv 30, 31
Ersatzprobe 185
Erstarrte Kasusformen 147
erweiterter Infinitiv 208, 222, 223
erweitertes Satzgefüge 219, 220
e-Tilgung 42
Exklamationssatz 211

F

Farbadjektiv 128
Femininum 94
Finaladverbiale 203
finale Konjunktion 178, 179
finale Präposition 166
Finalsatz 228

finite Verbformen 33, 34, 186
Flexionsmorphem 18
Formengleichheit 70, 71, 80
fragendes Fürwort 117
Fragesatz 75
Frikativlaut 15
Futur I 25, 41, **47**, 48
Futur II 35, 41, **47**, 48, 57

G

Gaumenlaut 15
gemischte Deklination 105, 128
Genitiv (bei Präpositionen) 170, 171
Genitiv 101, 102
Genitivattribut 194, 205, **206**
Genitivobjekt 190, **193**
Genus **98**, 126, 205
Genus Verbi/Handlungsart 33, 34, **62**
gleichrangiger Nebensatz 219, 220
Gleichsetzungsakkusativ 199
Gleichsetzungsnominativ 198
Gliedsatz 225
Gliedteilsatz 224, 225
Glottallaut 15
grammatisches Geschlecht 98, 126, 205
Grapheme 12
Grundvokal 13
Grundwort 107

H

Halbpräfix 91
Halbvokal 13
Handlungsart/Genus Verbi 33, 34
Hauptsatz 68, 214
Hilfsverben **25**, 27, 28, 29, 45
hinweisendes Fürwort 113
historisches Präsens 43

I

Ich-Laut 15
Imperativ 35, 66, 75, **89**, 210
Imperativsatz 210
Indefinitpronomen 119
Indikativ **66**, 68, 211
indirekte Rede 66, 74, **75**, 77, 79
indirekter Fragesatz 179
infinite Verbformen 54

Register

Infinitiv mit zu 35, 47, 54, 59, 60
Infinitiv ohne zu/einfacher Infinitiv 59, 208
Infinitiv Perfekt 35, 47, 57, **59,** 73
Infinitivattribut 205, **208**
Infinitivgruppe 222, 223
Infinitivkonjunktion 177
Inhaltssatz 225
Instrumentaladverbiale 202
Interjektion 182
Interrogativadverb **158**, 222
Interrogativpronomen **117,** 221, 222
Interrogativsatz **211**, 212, 222
intransitive Verben 22, 45
Irrealis 67, 68

K
Kardinalzahl 138, 139
Kasus 23, 97, **101**, 102, 126, 190, 205
Kausaladverb 15
Kausaladverbiale 201
kausale Konjunktion 176, 178, 179, 216
kausale Präposition 166
Kausalsatz 227**,** 228
Kommentaradverb 156
Kommutation 185
Komparation/Steigerung 129, 130
Komparativsatz 229
komplexes Satzgefüge 219, 220
Kompositionsglied 91
Kompositum   92
Konditionaladverbiale 202
konditionale Konjunktion 178, 179
konditionale Präposition 16
Konditionalsatz 227
Kongruenz 126, 186, 188
Konjugation 33, 3
Konjunktion 154
Konjunktionaladverb **154**
Konjunktionalsatz 221
Konjunktiv I 66, **74**, 78, 79, 80, 82, 83, 84, 211
Konjunktiv II 25, 35, , 66, **67**, 68, 69, 70, 71, 72, 73, 78, 79, 80, 81, 84, 211, 212
Konkreta 97
Konsekutivadverbiale 203
konsekutive Konjunktion 178, 179
konsekutive Präposition 166
Konsekutivsatz 227

Konsonanten 14
Konsonantenwechsel 3
Konzessivadverbiale 203, 204
konzessive Konjunktion 178, 179
Konzessivsatz 228
koordinierende Konjunktion 174, 175
kopulative Konjunktion 175, 215
Kopulativzusammensetzung 135
Korrelat-es 188

L
Labiallaut 15
Laute 12
Lautzuordnung 12
Liquidlaut 15
Lokaladverb 149, 159
Lokaladverbiale 200
lokale Präposition 163
Lokalsatz 226, 227

M
Maskulinum 94
mehrteiliges Prädikat 186
Mengenangabe 125
Mischverben 49, 55
Modaladverb 152
Modaladverbiale 201
modale Konjunktion 178, 179
modale Präposition 165
Modalsatz 228
Modalverben **30**, 31, 32, 45, 47, 56, 59
Modus 33

N
Nachsatz 219
Nasallaut 15
nebengeordneter Nebensatz 219, 220
nebenordnende Konjunktion 174, 175
Nebensatz 68, 187, 209, **217**
Nebensatzäquivalente 222**,** 223
Neutrum 94
nicht flektierbare Adjektive 128
nicht trennbar zusammenge-setzte Verben 91
Nomen 25, 57, 60, **96**, 126, 188, 190, 205
Nominalgruppe **160**
nominalisiertes Adjektiv 123, 124, 127
Nominalisierung 107, 108, 159
Nominativ 101, 102, 188

Numeralien 138, 147
Numerus 22, 33, 34, **101**, 126, 205

O
Objekt 190, 198, 199
Objektsatz 179, 190, **225**
Ordinalzahl 138, 139, 140

P
Palatallaut 15
Partikel 144, 160
Partizip 205
Partizip Perfekt / Partizip II 30, 35, 36, 46, 49, **54**, 55, 57, 205
Partizip Präsens/Partizip I 30, 35, **54**, 55, 57, 205
Partizipgruppe **222**, 223
Partizipien 54, 55, 57
Passiv 33, **62**
Perfekt 25, 35, 41, **45**, 46, 48, 49, 57
Permutation 184
Person 22, 33, 34
Personalpronomen 77, 110
persönliches Fürwort 110
Phoneme 12
Platzhalter -es 188
Plosivlaut 15
Plural 101
Plusquamperfekt 25, 35, 41, **46**, 47, 57
Positiv 129, 130
Possessivpronomen 77, 111
Potenzialis 68
Prädikat 30, 186
Prädikativ 198, 199
prädikativer Akkusativ 199
prädikativer Nominativ 198
prädikatives Adjekiv 123, 124, 126
Prädikativsatz 225
Prädikativum 198, 199
Prädikatsklammer 186
Präfix **18**, 55, 91, 107, 132, 134, 135, 136
Präposition 24, 60, **160**, 195, 207
Präpositionaladverb 156**,** 157
präpositionales Akkusativob-jekt 195
präpositionales Attribut 205, **207**, 208
präpositionales Dativobjekt 195
Präpositionalgefüge 160,168
Präpositionalobjekt 22, 190, **195**

Präsens 35, 36, **41**, 42, 43, 48, 92

Präteritum 35, 36, 41, **43**, 44, 45, 49, 70, 92

Pronomen 60, **109**, 125, 188, 190, 205

Pronominaladverbien 221, 222

Pronominalsatz 221

Pronominalverschiebung 77

proportionale Konjunktion 178, 179

R

reflexive Verben **22**, 45, 191, 193

Reflexivpronomen 22, 23, 24, **116**, 191, 193

regelmäßige/schwache Konjugation 35, 44, 49, 50

regelmäßige/schwache Verben 41, 43, 55, 70

Reibelaut 15

reiner Infinitiv 208

Rektion 190, 196

Relativadverb **158**, 221

Relativpronomen 114, **221**, 226

Relativsatz 192, 209, **221**

restriktive Konjunktion **176**, 178, 179, 216

reziproke Verben 24, 25

rhetorische Frage 212

rückbezügliches Fürwort 116

S

Satz 184

Satzart 210

Satzgefüge 217

Satzglied 24, 124, **184**, 185, 194, 198, 204, 205, 210, 211, 212

Satzgliedteil 194, 204

Satzklammer 186

Satzreihe 214

Satzschlusszeichen 210, 211, 212

Satzteilkonjunktion 177

Satzverbindung 214

satzwertige Konstruktionen 222, 223

Schwache Deklination 105, 126, 127

Silbe 16

Silbengrenze 16, 17

Silbentrennung 16, 17

Singular 101

Sprachsilben 17

Sprechsilben 16, 17

Stammform 35, 36, 38, 39, 40, 41

Stammvokal 36, 37, 49

Starke Deklination 105, 126, 127, 128

Steigerung/ Komparation 129, 133

stimmhafter Laut 14

stimmloser Laut 14

Subjekt 22, **188**, 198

Subjektsatz 179, 188, **225**

Subordination 217

subordinierende Konjunktion 177

Substantiv **96**, 97, 126, 205

Substantivierung 107, 108, 159

Substitution 185

Substitutionstest 185

Suffix **18**, 107, 134, 137

Suffixbildung 147

Superlativ 129, 131

s-Verschmelzung 42

syndetische Satzreihe 214, 215, 216

T

Tätigkeitsverben 21

Temporaladverb 150

Temporaladverbiale 200, 201

temporale Konjunktion 178, 179

temporale Präposition 164

Temporalsatz 227

Tempus 33, 34

transitive Verben 22, 45, 191

trennbar zusammengesetzte Verben 91, 92, 93

trennbare Verben 60

U

Umlaut 13, 37

Umstandsbestimmung 199

Umstandsbestimmung der Art und Weise 201

Umstandsbestimmung der Bedingung 202

Umstandsbestimmung der Einräumung 203, 204

Umstandsbestimmung der Folge 203

Umstandsbestimmung der Zeit 200, 201

Umstandsbestimmung des Grundes 201

Umstandsbestimmung des Mittels 202

Umstandsbestimmung des Ortes und der Richtung 200

Umstandsbestimmung des Zwecks 203

unbestimmter Artikel 94

unbestimmter Artikel 60

unbestimmtes Fürwort 119

unecht reflexive Verben 24, 191, 193

unflektiertes Adjektiv 123, 124

unpersönliche Verben 191, 192

unregelmäßige/starke Verben 36, 71, 41, 44, 49, 50, 55

unregelmäßige/starke Konjugation 35, 49

untergeordneter Nebensatz 219, 220

unterordnende Konjunktion 177

unverbundene Satzreihe 214

Uvularlaut 15

V

Velarlaut 15

Verb 21

Verbendung 34

Verbstamm 34, 41, 42, 55, 60

verbundene Satzreihe 214, 215, 216

Verbzusammensetzung 168, 169

Verbzusatz 55, 60, 91, 92, 93, 158

Vergleichsformen Adverb 148

Verschiebeprobe 184

Verschlusslaut 15

Vervielfältigungszahl 138, 140

Vokale 13, 14

Vollverben 21

Vordersatz 219

Vorgangspassiv 25, 62

Vorgangsverben 21

W

Wechsel von e zu i/ie 37

Wortbaustein 18

Wortbildungsmorphem 18

Wortstamm 18

Wunschsatz 69, 21

würde + Infinitiv 70, 71, 81

Zahladjektiv 138, 142

Zahlwort 138

zusammengesetzte Tempora 45

Zusammensetzungen 147

Zustandspassiv 25, 62, 63

Zustandsverben 21

Zwischensatz 219